宁夏大学优秀学术著作出版基金 资助
宁夏大学民族学一流学科建设经费

多元角色及其
思想实践的合理化

——近代回族社会活动家丁国瑞研究

张琴 著

黄河出版传媒集团
阳光出版社

图书在版编目（CIP）数据

多元角色及其思想实践的合理化：近代回族社会活动家丁国瑞研究 /张琴著. —— 银川：阳光出版社，2016.12

ISBN 978-7-5525-3341-5

Ⅰ.①多… Ⅱ.①张… Ⅲ.①丁国瑞 – 思想评论
Ⅳ.①K828.713

中国版本图书馆CIP数据核字(2017)第020757号

多元角色及其思想实践的合理化

近代回族社会活动家丁国瑞研究

张琴 著

责任编辑　王　燕　闫智红
封面设计　石　磊
责任印制　岳建宁

黄河出版传媒集团
阳　光　出　版　社　出版发行

出 版 人　王杨宝
地　　址　宁夏银川市北京东路139号出版大厦 （750001）
网　　址　http://www.yrpubm.com
网上书店　http://www.hh-book.com
电子信箱　yangguang@yrpubm.com
邮购电话　0951-5014124
经　　销　全国新华书店
印刷装订　宁夏锦绣彩印包装有限公司银川分公司
印刷委托书号　（宁）0003639

开　　本　720mm×980mm　1/16
印　　张　16
字　　数　300千字
版　　次　2017年1月第1版
印　　次　2017年1月第1次印刷
书　　号　ISBN 978-7-5525-3341-5
定　　价　43.00元

绪　论

一、选题意义和研究主旨

关于历史人物评价的问题,白寿彝先生提出了自己独到的见解,认为对历史人物的评价,需要进行全面深入的研究。回族人物是中华民族重要的组成部分,要注意少数民族与中华民族的关系。其在方法论方面提到在评价回族人物时要分清楚几种情况,一是在全国和民族内部都有影响的;二是在全国有影响而在民族内部没有影响的;三是在民族内部有影响而在全国没有影响的①。根据笔者对近代回族人物文献搜索和整理,发现丁国瑞的生活事迹在回族社会中具有很强的影响力,是回族社会的典型杰出人物,属于在全国和民族内部都有影响的人物。从某种角度可以说,他既是中华民族优秀的一员,也是回族社会先进的知识分子代表。

丁国瑞(1872—1934)是清末民初著名的回族爱国知识分子、医生、社会活动家、评论家、爱国报人。丁国瑞生活于近代中国社会剧烈变革的年代,伴随时代的变革,其积极参与社会活动,以爱国救国思想为主线,面对近代社会的没落,力图救亡图存,在诸多领域有着杰出的贡献,是中国近代回族社会重要的人物,在近代回族史上占有重要地位,被认为是近代回族文化史上重要的资产阶级民主知识

①马启成.与时俱进的回族历史与文化暨民族学研究.北京:中央民族大学出版社,2006:97

分子之一。

丁国瑞学识渊博，著述众多，以白话演说盛传于世，其思想深刻且富于创见，其涉及内容可以说包罗万象。根据统计仅仅《竹园丛话》中文章就达到 626 篇之多，其中很多文章都是传世佳作。这些资料是人们研究清末民初，乃至近代中国社会历史和回族历史的重要宝贵资料①。

古人云："人生一世，不为良相，即为良医。"丁国瑞深受父辈影响，幼时就习功经文，而且酷爱医学，秉承家学，悬壶济世，年仅 21 岁时，就开始独立应诊，在其叔父丁庆三的影响下逐渐成为京津有名的医生。

1895 年，丁国瑞 25 岁移居天津，创办"敬慎医室"。1905 年，在丁国瑞倡议，刘孟扬、林墨青、胡玉荪、温子英等支持下，联合天津医、药两界以及关心这一事业的其他各界绅士成立医药研究会，并于 1906 年秋报经"直隶提学司宪"和"天津县署"批准立案。会址设于当时天津北门西路北天福楼上。医药研究会是清末天津重要的中医学术团体，丁国瑞针对中医受到的危机和挑战，大力发表演说，弘扬中医，并且对中西医之间的关系进行阐述，为捍卫中医的历史地位进行着积极的努力。

丁国瑞不仅是一位良医，而且是重要的社会活动家和报人。丁国瑞一边行医，一边关心时事政治，参与社会活动，著文立说，抨击时弊。从 1897 年起，他先后撰文于京津各大报纸。1907 年，《正宗爱国报》辟专栏所选之亦庄亦谐的"竹园白话"，甚至被"呈御览"，受到光绪赞许。丁国瑞以笔为旗，关注社会民生，表达着自己的爱国民主思想。

---

①张巨龄.绿苑钩沉：张巨龄回族史论选.北京：民族出版社,2001：276

1907 年，丁国瑞创办天津第一张白话报《竹园白话报》。这是一份抑恶扬善，充满民主爱国思想的报刊，内容包括时评、论说以及寓言故事等栏目，涉及政治、经济、文化、教育、医药、国计民生诸多领域，深受广大读者的喜爱。多年之后，在好友的良言相劝之下，丁国瑞整理其发表的白话演说，集书出版，从 1924 年开始，先后出版《竹园丛话》24 集丛书，让我们今天有幸见到《竹园丛话》。

清末，在内外环境的影响下，全国掀起了自上而下的禁烟运动。自从 1907 年 9 月清廷颁布了禁烟"上谕"后，丁国瑞就立即响应，撰写了大量的文章，宣传鸦片的毒害，揭露帝国主义向我国运卖毒品的罪行，积极开展社会活动。1910 年 11 月，他与刘孟扬、张伯苓等社会知名人士，共同倡导成立了中国近代史上第一个"恢复禁烟主权会"（后更名为"中国国民禁烟会顺直分会"）。1911 年 4 月，他又邀集刘孟扬等人成立了"国民求废烟约会"，任会长兼"求废烟约"代表，赴京请愿，为彻底废除 1858 年第二次鸦片战争后不平等的中英《天津条约》而奔走呼告，其间发表了诸多的演说，提出了自己独特见解。

从以上历史事实我们可以看出，丁国瑞作为回族爱国知识分子的典型人物，在各个领域都有着自己不同寻常的贡献，是近代回族社会著名的爱族救国民主人士，其思想以救亡图存为核心，具体表现在对民族宗教、爱国救国、办报、禁烟、发展中医等不同的社会领域，发表着自己先进的思想，同时也在其思想的指导下进行了一系列的社会实践活动，其在近代回族社会的历史地位由此可见一斑，这也充分说明了丁国瑞研究之重要性。

本选题属于回族人物思想史范畴，在国内回族伊斯兰研究领域一直关注明清回族人物思想史研究，有孙振玉的关于刘智、王岱舆、马注、马德新的研究及金宜久的关于王岱舆研究等著作，而关于近代回族人物思想研究的专著处于比较薄弱的地位,目前还没有见到相关的研究。笔者较为全面系统地研究丁国瑞这样一位重要的近代回族爱国知识分子,具有填补学术空白的性质,其本身就有重要学术价值。

选题的理论意义在于,通过透视丁国瑞这位近代回族爱国知识分子的思想和观念,考察近代中国社会的变革和他与时俱进的社会思想,以及在近代回族社会史中的作用及贡献,来加深我们对近代回族社会的历史和本质特性的整体认识和把握。这对于我们认识近代回族社会的历史和回族民族的优秀品质,都是大有裨益的。

选题的现实意义。当前,我们在进行社会主义现代化建设,树立和落实科学发展观,建设和谐社会。我们在发展经济,进行民主改革的同时,要努力发扬民族优良文化,把民族地区的发展和全局的发展相联系起来,这样才能达到和谐的发展。与此同时,回族作为中国55个少数民族中重要的一员,回族的发展与其他民族的发展一样重要,因此有必要进一步加强对回族学术的研究。然而,对近代回族历史文化的研究有一些问题始终处于一个浅层状态,对具体的历史人物和事件,特别是对其思想理论缺乏深入研究。

鉴于此,丁国瑞思想研究无疑具有重大的现实意义和理论意义,它可以对近代先进回族知识分子做一个多角度的定位,可以充实和丰富回族文化史,乃至中国民族文化史,也可以为我们生活的时代提供有益的优秀民族文化。笔者希望,该选题的最终成果能有助于深化人们对近代回族社会史的认识和理解,并借此推动和加强回族近代文化史的研究。

故此,本书稿以《多元角色及其思想实践的合理化——近代回族社会活动家丁国瑞研究》为题,力求对这位思想家的生平、思想及社会活动影响进行评述。在写作之前,有必要澄清笔者的几点意图。首先,本文的初衷主要是向大家介绍丁国瑞这位近代回族爱国知识分子的思想,以期抛砖引玉,引起学界对丁国瑞的研究、乃至对近代回族资产阶级知识分子研究的兴趣。因此,文章可能更多的重在资料的"述",主要是丁国瑞思想的几个重要方面,重点突出地勾勒其思想概貌。其次,文章虽重在述,但"评"亦不可避免。当然,此中仍以介绍前辈学者之成果为主,这样做一方面能让我们更为全面和深入地理解丁国瑞的思想深度和思想价值,另一方面也可避免因功力不济而妄下论断的弊端。最后,在有可能的情况下,笔者也希望在前人成果的基础上结合自己在研读过程中的体会和感受,对丁国瑞的思想发表一些虽属于个人,但难免浅薄的看法或见解。

二、当前研究现状

与明末清初回族三大汉文译著家王岱舆、马注、刘智思想研究相比,丁国瑞思想研究则要冷清沉寂得多。丁国瑞是近代回族社会重要的回族爱国知识分子,在回族社会产生了重大的影响。但是当前对丁国瑞思想的研究,依然处于一种未开发的状态,可以说,国内外研究成果亦不多。究其原委,主要有两方面。一方面是国内近代回族研究整个学科发展有限所致。众所周知,回族研究在国内属新兴学科,在改革开放后的大好环境下虽取得了不小成绩,但学科起步晚,起点低,学术积累仍非常有限,尤其在近代回族研究方面相对滞后。另一方面是,近代回族人物思想研究未能受到应有的重视。尽管如此,国内学界并未完全忽视丁国瑞这位重要的人物,仍有为数不多的成果问世。关于丁国瑞思想研究成果,大多散见于中国回族研究的成果中,相对独立的、系统的比较少,目前主要有关于丁国瑞个人生平和社会活动的片段性研究。

(一)相关研究著作

当前没有关于丁国瑞思想研究的系统著作,是中国回族文化人物史研究中极为薄弱的一部分。相关研究成果,大多散见于中国回族研究的成果中,目前主要有部分回族研究著作中关于丁国瑞介绍性的内容:白寿彝的《回族人物志·近代》(宁夏人民出版社,1997年3月第1版)、丁毅民的《中国回族名人辞典》(宁夏人民出版社,1995年5月第1版)、邱树森主编的《中国回族大词典》(江苏古籍出版社,1992年12月第1版)、喇敏智主编的《回族对伟大祖国的贡献》(甘肃民族出版社,2006年10月第1版)、邱树森主编的《中国回族史》(宁夏人民出版社,1996年12月第1版)、白寿彝主编的《中国回回民族史》(中华书局,2003年9月第1版)、海正忠的《古今回族名人》(宁夏人民出版社,2008年8月第1版)、朱昌平、吴建伟主编的《中国回族文学史》(宁夏人民出版社,2007年1月第1版)。

在这些研究中国伊斯兰教和回族文化史的专著中,最有代表性的当属白寿彝主编的《回族人物志·近代》(宁夏人民出版社,1997年3月第1版)。该书对丁国瑞的生平以及成绩作了一个简单的介绍,丁国瑞作为医生"以医济人",作为报人"以言济世",其中对丁国瑞的《竹园丛话》、《说疫》、《治痢捷要》等资料作了评价,是我们研究丁国瑞思想的宝贵资料。该书对丁国瑞的文章和思想作了介绍,其中有以下几个特点:第一,丁国瑞提倡白话文;第二,为民说话,为国分忧;第三,正确看待国家和宗教的关系;第四,化除畛域,共图国强;第五,改良宗教,发展教育。该书是对丁国瑞研究较早的文献,后来学者进行丁国瑞研究的时候,大多资料来源于此,但是该书对丁国瑞的生卒年月记录与事实不符,有待于进一步研究澄清。①

丁毅民主编的《中国回族名人辞典》(宁夏人民出版社,1995年5月第1版),是对中国历史上回族优秀人物做的传记。该书收录

①白寿彝.回族人物志(近代).银川:宁夏人民出版社,1997:249-253

了相关丁国瑞的词目,对丁国瑞的生平和业绩作了一个简单的介绍。其中包括丁国瑞的生平及其社会活动,主要是从报刊领域和医学领域进行评述。但是该书对丁国瑞的生平及其出生年月也有质疑,有待于进一步考证澄清。①

邱树森主编的《中国回族大词典》(江苏古籍出版社,1992年12月第1版)在文化专题中对丁国瑞的《竹园白话报》作了简单的介绍,对《竹园白话报》的内容和思想作了归纳:"该报内容包括有演说、杂文、寓言等栏目,反映了编者对国家、民族、宗教的观点。文体上主张白话文。政治上主张'为民请愿'。在民族、宗教同国家的关系上主张'保国既是保教,爱国既是爱身',主张宗教改革,提倡回民教育。"②

另外,该书对丁国瑞的个人生平和业绩也作了介绍说明。其中对丁国瑞的历史地位和立场作了评价。该书认为丁国瑞是我国新闻事业先驱者、名医,在政治上主张君主立宪。其中,该书对丁国瑞的医学成就也作了介绍评价,如1906年由其主持创办的医药研究会,为发展中医中药事业作出了巨大的贡献,以及所制的丁制坤顺丹(舒肝本安丸)、秘制消核膏、红色秘药,内外科成药10余种,十分畅销,有医著《说疫》、《治痢捷要》、《增补瘟疫》等流传于社会,影响巨大。总体上来说,该条目是对丁国瑞生平和业绩评价比较全面的一条。③

喇敏智主编的《回族对伟大祖国的贡献》(甘肃民族出版社,2006年10月第1版)一书从新闻文化史的角度,在《中华民国时期的回族报刊的贡献》一节中,对丁国瑞在1907年创办的《竹园白话

①丁毅民主编.中国回族名人辞典.银川:宁夏人民出版社,1995:8
②邱树森主编.中国回族大词典.南京:江苏古籍出版社,1992:615
③邱树森主编.中国回族史(下册).银川:宁夏人民出版社,1996:651

报》作出了评价,认为该报:"这在当时是最具有代表性的回族报刊之一。这时期的回族民间报刊在主题上宣传伊斯兰教,号召振兴民族,同时又渗透着爱国爱教等内容。这些报刊既标志着回族民族性的觉醒,又推动了伊斯兰文化在中国的发展,也可以说是中国新闻事业发展中不可忽略的一个组成部分。"①

邱树森主编的《中国回族史》(宁夏人民出版社,1996 年 12 月第 1 版)一书把丁国瑞放在近代革命史当中来研究,丁国瑞"以笔为枪",猛烈地抨击北洋军阀的反动统治,认为丁国瑞是北洋军阀时期回族知识分子中的先进人士,近代回族社会反帝反封建专制,争取民主独立的回族知识分子代表。丁国瑞生活在清末民初,时局动荡,民不聊生,但是他能够根据时局,发出先见的声音,针砭时弊,关注民生,可以说丁国瑞一直站在人民大众的角度来思考问题,是一个民本主义的知识分子。②

白寿彝主编的《中国回回民族史》(中华书局,2003 年 9 月第 1 版)一书对丁国瑞的个人情况作了简单的评价,书中介绍了丁国瑞的生平以及业绩,提出了丁国瑞"以医济世"、"以言济世"、"以文救国"的爱国活动。其中对丁国瑞采用白话文作演说、办报给予了很高的评价,"提倡白话文是一种反封建活动,是在文化领域内进行的反封建斗争。"丁国瑞认为,宣扬爱国、开通民智,要用白话文,因为"妇女小孩不论粗细人,一听就懂",在"识字的太少的中国",尤为"启蒙通俗之利器",而"文言论说皆长篇一片",难为民众所接受。他的白话演说更有影响,被誉为"白话名家"。该书认为丁国瑞创办的《竹园白话报》是我国早期白话报之一,他是我国白话文运动先驱和实践者。该书对丁国瑞的爱国思想也作了介绍,除了倡导白话文

①喇敏智主编.回族对伟大祖国的贡献.兰州:甘肃民族出版社,2006:77
②邱树森主编.中国回族史.银川:宁夏人民出版社,1996:764

外,还有为国说话,为民分忧;正确看待国家和宗教的关系;改良宗教,发展教育。丁国瑞行医,不单是为了谋生,更是为了"以医济人",把为病人解除痛苦放在首位,具有高尚的医德。

海正忠的《古今回族名人》(宁夏人民出版社,2008 年 8 月第 1版),在文学篇中对丁国瑞作出了很高的评价。丁国瑞生活在充满内忧外患的时代,他看到国家像一个垂危的病人,生活在这样日趋衰亡的国度里的百姓,所受的困难不仅仅是疾病。丁国瑞刚踏上社会生活,就遇上了甲午中日战争的惨败,戊戌变法志士们惨遭杀戮,八国联军的野蛮暴行。后来,刚刚看到辛亥革命带来的一丝曙光,接着眼前又呈现出袁世凯倒行逆施,反对民主,实行专制称帝,接着又上演了军阀连年混战的丑剧,对此,丁国瑞感愤至极,忧国忧民的意识日益强烈。他在"以医济人"的同时,决心"以言济世",即以笔舌为武器,针砭时弊,抨击邪恶,并以此来唤醒民众,共谋强国之计。①

丁国瑞坚持"以医济人"、"以言济世",是一位杰出的爱国者和思想家。丁国瑞另一方面值得称道的贡献,就是在演讲、写文章和办报当中,大力提倡并实用白话文。他从广大民众的需要出发,大胆冲破传统。他认为,中国人识字的太少,而白话文人人都一听就懂,因而有利于开发民智。所以,丁国瑞是清末白话文运动的先驱之一,而白话文运动本身则是反封建斗争的一项重要内容,其意义大大超出语言范围。

朱昌平、吴建伟主编的《中国回族文学史》(宁夏人民出版社,2007 年 1 月第 1 版)一书对丁国瑞的医学思想重点进行了介绍,尤其是《说疫》,其最初载于 1918 年 2 月 20 日北京《爱国白话报》上,

①海正忠.古今回族名人.银川:宁夏人民出版社,2008:310-312

连载数日,后重印成单行本。该书从当时流行的瘟疫的病源、细菌、防疫、治疗、处方等几个方面,进行了深入系统的分析与研究。尤其令人钦佩的是,在 20 世纪初,社会上乃至国际上有人散布所谓"细菌为无敌之毒物,而中药为不可恃者"的谬论时,他则大声疾呼:"中医非陈腐之学!"这就在维护医学尊严的同时,为中医事业健康发展提供了科学的理论依据。

丁国瑞不仅替人去除病患,减轻痛苦,还以言济世,胸怀天下,办报撰文,1907 年他自己创办了《竹园白话报》(次年改为《天津竹园报》)。他自己曾说:"我今天先开个端,《竹园白话报》就作为是个公共言论的地处,好比是个小议院,又好比是个地方自治议事会。凡与社会国家有益的事情,就请公众发表言论,鄙人必然照登的。是是非非,大家再详加评论……鄙人的期望,可是要把本报推广的远近普及,使大家均有了言论权,使社会间受了公共应得的利益,情势联络,上下大通。"该文对丁国瑞的《竹园丛话》中的演说、寓言、谐谈、卫生、杂俎作了简单介绍。①

张巨龄的《绿苑钩沉——张巨龄回族史论选》(民族出版社,2001 年 6 月第 1 版)。② 一书有专门的词目介绍丁国瑞的生平事迹,以及丁国瑞的《竹园白话报》、医药研究会,以及其参与的禁烟运动、回教俱进会、清末民初回族兴业扶贫运动等内容,是当前对丁国瑞研究资料最为丰富的材料,但是这些资料仅仅是蜻蜓点水的介绍,有待于我们按图索骥,进一步深入研究。

杨惠云主编的《中国回族大辞典》(上海辞书出版社,1993 年 1 月第 1 版)一书也对丁国瑞词目作了简单的介绍,但是内容上与前述文献有很强的相似性,此处不再详述。

---

①朱昌平、吴建伟主编.中国回族文学史.银川:宁夏人民出版社,2007:552-564
②张巨龄.绿苑钩沉:张巨龄回族史论选.北京:民族出版社,2001:276-277

（二）相关研究论文

关于丁国瑞思想的研究整体上来看不多，仅仅是一种零星的、局部的研究。主要有张巨龄的《清末民初的回族报刊和丁宝臣等五大报人》（载《云梦学刊》2006年第5期）、《清末民初回族兴业扶贫概述》（载《宁夏大学科学版》2000年第1期），丁宏的《丁竹园与〈竹园丛话〉》（载《回族研究》1991年第4期），许宪隆的《丁国瑞爱国民主思想初探》（载《中南民族大学学报》1993年第1期）这4篇文章。

其中，张巨龄的研究中，对丁国瑞生活的历史环境和社会活动作了一些介绍和点评，尤其是从一个报人的角度对其社会地位作了评价和定位。丁宏的研究主要是针对丁国瑞个人生平及《竹园丛话》的简单介绍。许宪隆的研究则是把丁国瑞放在典型爱国民主人士的高度，对丁国瑞的爱国民主思想进行初探。

综上所述，有关丁国瑞的研究成果具有如下特点：

第一，有的研究成果重在宏观的分析，对丁国瑞的生平及其业绩进行了简单的勾勒，但是在具体的研究过程中，只是对其社会活动进行简单的介绍，而具体的学术分析不够深入、细致与全面。

第二，有的研究是对丁国瑞的某个侧面的研究。如丁宏的《丁竹园与〈竹园丛话〉》是专门对《竹园丛话》的一个简单介绍，而许宪隆的《丁竹园爱国民主思想初探》是对丁国瑞爱国民主思想的一个简单归纳分析，其分析具有一定的理论深度，但是不能兼顾丁国瑞思想的全貌。

第三，从研究的角度上看，大部分研究成果都是从历史学的角度出发，对历史资料进行挑选整理，侧重于丁国瑞的社会思想文化史。本论文试图采用知识社会学的方法探索丁国瑞思想的产生、发展和影响。

总而言之,近代社会史中涌现出众多杰出的回族人物,其中丁国瑞就是典型代表。回族是在中国的土地上形成、发展的一个民族,中华民族的优秀文化传统对回族的繁衍发展和民族精神的孕育产生了深远的影响,而保护、发掘和深入总结回族优秀文化遗产,是弘扬中华民族优秀文化的一个重要方面。

丁国瑞一生积极参与社会活动,一边行医,一边办报,是不平凡的人生。其一生著述丰硕,涉及社会的各个方面。而当前对丁国瑞思想的研究,仍然处于一种简单的介绍性研究,可以说是冰山一角,有待于我们作进一步的探究。

三、研究方法

研究任何一位思想家的思想都必然要涉及研究的方法、立场以及相关的理论背景,具体到丁国瑞思想研究当中,学者们的研究思路和研究方法也不尽相同。有的侧重丁国瑞爱国民主思想的考察,有的偏重丁国瑞白话文文学思想的分析,还有的重视丁国瑞医学思想的研究,可谓各有千秋。然而,多数研究仅涉及丁国瑞思想之一隅,所涉及的理论和方法亦非常具体,整体性和宏观性研究方法较为少见。就此而言,在研究丁国瑞的众多前辈学者当中,张巨龄的研究方法是个例外,使我们获益匪浅,他对回族史的研究进行了一个提纲挈领的总结。另外,著名学者瓦特对穆斯林知识分子的介绍和研究也是很有独特性的。将知识社会学运用于思想研究也是一种合理的方法。

首先,我们有必要介绍一下张巨龄的观点。张巨龄在《绿苑钩沉——张巨龄回族史论选》一书中提到,在《关于回族史研究的思考》中提出了回族学研究的观点:"回族史研究是一门关于回族的起源、形成、发展的历史的研究。他与中国社会发展史、革命史、战争史有着密切的联系,却又不同于这些研究。它不能硬搬社会发展史、革命史和战争史的特定标准,而应当以加强、促进多民族国家的团结、统一为目的,以是否推动回族历史的发展、事业的兴旺为主旋律和基本依据(当然,不是狭隘的,排他主义的)来考察、研究、判断历史事件、历史人物,并尽可能得出合乎历史实际的科学结论。回族史的研究,就是这样一种学术活动。"①有了这样一个明确的界定,我们就可以较为正确公允地评价回族史研究中所接触到的历史人物了。

张巨龄提到的另外一个观点就是:"站在中华文化的高度研究回族文化。"回族文化是这个民族数百年以来在中华大地上坚强地扎根、生存、繁衍着,并且终于迎来了今天——中华各民族历史上最为灿烂的时代。回族文化不仅是回族人民的宝贵财富,也是中华各民族文化共同的精神财富。我们做回族文化研究时必须将回族人民的民族精神纳入到整个中华民族的高度去认识,进一步研究这种民族精神、民族文化的积淀与中华民族大文明、大文化的关系,以及它对于这个大文明、大文化的发扬光大有着怎样的作用。这样,我们才能真正认识到回族存在与发展的重要价值,才能焕发出回族人民的民族自豪的激情和责任感,使中华民族的文化、文明真正成为回族和其他 55 个民族文化、文明共同滋养的财富。同样,对于丁国瑞思想的研究,也要放在中国近代史发展的大环境和回族社会的小环境当中进行研究。在从事回族人物研究的时候,我们要了解人物生活的时代背景,将其生活和思想作为一个整体来考察。

一般意义上来说尽管经济和物质的因素决定了人的生活环境,但观念的因素却引导着人们对他所处的境遇做出回应。在某种意义上,几乎每个人都是观念的传播者,但只有少部分人能够创造性

①张巨龄.绿苑钩沉:张巨龄回族史论选.北京:民族出版社,2001:276-277

地运用和处理观念。

另外,著名学者瓦特对穆斯林知识分子的介绍和研究也是很有独特性的。著名学者瓦特在《穆斯林知识分子——安萨里研究》一书中,把社会的知识分子划分为三种类型,即工具型、体系型和直觉型。① (1)工具型知识分子的典型代表是科学家,他们研究人们生活的环境,增强人们对环境的控制和利用,甚至那些不考虑实际用途的纯科学家实际上仍对社会实施着这种功能。(2)体系型的代表是哲学家、具有哲学思想的科学家、神学家和法理学家,也许还包括在个别事件中探寻普遍规律的历史学家。(3)直觉型的知识分子是那些关注社会价值规范及其实在基础,并为此作出回应的人。

像丁国瑞这样的知识分子属于直觉性的那类,他立足于社会现实,能对所处的环境作出回应和反思,在回族社会中发出自己独立的声音,针砭时弊、唤醒民智,是回族生活中"直觉型知识分子"的典范。

然而,在现实生活中,这几种类型往往是交织在一起的,因此我们不必对特定的人刻板地贴上类型的标签。另一方面,由于对环境的回应是直觉的,部分是无意识的,因此知识分子也不必充分意识到他的回应以及精确的回应方式。瓦特认为,社会是一种有生命的事物,而且,它所回应的环境通常是变化着的。即便社会生活的经济和物质结构是稳定的,也依然存在持续的社会调整运动。相对稳定的社会,其观念基础具有某种稳固性,但在细节上仍会不断地受到修正。纵使表面上观念没有发生变化,但由于物质和社会的变化,这些观念在社会生活中就会起到一种不同的作用。其显著的情形是,那些最初是健全的并适应那个时代的观念,被用来支持一种

---

① W. M. Watt, Muslim Intellectual: A Study of Al-Ghazali, Edinburgh: Edinburgh University Press, 1963, p.1

局部的特权,而这种特权从社会整体利益来看是应该废除的,此时,这些观念就变成了意识形态。① 对于同质的社会而言,社会适应和调整的主要类型会随着物质环境和社会条件的变化而变化,其目的在于修正社会的观念基础,以便合乎新观念的行为,能更令人满意地回应现存的环境。

然而,瓦特又认为,像伊斯兰世界这样的社会并非是同质的,除了不同的社会阶级,还有来自不同文化背景的群体,他们常常跨越阶级的区分。因此,知识分子的部分工作就在于寻求一种"观念的综合",它能增强社会整合,降低社会紧张。在理想状态下,这种观念的综合是一种复杂的观念联合体,每一个群体都可以在其中找到各自感兴趣的内容,并在一种与其他群体不冲突的形式中发现这些内容。只有当知识分子卷入到他所在的社会及社会紧张中的时候,他才能完成这种修正和调整。有时,他可以有意识地卷入其中,像丁国瑞这样,在清末民初那个动荡不安的社会当中,他能够立足于社会现实,对不同时期、不同政权下的环境作出回应和反思,有着清楚独立的思维和判断力,在回族社会中发出自己独立的声音。

一般而言,在多个社会集团之间存在紧张的时间,在每个集团中都有知识分子的位置,但是一个知识分子最令人满意和持久的工作表现为,对于相互竞争的集团而保持某种超然的公正,能够跟随社会发展的方向发出正确的声音,指引人们的意识和行为。

事实上,任何研究都不可能是完全客观的,因为作者对研究的本体已经渗入到他对事实的评价和描述中。因此,减小主观偏见的最好方法,就是尽可能清晰地表达一个人的态度是什么。知识社会学是进行个人思想研究的一种比较恰当的研究方法。

---

① W. M. Watt, Muslim Intellectual: A Study of Al-Ghazali, p.3.

其实,将知识社会学运用于个人思想研究并不算崭新的方法。知识社会学,按照通常的解释,它是对知识与其他社会存在之间关系的研究。其渊源可以追溯到欧洲启蒙运动,但它主要是在德国和法国的社会学氛围中发展起来的。1924 年,马克斯·舍勒发表《知识社会学问题》,标志着知识社会学作为一门学科而出现。但大家公认,使这门学科得以成熟的是卡尔·曼海姆,他把知识社会学定义为研究思想的社会条件或存在条件的理论。尽管学科内部存在着不同的看法和争论,但较为一致的认识是,所有的知识和思想在某种程度上都不可避免地受某个社会结构或历史进程的影响。例如,曼海姆认为,社会学观点"首先应该把人的各种活动置于整个群体经验中去解释"。思维从来就不是一种能够摆脱群体生活影响的特殊活动,因此必须把它放在社会背景中加以理解和解释。他指出,知识社会学这一理论的确立需要证明"获取知识的过程并非必然依据其内在规律发生在历史过程中,也并非必然产生于'事物的性质'或'纯逻辑推理之中',更不是来自'内在的辩证法'。相反,知识的获取是由理论之外的因素,即存在因素决定的。"可以说,存在决定知识是曼海姆知识社会学的根本观点。① 就存在决定知识这一点而言,马克思关于社会存在决定社会意识的论断同知识社会学的学术进路是相同或相当接近的。唯物史观认为,社会意识依赖于社会存在,反映社会存在,是后者决定了前者,而不是相反。马克思在《德意志意识形态》中说:"意识在任何时候只能是被意识到了的存在,而人们的存在就是他们的实际生活过程。"②并指出,"人们的观念、观点和概念,简短些说,人们的意识是随着人们的生活条

①刘易斯·A·科瑟.社会学思想名家.北京:中国社会科学出版社,1990:474
②马克思恩格斯全集(第三卷).北京:人民出版社,1985:29-30

件——人们的社会关系和人们的社会存在的改变而改变的。"①因此,道德、宗教、形而上学以及与它们相适应的意识形式并没有绝对独立的历史。

由此可见,马克思主义学说是知识社会学重要的思想来源,甚至可以说,知识社会学是马克思主义理论的重要组成部分。它不仅为知识社会学提供了基本原理,即思想的社会决定,而且还提出了具体的分析模式,如意识形态理论。因此,不少西方学者将思想的社会决定这一观点并称为"马克思—曼海姆观点"。

既然存在决定知识,社会存在决定社会意识,那么对于伟大的思想家的思想观念,就应该从他的生活经验、社会阶级、社会环境以及他所面临的社会问题中加以理解和认识。不可否认,个别知识分子确实可以超越时代,但作为一个超越阶层却是不存在的。从某种意义上讲,教育和学术造诣可以导致重要的超脱,但这远不能造就一个完全受理性支配的知识界。② 传统的思想史研究方法,往往过于强调思想自身的内在逻辑,把思想和观念史看成理性自身运动的过程。但知识社会学拒绝这种思辨和抽象式思维,否定思想发展的自主性,认为思想的形成和发展并不是某些天才人物沉思默想的结果,而是与社会背景、历史经验密切相关的。尽管知识社会学对于思想史研究具有十分重要的理论意义,但必须指明的是,任何一种理论都有其自身的适用范围和局限性。知识社会学作为一门学科尽管已经确立并取得了丰硕的成果,但它仍面临一些亟待解决的重大理论问题。③ 其中,首要和核心问题是知识的相对主义难题。因

①马克思恩格斯全集(第四卷).北京:人民出版社,1985:488
②刘易斯·A·科瑟.社会学思想名家.北京:中国社会科学出版社,1990:477
③下述关于知识社会学之适用范围和局限性的论述,参见胡辉华.论知识社会学的困境.哲学研究,2005,(4)

为,如果所有的知识都可能也必须从社会境况来说明,那么知识就只能是一种相对化和境遇化的东西,本身缺乏普遍的客观有效性。尽管这对于人文和社会科学知识来说尚容易理解,但对于那些逻辑、数学等形式科学和自然科学而言,就令人难以接受了。与相对主义难题相伴生的是知识社会学自身存在的合理性问题,因为它的基本原理如果指涉自身,必将自身丧失普遍有效性和客观性,从而威胁到自身存在的合理性。再者,还有如何对知识进行社会学分析的问题。多数知识社会学学者在基本原理上达成了形式上的共识,但在具体方法上却出现分歧。这主要表现在两方面:其一,决定知识的社会存在是社会整体,还是社会阶层;其二,这种决定是因果关系,还是功能关系。由此形成了以迪尔凯姆为代表的整体功能论、以卡尔·曼海姆和马克思为代表的分层决定论和以马克斯·舍勒为代表的整体决定论这三种分析方法,但它们都有各自的局限性。此外,人们还会问,既然知识和思想是由社会存在决定了的,那么它们还有内在的逻辑和连续性吗? 如果没有,它们就会丧失客观性和普遍性。如果有,那么内在的逻辑和连续性同社会存在的决定性之间又是一种什么样的关系呢? 的确,这些都是知识社会学本身所面临的棘手问题。

众所周知,围绕着"存在与意识、物质与精神、社会存在与社会意识、知识思想与社会境况,谁为第一性、谁最终决定谁"这些根本问题,人们之间存在着无休止的争论。作者就知识社会学关于社会存在决定知识和思想的原理,作者对"决定"一词采取了一种较为弱化的理解,即将它理解为规定、影响和限制之类的含义,而非绝对意义上的因果决定论。马克斯·韦伯曾指出,无论是物质因素还是精神因素都不能直接作用于社会现象,必须通过造成社会现象的人才能发生影响,因此二者都是作为诱发人的行为动机的社会心理因素而间接作用于社会的。① 另一方面,由于大多数学者都不否认,知识、思想和社会意识对社会存在具有反作用和能动性,故笔者在此对知识和社会存在之间的关系毋宁采取了一种功能主义的立场,强调二者之间的互动,而不是单方面的决定。实际上,撇开那种终极意义上的决定论解释,从结构功能的角度去理解,不管是知识社会学、还是马克思主义、"理解社会学"等理论,都可以成为研究思想史的有用工具。

同时,笔者也认为,无论知识和思想的产生发展在多大程度上受到社会存在的制约、影响和限定,它们都不可能完全由外在因素所决定,而是具有一定的内在逻辑性和连续性,纵然这种逻辑性和连续性会在具体的思想家或学派身上表现出一定的不完整性或断裂性。也许,知识和思想的社会决定性与它们自身的内在逻辑性之间,本身就是一对固有的、不可化约的矛盾,二者是辩证统一的。正是二者之间的矛盾运动,推动和深化了人们对思想和社会之关系的理解和认识。就此而言,本文一方面运用知识社会学的方法,考察引发丁国瑞的思考并促成其思想回应的那些社会性因素,这些因素通过丁国瑞的生活和经验而最终作用于丁国瑞的思想;另一方面也关注人类理性自身的逻辑发展,考察丁国瑞生活的时代的思想状况及其引发的精神层面的变革和问题。正是这些思想状况构成了丁国瑞进行思考的前提和条件,而对于那些精神层面问题之总结和回答则构成了丁国瑞丰富而深刻的思想。

四、文章架构

绪论部分,包括四节,分别阐述论文选题意义和研究主旨、当前研究现状、主要研究方法和文章架构。第一章主要讲述丁国瑞的生

---

① 苏国勋.理性化及其限制——韦伯思想引论.上海:上海人民出版社,1988:116

平,及其思想产生的大背景及其他因素,主要采用宏观与微观相结合的方法,旨在从个体微观的生活环境和宏观的社会背景来阐明丁国瑞思想的构建过程。第二、三、四、五、六、七章是文章的主体部分,论述了丁国瑞思想的主要内容,主要涉及民族宗教思想、爱国救国思想、办报思想、中医发展思想、禁烟思想五个方面内容,以及其实业思想和教育思想两个部分。第八章是文章的结论部分,主要从丁国瑞思想的特点及其影响来进行阐述,是在以上各章的基础上最后再次总结归纳,对丁国瑞的思想的特点及影响作出整体性的评价。

在解释了本文所欲采纳的基本研究方法之后,还有必要进一步说明文章的思路和架构。这主要涉及以下几方面的问题,即丁国瑞思想范围之界定、整体的思路以及各章节的具体安排和主旨。

首先,是研究范围之界定。如前所述,丁国瑞思想宏富,其内容可以说包罗万象,有政治、经济、文化、教育、宗教、历史、艺术、卫生、民族、天文、地理、水利、交通、体育、伦理道德、社会风俗、日常生活知识等各个方面,几乎涉及社会各个领域。对于如此庞大的思想体系,我们不可能在如此短小的篇幅中面面俱到,那样的话文章就只能沦为材料的堆砌。当然,这样讲或许更多的是给自己一个台阶下,此间更重要的原因实乃自己学力之不足,因为上述学科中的每一个都绝非轻而易举就能掌握的。因此,丁国瑞思想研究只能涉及丁国瑞思想的某些方面。本文主要选择爱国救国思想、民族宗教思想、办报思想、中医发展思想、戒烟思想这五个方面作为考察丁国瑞思想的重点。另外,教育思想和实业思想也是其思想的主要组成部分,本书稿进行了简单的论述,而省略了他在文学方面以及其他方面的相关论述,这样可能更有利于让我们站在一个较高的理论层次来审视和评价丁国瑞思想之利弊得失。

　　其次,是文章的整体思路。如前一小节所述,一方面,本文欲借鉴瓦特所倡导的知识社会学方法,考察丁国瑞思想形成的社会历史背景以及引发丁国瑞进行思考并促成其思想回应的那些个体性的社会性因素。尤其是,通过考察回族知识分子阶层在回族社会共同体观念基础建构过程中所发挥的作用和功能,以此来说明丁国瑞所面临的历史、社会和文化处境,他作为知识分子之典范所担当的文化使命,以及他在这种境遇中做出的具有自己特点的思想回应。

第一章　丁国瑞的生平及思想形成的大背景及其他

　　从近代社会发展史分析,丁国瑞出生于光绪初,经历了光绪与宣统清政府两帝没落的统治,目睹了辛亥革命的过程,以及后来的共和失败和军阀混战。其生活的时代是近代史上最为动荡不安的时代,他亲历了中国近代社会的一幕幕历史变局,对中国社会的变革有着其深刻的认识。在某种意义上,每一个人的生活背景就是其文明先前的整个历史。因此,要更充分地理解丁国瑞的思想,认识他在近代史上的地位,就需简要回顾丁国瑞的生平,以及其思想形成的社会大背景及其他因素。

第一节　丁国瑞的生平

　　在绪论中,笔者对丁国瑞的主要贡献作了简短的介绍,这里将对其生平事迹进行详细的介绍。丁国瑞①,回族,字子良,号竹园,

---

① 有关丁国瑞生平可参见以下几种文献:白寿彝主编.回族人物志近代.银川:宁夏人民出版社,1997;邱树森主编.中国回族史(下册).银川:宁夏人民出版社,1996,651;喇敏智主编.回族对伟大祖国的贡献.甘肃民族出版社,2006,77;邱树森主编.中国回族史.银川:宁夏人民出版社,1996,764;海正忠.古今回族名人.银川:宁夏人民出版社,2008,310-312;朱昌平,吴建伟主编.中国回族文学史.银川:宁夏人民出版社,2007,552-564。以上文献对丁国瑞的生卒年月皆有出入,此定论来源于张巨龄亲述。

北京人,是清末民初著名的医生、社会活动家、评论家、爱国报人。关于丁国瑞的家族情况记载不多,据相关资料记载,其祖籍系浙江绍兴。丁氏世居北京德胜门外西村,从事牛羊行业,至丁国瑞这一代已经是第七代,在其父、叔这一代,逐渐知识化,经汉皆通。其父丁善恩,是清末马甸清真寺之首事掌教之一,其膝下有四子,长子即丁国瑞,次子丁宝臣,三子丁少三,四子丁子瑜。丁善恩四个儿子,除了三子丁少三外,皆是中国近代回族历史上的知名人物。丁国瑞受到父辈的影响,幼时就习功经文,接受了良好的家庭教育。

丁国瑞生命中最重要的一个人就是其叔——丁德恩。据记载丁德恩是近代外科医生中年龄较大的医师,是北京比较早的著名外科医生。丁氏不仅医术精湛,而且医德高尚①。丁国瑞天资聪敏,酷爱医学,在其叔的耳濡目染下,秉承家学,悬壶济世,在年仅21岁时,就开始独立应诊,在其叔父的影响下逐渐成为京津有名的医生。

1895年,丁国瑞25岁携带家眷定居天津,曾任正兴德茶庄司账,后来在寓所创办"敬慎医室",以"审慎敬业"自勉,开始了其在天津的社会活动。"敬慎医室"位于天津西北城角文昌宫西大马路南,分为住宅与分诊两个地方。自开设敬慎医室以来,本着人道主义的初衷和高尚的医德,治病救人。他深知,"贫者无衣无食,有病惟听天由命,无钱讲卫生"。② 所以他将诊金一减再减,直至免费。丁国瑞一边行医,一边进行医术研究。后经丁国瑞多年精研中医,配制出坤顺丹、舒肝平安丸、消核膏、古玉生香露、红色蜜药等成药,著有《说疫》、《痢疾捷药》、《增补瘟疫》等书。

古人云:"人生一世,不为良相,即为良医",丁国瑞不仅是一位良医,而且是重要的社会活动家和报人。丁国瑞一边行医,一边关

①王康久.北京卫生志.北京:北京科学技术出版社,2001,553-554
②孙俊平.伊儒合璧的回族哲学思想.银川:宁夏人民出版社,2008,199

心时事政治,参与社会活动,并且著文立说,抨击时弊,发表个人言论。从 1897 年起,他先后撰文于《直报》、《大公报》、《中外实报》、《社会教育星期报》、《正宗爱国报》以及《民兴报》。1907 年,《正宗爱国报》辟专栏所选之亦庄亦谐的"竹园白话",甚至被"呈御览",而受到光绪之赞许。①

1907 年创办《竹园白话报》,是天津第一张白话报,次年《竹园白话报》改为《天津竹园报》。《竹园白话报》是一份抑恶扬善,充满民主爱国的报刊,里边有时评、论说以及寓言故事等佳作,深受广大读者的喜爱。

1905 年,丁国瑞倡议,在刘孟扬、林墨青、胡玉荪、温子英等支持下,联合天津医、药两界,以及关心这一事业的其他各界绅士等成立医药研究会。医药研究会批准立案,是清末中医学术团体。该会以"研究医学,互换知识,医生练习辨认药材,破除医、药二界之隔阂,研究制药改良,推广中国药业之利源,诊视贫病,演说卫生浅理,开通中下社会之知识"②为宗旨,并分设急杂症、针灸、正骨、考药、稽古、求新以及内、外、妇、儿、眼等 11 科专题研究项目见下表,每项设科长一人。

该会坚持理论研究与临床实践相结合,对疑难和罕见病症,实行讨论会诊。"医药研究会"为便于会员科研与交流,注重搜集有关医、药两学典籍,提供在会人员学习参考。据 1908 年 4 月《竹园白话报》披露,该会所藏经脉、针灸、瘟疫、妇科、外科、本草、医案、方书、丛书以及西医、西药等类古今医著、医书共 200 部,其中不乏珍本、善本。

---

① 张巨龄.绿苑钩沉:张巨龄回族史论选.北京:民族出版社,2001,276
② 附录.医药研究会之宗旨.竹园丛话(第 14 集),109

附表　研究分科

分科名		研究课题
内科	内科	伤寒、寒病、温病及内科杂症
	稽古科	中医古籍
	求新科	西洋医学的长处及制药法等
	妇女科	生育、护理、乳腺癌等
	幼科	儿童病,研修牛痘
	咽喉口齿科	咽喉病及牙病
	眼科	眼病
	救急杂症科	处治救急患者、鸦片中毒者及突发性疫病的方法
外科	外科	痈疽、疮疡等
	针灸科	针灸
	正骨科	跌扑、损伤等
考药科		药材,开发新药

此外,该会鼓励会员出版论文、论著,比如,回族医生从陪生的《答增补瘟疫论问题》,钱辅廷的《论中西药各有所长》,丁国瑞的《论茶叶》,以及他稍后所著《说疫》一书等,都对推动中医、西医两学的发展,以及中西医之相互结合,提出了至今仍有借鉴意义的见解。

1912 年 3 月,其会址所在地殃及火灾,加上天津的那场金融危机的影响和经济原因,不久,该会便停止了活动。事实上,即使到了民国时期在中国社会仍有不少人支持、扶持中医药事业的发展。民国时期,天津中医药界人士虽然缩小了其活动规模,但在社会上仍继续从事各种改革活动。

丁国瑞不仅是著名的医生和报人,也是一位著名的爱国民主人士。自从 1907 年 9 月清廷颁布了禁烟"上谕"后,他就立即响应,撰写了大量的文章,宣传鸦片的毒害,揭露帝国主义向我国运卖毒品的罪行,还积极开展社会活动。1910年11月,他与刘孟扬、张伯苓等社会知名人士,共同倡导成立了中国近代史上第一个"恢复禁烟主权会"(后更名为"中国国民禁烟会顺直分会")。1911年4月,他又邀集刘孟扬等人成立了"国民求废烟约会",任会长兼"求废烟约"代表,赴京请愿,为彻底废除1858年第二次鸦片战争后不平等的中英《天津条约》而奔走。

辛亥革命前后,社团兴起,早在1910年丁国瑞就参加了由回族名士杨敬修倡议,其他18位在津人士参与的"京师清真教育会"。该会虽经屡奏当局,但最终均未获准活动。但是该会以"因就宗教,推行教育,补助国家教育行政"为宗旨,在当时颇有影响。

辛亥革命胜利的号角,不仅激荡了回族人,而且也震撼了全社会的各民族的心声。从此,中国历史从封建专制走向民主共和,回族人民像其他民族人们一样,热情洋溢地加入了民主共和建设当中。1912年"中国回教俱进会"成立,丁国瑞积极参加该会,为中华民族的生存发展奔走呼叫,为中华民族的复兴和回族的发展积极努力。

1918年,经过多年撰写的《说疫》一书,首次在北京《爱国白话报》上登载,连载数日,后重印成单行本。该书从当时流行的瘟疫的病源、细菌、防疫、治疗、处方等几个方面,进行了深入系统的分析与研究。他指出:"防疫,善政也,办理不得法,扰民而已,于防何有?治疫者,仍不废防也,治之得法,死中求生也,亦医学进步之当然也。"①尤其令人钦佩的是,在20世纪初,社会上乃至国际上有人散布所谓"细菌为无敌之毒物,而中药为不可恃者"的谬论时,他则大声疾呼:"中医非陈腐之学!"这就在维护医学尊严的同时,为当时

①丁国瑞.说疫(自序).竹园丛话(第8集),45

"多回教人主之"的中医事业健康发展提供了科学的理论依据。①

1924 年丁国瑞在友人的鼓励和建议下,把多年撰写的文章演说进行整理收集,编辑为《竹园丛话》出版,总共 24 集。据不完全统计,丁国瑞在天津 35 年时间,仅仅《竹园丛话》中收集的作品达到 626 篇之多,有百万余言,可以说包罗万象,涉及政治、经济、文化、教育、宗教、历史、艺术、卫生、民族、天文、地理、水利、交通、体育、伦理道德、社会风俗、日常生活知识等各个方面。这些资料是人们研究清末民初,乃至近代中国社会历史和回族历史的重要宝贵资料。

辛亥革命失败后,中国社会进入北洋军阀统治时期,人民生活困苦不堪,饥民千百成群,再加上连年的天灾人祸,致使哀鸿遍野,途有饿殍。1927 年国民革命失败,加上丁国瑞本身年事已高,在双重因素的影响下,他毅然投笔从医,不再过问世事。1934 年 6 月 5 日,丁国瑞归真于天津,享年 64 岁。

第二节　丁国瑞思想形成的大背景及其他

从其个体来分析,丁国瑞思想的形成有着其独特的个人生活轨迹,是在特定的历史条件下成长起来的特殊杰出人物。马克思主义认为,社会存在决定社会意识,人的思想不是从天上掉下来的,而是对现实生活的反映。丁国瑞思想的形成也是由特定的社会大背景及诸多因素的催化下而形成的。

一、晚清的腐朽统治

丁国瑞生活的时代是中国历史上最黑暗的日子。自鸦片战争后清政府曾经自我标榜的"盛世"、"中兴"也一去不复返了。统治

---

① 张巨龄.20 世纪初中国回族伊斯兰研究述补及评.回族研究,2000,(2)

者挥金如土,国库空虚,内政不修,所以民生凋敝,外交失败,强邻四逼。正如丁国瑞所揭露:"中国官场中有一半是游民,军队中有一半是土匪,以游民治游民,以土匪平土匪,中国永无安宁的日子。"①宣统三年丁国瑞在《正宗爱国报》上发表演说《十年来官府之罪恶》中痛斥到:"中国官府的罪恶,罄竹难书……庚子以后的罪案,略说几条,亦就知道他们荼毒国民,不顾公理,不守法律,不重人道的罪恶了。在做官的心理,以为他是官,你们民人惹不起,官教民死,民不敢不死,稍动点压力,就教你们家败人亡。"②

第一,政府残害民命,以逞凶威。

庚子以后,巨额赔款,大加苛捐杂税,引起了大众的强烈不满,政府武力镇压,派兵剿民,引发了一系列的流血事件。

在直隶(天津)广宗钜鹿隆平一带,"因为苛捐,逼民聚众,竟加良民以土匪字样,并诬报某为不轨,派兵剿洗,玉石不分,是役,共毙良民一万余人,击毁村庄无数。"③

在山西爆发"交文禁种鸦片案",山西巡抚听流言贪功,带兵剿洗,共毙良民数百人,奸淫抢夺不算。

在山东莱阳,因以政府加捐,引起民众激变,政府派新军剿洗,击毙及逃难饿死者,男女老幼,共一万三千余人,村庄被毁者百余处。后来派袁世凯观察督办,也是含混了结,莱阳县的百姓算是家败人亡。

其余各省派兵剿民的案子,不胜枚举。四川派兵剿民,打死无数,官府依然是平安无事。"官命贵,民命贱",统治者听信官府的话,不信民众的实情,为了保全贪官暴吏的利益,以致竟弄得众多民

①丁宏.丁竹园与《竹园丛话》.回族研究,1991,(4)
②丁国瑞.十年来官府之罪恶.正宗爱国报,宣统三年十月二十六日
③同上

众生命不保,财产损失。丁国瑞质问道:"请问朝廷何厚于狗官,何薄于良民。"①

第二,政府横征暴敛,借新政为名,以肥己囊。

在内外双重压力下,清末政府进行了一系列的改革。清末改革已经无力挽救面临危亡的局势,反而在改革当中出现了很多的弊端,"十年来之新政,无不是借题苛敛。政府官员想方设法位置私人,大兴土木,大借外债,挥金如土"。② 丁国瑞激愤昂扬地说到这些钱:"全是我们冻手裂脚又苦又饿的百姓们的钱,我们劳力,他们抽捐,抽了捐躯,他们吃喝嫖赌,大骡子大马,肥狗胖丫头,走在街上硬闯,闯完了还瞪眼。他也不想想,他全家吃的用的,存起来的,全是我们农工商劳心劳力卖命来的钱,他们养生送死,娶媳聘女,全是我们的钱。他们借外债,将来是我们还,他们都滚的滚,逃的逃,抛下的罪,我们去受。请想这群东西们留得留不得?"③面对清政府官场的腐败奢华,丁国瑞给予了极大的讽刺,也表现出其反封建的强烈情感。

第三,政府奴颜屈膝,卖国求荣,摧残民气。

政府腐败无能,对内进行严厉的控制,例如:订苛律、禁止集会结社、钳制舆论、对报馆严加管制、擅改资政院章程,进行蛮横压制。官府目中无民,贿赂公行,尤加倍黑暗,造成国民求生无路,不得不铤而走险。事实上,国民的生活更加处于水深火热之中。相反,对外则是奴颜屈膝,受贿卖国,大借外债,卖国求荣,出卖主权。

丁国瑞认为在帝国主义列强的侵略下,中国的铁路修筑权、采矿权等各项主权的相继丧失,无不与政府受贿卖国,肥家肥己的腐

①丁国瑞.十年来官府之罪恶.正宗爱国报,宣统三年十月二十六日
②同上
③同上

败行为有关。中国的外交软弱无力,对国家的利益权益毫不在意,外务部成了官员发财的机关。官场之无耻,至此已极,国焉能不亡? 正是这种糜烂的官场作风,使丁国瑞认识到中国社会的症结所在,认识到清廷放纵下的贪官污吏的危害,认识到封建专制是导致中国亡国的根结所在。丁国瑞认识到清政府的软弱无能,对封建专制统治的认识更加深刻,积极思考救亡图存的办法,表现了其忧国忧民的爱国救国精神。

二、列强的疯狂瓜分

丁国瑞生活的时代正是处于晚清没落统治时期。清政府的统治越来越腐朽,西方帝国主义的侵略势力越来越大,帝国主义列强在中国划分势力,形成"国中之国"的独特势力,中国社会进入了近代史上最为黑暗的统治时期。其中甲午中日战争和八国联军侵华是对中国社会的影响最为急剧的两个巨大转折性事件。

1894 年,日本发动了甲午中日战争,最终以清政府的失败议和告终。1895 年,《马关条约》的签订使得日本侵略者从中国获取了巨大的权益,掠夺了巨额的赔款。面对巨额的赔款,清政府无力偿还,不得不向西方帝国主义列强筹借外债。西方列强借着贷款给中国的契机,趁机掀起瓜分中国的狂潮,中国的各项主权相继落入西方列强手中。由于帝国主义的疯狂侵略,中国债台高筑,民穷财尽,瓜分危机迫在眉睫。国将不国,何以图存? 这个问题空前尖锐地摆在丁国瑞等为代表的中国知识分子面前,它给人们敲响了警钟,促进了民族的觉醒。丁国瑞撰写了大量的文章要求改革政府官制,变法图强,挽救民族危亡。

为了扩大在华的利益,增强在华的殖民势力,进一步瓜分中国,从而实现变中国为其殖民地的图谋。帝国主义列强进一步侵略中国,1900 年发动八国联军侵华战争。八国联军烧杀淫虐,掠夺抢劫,京津蒙难。其时,丁国瑞"尚幼,年方十二,凡一切恐怖惊骇之情形,若无所有,今闭目回思,犹历历如在眼前。炮声隆隆,枪弹飞击,其势猛烈,人心惶惶,鄙人年幼无知,犹坦然作睡。道路之中,老少男女,踵相接,肩相摩,壮者以扶幼,男者以携女,相率往北门而逃(那时鄙人居府东箭道)。而枪炮声、疼哭声、奔跑声、呼唤声,同时发作,聆之莫辨其现象,有远过山崩河决者。城已陷,洋人在后,若速逃,可以不死。俄顷有炸弹自南飞来,城垛、砖瓦坠下,伤人无数。然硝烟之中,孰不乐生而畏死,争先而恐后,是以北门洞为之壅塞,人身重叠,互相践踏,其为蹂躏死亡者,不知凡几,甚至有情急登城往下猛跃者,此其迫蹙之所致也。"

"……逃者犹络绎不绝,妇女步履艰难,男人欲奔不忍,面面相觑,惟有痛苦而已。死尸罗列,器械满地,红布盈街,衣饰塞道,有被击已死者,有被击半死者,有负伤跌倒者,有负伤奔走者,种种惨象,不一而足。而飞弹之下无老幼,正未定孰果存孰果亡也。时适阴云密布,细雨霏霏,天昏地暗,鬼神悲愁,其一般凄凉状态,真有令人不忍言者。"①

面对八国联军的野蛮侵略,清政府屈膝祈求和谈,于 1901 年签订了《辛丑条约》。这是一个空前丧权辱国的奴役性的条约,是帝国主义列强强加给中国的一个严重的不平等条约。帝国主义列强通过这个条约,进一步巩固并扩大了在华的侵略势力。巨额的赔款,进一步加剧了清政府的财政危机;以关税作保,使财政大权落入外人手中,清政府财政枯竭,几乎处于山穷水尽的地步,人民生活在水深火热之中。

《辛丑条约》也是清政府的卖身契,它不仅在实际上加强了帝国

①丁国瑞.国耻纪念.竹园白话报,光绪三十四年六月十七日

主义对中国的统治,又在形式上保证了清政府的权位。通过这个条约,使得清政府成为帝国主义在华的代理人,清政府公开扬言"量中华之物力,结与国之欢心",大肆出卖主权,而且表示永远禁止成立任何形式反帝组织和坚决镇压人民的反帝活动,对帝国主义俯首帖耳,清廷从此成为"洋人的朝廷"。因此,《辛丑条约》的签订标志着中国最终确立了半殖民地的统治秩序,是中国国势的又一次重大沉沦。

面对帝国主义的侵略和清政府的腐败无能,"扫清灭洋",各地暴动络绎不绝,革命的思想逐渐深入人心。再加上辛亥革命民主革命活动和思想的传播,丁国瑞的思想也发生了很大的转变,逐渐由一个改良知识分子转变为爱国民主知识分子,大力发表演说,宣传反帝反封建的思想。

三、人民大众的疾苦

丁国瑞作为世纪之交的中国社会先进知识分子,其爱国民主思想的产生绝不是一蹴而就,也不是一觉醒来的灵感。清朝的腐朽统治,帝国主义对中国瓜分豆剖危机态势的形成,使得广大民众颠沛流离,生活困苦,这些都是丁国瑞思想产生和发展的必不可少的外在条件。

在《为贫民请命》中丁国瑞说道:"北京城的人,穷的真穷,阔的真阔。穷的日难一饱,富的是镪的流油;穷的衣不遮体,富的是穿着皮袄还嫌冷;穷的梦不见富人的乐,富人看不见穷人的穷。"①进入冬天,北京城的穷人可是更苦。丁国瑞又讲到:"年景荒乱,有钱的外省人,是全都出了京啦。就是本京的阔宅门子亦是逃了一多半,大买卖,全不卖钱。小买卖儿,是苦熬岁月,等着眼睛干受,是真没

---

①丁国瑞.为贫民请命.正宗爱国报,宣统三年十二月初四

有旁的新鲜法子。有钱的富贵人，就知道自己家里丰衣足食，哪知道穷人这分苦楚哇！"①

尤其是到了冬腊正三个月，天气寒冷，民众少吃没穿，当卖一空，摘借无路。丁国瑞描述到："做小买卖人，苦的实在可怜，喊断了脖颈，就是喊不出买主儿来。连本带利一齐嚼，苟延一日是一日，巡警再要百般干涉，穷人可就真没有活路儿啦！中国人的生计，说到目下就算是困难到了极处了。"②

再加上，"各省捐税局卡林立，专能苛虐本国的商民，小本营生，博些蝇头利来，直不够捐局税卡讹索的，所以各项商贩，全都裹足不前了，净在本乡本土。甚至有宁可坐着吃本钱，亦不敢出门坐买卖的。本国商民，虽然寸步难行，但是外国商民，可是畅行无阻，分文不敢勒索，不但不敢勒索，而且是一刻亦不敢留难迟延"。③ 面对民生的艰辛，丁国瑞大胆地揭露社会的腐朽统治，以唤醒民众。

四、自身的性格特征

丁国瑞的性格特征是促使其思想形成的一个重要原因。我们了解丁国瑞的生平事迹，阅读其作品，我们就会发现自己面对的是一位个性鲜明的人物。丁国瑞的一生虽不算跌宕起伏，却经历巨大转折，虽然我们并不完全赞同环境决定命运的主张，但其生活的环境却对其人生的影响仍是显而易见的。

丁国瑞天资聪颖、学习勤奋、年轻时锋芒毕露、自强自信，这些特点可以说是所有像他这样的天才学者和年轻人所共有的自然禀性。丁国瑞其父是宗教人士，幼时他就习功经文，所以从小就接受了良好的民族文化教育。丁国瑞还酷爱医学，在其叔丁庆三的培养

---

① 丁国瑞.为贫民请命.正宗爱国报,宣统三年十二月初四
② 同上
③ 同上

下,年仅 21 岁时,就开始独立应诊,逐渐成为有名的医生。

首先是,执著和坚忍的品质,这是他贯穿一生的特点。从 1897 年开始,丁国瑞就在京津各大报刊上撰写文章,他先后撰文于《直报》、《大公报》、《中外实报》、《社会教育星期报》、《正宗爱国报》以及《民兴报》。后来亲自创办《竹园白话报》,针砭时弊发表言论。后来,该报停刊,就在《天津益世晚报》、《天津直报》、《商报》、《立达星期报》、《天津商报》、《上海时报》、《新天津报》、《顺天时报》、《天津白话晨报》、《北京立达星期报》、《益世晚报》等刊物上发表言论。直到 1927 年大革命失败,丁国瑞毅然弃笔从医,从此不再关心政治。丁国瑞作为一个回族先进知识分子的典型人物,30 年如一日,笔耕不辍,发表作品据其自叙达千百篇以上。

其次,爱好交往,待人慷慨热情是丁国瑞的另一特点。他认为爱好交往是一种有吸引力的性格,能获得友谊和情感,并同别人融洽相处,是一件很快乐的事情。丁国瑞本人就有很多挚交,曾在当时与刘孟扬、张伯苓等社会知名人士以及外国传教士丁义华等人士一起参加社会活动。

从《竹园丛话》的序言当中得知,丁国瑞与当时天津社会名流交往甚深,其中陈振家、顾叔度、顾寿人、刘成麒、刘孟扬、张际和、尤泽、张遂溪、陈振家、马有忠、黄鸿年、韩梯云、王寰如、林兆韩等人士为《竹园丛话》作序、提联,对丁国瑞的评价很高。其中,刘成麟云:"吾三十年来之老友丁君子良,学识兼全人也,赋性和蔼,立志高尚,不为良相,乃为良医,施治于贫连困苦,赐诊于亲戚知交,疏财好义,令人钦佩深之。"[①]由此可见,丁国瑞不但医德高尚,而且品行俱佳。

还有,宽容和谦卑是他内在的性情。丁国瑞的一生是忧国忧民

①刘成麟序.竹园丛话(第 24 集),7

的一生,作为一个良医是一个德高望重的医师。马有忠曾提联:"岐黄妙手名传远,一著发挥千万言,书会兼全为自遣,茫茫人海几竹园,振聩发聋语再三,雄狮犹自梦沉酣,他年据乱承平迹,应向先生此集探。"①天津曹鸿年也曾提联:"……天元玉书续黄岐,再述难经万代师,太守创方千古密,河间续决死生疑,阴阳朱李多钦佩,增减薛陶亦足奇,至理名言传笔墨,而今丛话仰良医。"②但是丁国瑞曾自序:"鄙人于前清光绪二十一年春,到津行医,一倏忽间,不觉已三十年唉,一事无成,徒伤老大。光阴易过,可不魌哉?"③

丁国瑞从小接受了良好的宗教文化熏陶,伊斯兰宗教追求宽容和和平的思想对其影响深远。他的性格变得和善,提倡待人宽和,与人施惠。在《竹园丛话》序言中,丁国瑞自序:"愿全球万国,皆讲信修睦,共进文明,不侵不伐,无诈无虞,化干戈为玉帛,通商实业,共享世界和平之幸福,愿世界人类,无论何洲何国,何种族何宗教,皆相敬相爱相尊重,济困扶危,救灾恤难,各精其业,各尽其职,父子有亲,君臣有意,夫妇有别,长幼有序,朋友有信,地无弃材,民无游惰,市无盗贼乞丐,野无饿殍,有学有业,知礼知耻,人人福寿康疆,安宁愉快,处处年礼物阜,国泰民安,永享太平幸福。此即竹园丛话最后之祝祷与希望也。"④还有,丁国瑞热爱大自然,爱好旅行游历。他认为这能增长见识、摆脱俗务的困扰,他曾撰文发表于报刊,鼓励人们出去游历。他认为美好的事物不仅能陶冶性情,净化心灵,给人愉悦,而且能使人身心健康。

丁国瑞爱好广泛,知识丰富,可以说是一个充满民族精神和革命精神,努力用伊斯兰精华和中国传统文化的精华——"和平"、

---

①马有忠题词.竹园丛话(第24集),15
②曹鸿年题词.竹园丛话(第24集),16
③丁国瑞自序.竹园丛话(第24集),17-18
④丁国瑞自序.竹园丛话(第24集),17

"慈善"、"忠孝"、"仁爱"、"信义"等道德的力量,来寻找一种与中国社会生存与发展的相吻合的切入点的人。由此可见,丁国瑞是一个回族知识分子,同时也是在中国儒家文化的土壤中成长起来的知识分子,同样也是一个有着极强使命感的传统与变革相交互的知识分子。在这一点上,丁国瑞为我们作出了典范,也是近代回族史上先进知识分子的表率。

五、独特的职业生涯

丁国瑞思想的形成,还直接与他从事的行医、办报职业有关。作为一名良医,丁国瑞救死扶伤,体恤穷人。丁国瑞在收取门诊脉金的时候,特别关注穷人的情况。一般来说脉金是大银元一元,如果无力者六角五角均可,再无力者,仍可酌减,量力而为,悉听尊便。另外,凡素通往来之亲友,及附近街邻,皆不拘上例。实在无力治病者,大洋四角、三角、二角、量力而为,系听尊便。[1] 自开设"敬慎医室"以来,丁国瑞本着人道主义的初衷和高尚的医德,治病救人。他深知,"贫者无衣无食,有病惟听天由命,无钱讲卫生"。[2] 所以他将诊金一减再减,直至免费。不少中下层劳动人民都到他的诊所看病,接触多了,使他充分了解多数人的疾苦,因此他能够公正地反映中下层社会的呼声"本忧世忧民之苦心,以阐发公理,持论正大,规谏政府"[3]冀挽回风气于万一,深受社会的欢迎。

创办报纸,也是广泛接触社会的良好途径。丁氏兄弟四人中,有三人参与创办报纸。其弟丁宝臣是清末民初著名的社会评论家,爱国报人。1906年在其四弟丁子瑜,以及友人王子贞、杨曼青的支持下,丁国瑞一举创办《正宗爱国报》,走上了"开通民智","传达民

---

①孙俊平主编.伊儒合璧的回族哲学思想.银川:宁夏人民出版社,2008,198
②丁宏.丁竹园与《竹园丛话》.回族研究,1991,(4)
③丁宏.丁竹园与《竹园丛话》.回族研究,1991,(4)

情","匡正时弊","鼓吹爱国"为天职的新闻事业道路。《正宗爱国报》很快就成为北京著名的报刊,被时人誉为"宗旨正大"的有功于社会的报刊。第二年,丁国瑞深受其二弟的影响,决定在天津创办《竹园白话报》。《正宗爱国报》和《竹园白话报》很快成为当时京津地区很有影响的报纸。通过办报,丁国瑞基本上窥见了当时中国社会的面貌,这为他爱国救国思想的形成和发展,提供了较为适宜的土壤。

综上所述,丁国瑞思想是在特定的历史环境和个人因素的多重影响下形成的,有着深厚的历史时代感和个性特征。他曾备尝八国联军攻入京津后颠沛流离之苦,对亡国奴的含义有了更深一步的理解。几十年的行医生涯和三十多年的办报活动,又使他能广泛地接触社会各阶层,特别是中下层劳动人民的生活现实,以知识分子特有的忧患意识,办报立说,抨击时政,提出种种社会改革或建设措施,以期唤醒民众共同改造社会。所以,从他多年办报和行医来看,丁国瑞是回族社会内部,也是当时中国社会的一个出色的报人、成功的医家,而且还是近代回族爱国知识分子的典型代表。

第二章　丁国瑞的爱国救国思想

　　任何思想意识的产生和形成都离不开特定的历史条件。丁国瑞爱国思想的产生和形成也不例外，也并非是无源之水，无本之木。丁国瑞爱国思想是近代回族社会与近代社会爱国思想的结合体，它是在回族爱国主义传统和中国传统爱国精神长期实践的基础上逐渐形成的。可以说，其思想的形成是结合中国社会的变革，而逐渐与时俱进，逐步与中国主流社会相适宜发展的。丁国瑞爱国思想内容丰富，在这里我们主要从其思想产生的历史条件、对国家与民族的认识，及对二者之间关系的定位、提倡民族自强爱国救国思想及倡导回归传统文化，寻求爱国救国方略等几个方面来进行论述。

第一节　爱国救国思想形成的历史条件

一、回族爱国主义思想渊源

（一）传统伊斯兰文化的影响

　　伊斯兰文化作为回族文化的主体，对回族民族意识、民族情感、民族心理的形成起着重要的作用，是民族精神要素的基础。表现在爱国主义思想上，则是对伊斯兰文化的发挥和发展，并使之适应中国社会发展的实际情况，主要表现在：

　　第一，《古兰经》和"圣训"中有关爱国主义经文的规定。首先，伊斯兰教强调穆斯林应该追求和平,以正义态度驱恶从善。但是当和平、正义遭到损害或侵犯时,应该为此而抗争。其次,在现实生活中,应该对当政者的统治给予支持。最后,应该热爱自己生于斯长于斯的土地,热爱家园及其相关的一切,等等,这是回族爱国主义思想的理论来源。

第二,"顺主忠君"。伊斯兰教传入中国后,首先遇到的问题是,如何妥善处理信仰与现实生活的矛盾。众所周知,伊斯兰教是严格的信仰独一宗教,穆斯林除了崇拜真主外,不拜其他任何人和物。"万物非主,惟有真主;穆罕默德,真主使者",这样唯一崇拜真主与中国封建社会最高统治者"君临天下"的专制统治,相互冲突。为了适应中国本土的这种社会政治制度,解决生存和发展的问题,回族遂从《古兰经》和"圣训"的经义出发,衍生和发挥出"顺主忠君"思想,以利于宗教与现实的相互适调,这也是当初社会实践所影响的。后来,经过回族思想家的论述和总结,使之成为中国伊斯兰文化的重要思想组成部分,对中国穆斯林的社会行为产生了积极的影响,也成为封建社会穆斯林知识分子爱国思想的理论基础。"顺主忠君"思想从本质上说,是穆斯林适应中国社会的一种变通,它依然是以伊斯兰教信仰为基础,"认主独一"是其根本信仰。

第三,"从国是天命"与"爱国是伊玛目的一部分"。

近代中国,民族灾难深重,时代要求中华民族的每一个成员都要振作起来,团结对敌,共赴国难。这是一场全面救国的伟大运动,穆斯林成为其中一支备受关注的力量,他们在国家、民族危亡的紧要关头发挥了突出的作用。

虽然经历了清末血雨腥风的民族劫难,回族穆斯林普遍地陷入了民族自救的狭隘范围,其爱国意识、国家观念却正在经受着严峻的考验。在这种情况下,如何唤起民族的觉醒,使其摆脱困境,投入到全社会的潮流中,就成为回族知识分子当前的首要任务。先进的回族知识分子认识到了国家与民族之间天然的关系,提出了"从国是天命","爱国是伊玛目的一部分"。

（二）中国传统文化的影响

回族文化是在中国形成的具有本土特色的伊斯兰文化,是在中国孕育、生成、发展的,无时不受到中国传统文化的浸润、渗透。因此,标志着回族民族意识重要特征的回族爱国主义传统思想也必然包涵了中国传统文化中的爱国主义传统思想,主要表现在以下几个方面:

第一,儒家"三纲五常"的伦理道德思想。回族先民历史起于唐宋,从学习儒家文化开始,儒家文化体系当中的"忠君"思想就不可避免地成为步入仕途的回族先民知识分子的主导政治思想,制约着其行为方式。所以,这时期及其后来的回族政治人物的爱国热情就突出地体现在"忠君报国"的实际生活中。

第二,封建社会"忠君报国"的思想行为。回族处在中国传统儒家文化的汪洋大海中,深受儒家"忠君报国"思想的影响,在回族历史上涌现出很多舍生取义的时代人物。如元末的迭里弥实,明代的铁铉与平安,明末清初的广州"三忠"等,这些都是中国传统思想对回族人民行为产生影响的典型事例。虽然这些回族人物"忠臣节行"的行为有所时空局限性,但是作为当时的爱国行为被载入史册,受到历史的肯定。同时,也反映了中国传统文化对回族文化的深刻影响。

二、近代回族爱国主义思想的发展和深化

近代社会是一个大变革的时代,随着鸦片战争开始,社会矛盾发生了急剧的变化,反帝反封建成了各族人民的共同的历史任务。回族爱国主义思想也发生了历史性的转折,经历了清中后期民族生存斗争和近现代反帝斗争的洗礼,回族爱国主义的形式和内容发生转变,以适应新历史任务,呈现了近代中国社会特点所决定的多层次特点。具体表现在以下几个方面:

第一,由"忠君爱国"到"御辱爱国"的转变。"忠君"思想一直是中国封建社会爱国主义思想的前提条件,是封建统治秩序下爱国行为的最高原则。回族历史人物和各族人民一样,"忠君"作为其爱国的基本准则。但是在近代社会,由于列强的侵入,封建统治的腐朽,社会性质发生了很大的变化,帝国主义与中华民族的矛盾,上升为中国社会的主要矛盾,爱国主义思想添入了新的更广泛的内容,为维护祖国领土与主权的完整独立,"御辱保国"成为这一时期爱国主义的首要任务。这个时期回族爱国主义思想传统已经超越了"忠君爱国"的历史局限,而发展为"御辱报国"的高尚爱国境界。

第二,由"保族卫教"到"出民水火"的转变。

鸦片战争后,清政府对外妥协,对内严酷镇压,导致人们的灾难更加沉重,封建官僚制度腐败,官僚遍地贪污横行,人民不堪忍受,反抗的声音遍起于大江南北。西北回民大起义与云南杜文秀领导的回民起义都是其中重要的力量。杜文秀提出了明确的斗争纲领:"遥奉太平天国南京号召,革命满清"和"联回汉一体,竖立义旗,驱除鞑虏,恢复中华,剪除贪污,出民水火"。① 这次反封建剥削和压迫的斗争,显示了极高的层次,是回族爱国主义思想的一座丰碑。

第三,由民族自救到民族解放的转变。

19 世纪下半叶回族人民反抗封建统治秩序的斗争仍然是为了实现民族自救的自卫斗争,但是到了 19 世纪末 20 世纪初回族的爱国主义思想进一步觉醒,表现出一种自上而下的民族解放运动。回

---

①孙俊平.伊儒合璧的回族哲学思想.银川:宁夏人民出版社,2008,163-167

族先进分子在资产阶级革命思潮的影响下,积极地兴办教育、出版刊物、组建团体、研习学术、从事于广泛的唤醒民族的民族解放运动中,是"近代回教徒第一次自觉发动的文化运动。"

三、丁国瑞对回族爱国主义思想的认同和发展

(一)反抗侵略,救国救族

近代中国处于内忧外患的危机形势下,各族人民从上而下地反抗侵略、救国安民、不屈不挠、舍生忘死的爱国主义行动构成了中华民族爱国主义历史长卷中最为瑰丽的片段,也是回族爱国思想在近代社会新的发展和贡献。受这种传统文化的影响,回族人民积极地投入到救国运动当中,贡献突出,代表人物层出不穷。丁国瑞就是其中的杰出人物,他一边发表反抗侵略,救国救族言论,一边积极参加社会活动,实践着一个回族知识分子的责任。

1900 年,八国联军攻占北京,清廷"西狩"百姓遭殃。丁国瑞夹在逃难的人群中,目睹了"兵荒马乱","富者贫,贫者死,疾病恐惧,衣食缺乏"①的惨状,深感离亡国已不远矣,所以庚子之变后,他豁出了身家性命,决心要唤醒民众。他在《清内奸议》一文中痛心疾首地写道:"庚子年联军蹂躏内地的情形,真是无惨不备,奸淫妇女抢掠资财,焚毁房屋,奴隶百姓,像那样亡国的惨剧,岂堪再演第二回吗?"②在报纸上,他多次披露外国人视中国法律、百姓生命如草芥的事实。如当时天津的电车公司,外国资本家为了多赚钱,规定每趟电车必须在 15 分钟内绕城一周,否则就扣车上职员的工资,结果经常出车祸。丁国瑞就此事发表议论痛斥外国人,"只顾了他多进钱可就把中国人的性命,看成猪狗不如了",③警方为什么不加干

---

①丁国瑞.病后谈.正宗爱国报,中华民国二年六月二十九日
②丁国瑞.清内奸议.正宗爱国报,中华民国二年六月二十日
③丁国瑞.对于天津电车残害平民评论.正宗爱国报,民国元年十月一日

预，因为警察怕洋人。有一次正值北京为慈禧太后过万寿节，一个外国妇女在闹市区骑马横冲直撞，阻塞交通，一个警察刚想上去劝阻，就挨了一马鞭，吓得抱头逃走。同样还是这个警察，对一个拉车的车夫却穷凶极恶，拳打脚踢，最后还把车夫带到局里问罪。局长不问情由，痛骂车夫，将该巡警记大功一次。忽然门外传来一张名片，原来这个拉车的是拉某外国人的。局长立即吩咐"快给他打盆洗脸水去，派人送回，老爷随后亲身到公馆……原给该警记大功一次，改为记大过一次"。① 警察的奴才嘴脸，跃然纸上。

庚子巨变，《辛丑条约》签订，主权丧失殆尽，清政府成为了洋人统治中国的工具。西方列强的疯狂瓜分，使民族面临生死存亡的考验。丁国瑞目睹国家主权沦丧，财政枯竭，人民生活颠沛流离，发表演说，论说国家兴亡的道理，唤醒民众。在他看来，列强的侵略瓜分是"大兼小，强灭弱，按门面说话，叫做公演公例，若按实情真理说，简直就是成群结伙有团体的损人利己"②。丁国瑞意识到唤醒民众，抵御外辱是当下民众的重要责任，并把爱国图强作为《竹园白话报》宣传的主要思想。

（二）反对封建专制，倡导民主爱国救国

丁国瑞在揭露帝国主义侵略野心的同时，也把矛头指向封建专制制度。1908年6月14日，北京各报分别刊出了清廷的《谕旨》，其中一面宣称"国家根本，惟在民生"；另一方面又说"养民教民之官，以州县最亲"，要人民俯首帖耳受其驱使和压迫。对此，丁国瑞发表《恭读〈谨注〉》的文章，予以驳斥和揭露。③ 在其中指出："朝廷非不以民生为重也，非不知民为邦本也。然四万万苍生，委托于今日之

①丁国瑞.可耻哉，中国之警察.正宗爱国报，宣统二年十月一日
②丁国瑞.灭国论.正宗爱国报，宣统三年六月十七日
③丁国瑞.恭读《谨注》.正宗爱国报，宣统元年六月十九日

州县官,是无异以羔羊而托诸豺狼也。欲其不敲骨、吸膏、饮血、食肉、得乎。"①不仅如此,他还进一步写道:"夫豺狼吸膏如血,乃其天性使然,原无足怪,惟怪委羔羊于豺狼者,而姑以羔羊委托之。……二十年来,无一年不降此等谕旨,而民生日蹙,官焰日张,变本加厉,较前尤烈,于以知谕旨之无效力,由于政体之未尽善,不变政体,而徒以具文训诫之,正如对聋者谈心,言者虽唇焦,而听者无闻也。"②

这段精辟的"注",从"豺狼吸膏饮血""无足怪",说到"惟怪委羔羊于豺狼者";从"谕旨之无效力",说到"政体之未尽善",一直说到必须"变政体",或者是说改变政治制度,可谓是对当时的社会分析到了相当深刻的程度。在封建专制的高压环境下,而在北京直接针对封建统治进行批判,这是一种很强烈的语言。而丁国瑞对专制制度的弊端一针见血地提出来,无论是对广大社会民众,还是回族社会,都会起到一种强烈的振聋发聩的作用。

此外,丁国瑞还在《道学先生》等文章中,从不同的角度、不同层面揭露了封建主义的种种弊端及其将灭亡的本质。这对于广大回族人民全面认识封建统治,最终摆脱其思想羁绊,走向新时代,是具有积极作用的。辛亥革命的胜利,使他看到了更新图强的希望,他兴高采烈地说:"四五千年的君主专制制度,一变而为民主共和,自有中国以来,这总算是第一次万象更新",认为是"扫除专制,涤荡瑕秽,此根本上是一个求存求立的好机会。"③可是当袁世凯窃取政权实行独裁统治,将人民置于水深火热之中后,丁国瑞极其失望地说:"要知国家改为共和,扫除专制,是求国利民福起见。不是专为改名目,亦不是专为改形式。人民所盼望的,是做官的不贪赃,不卖缺,

---

①丁国瑞.恭读《谨注》.正宗爱国报,宣统元年六月十九日

②同上

③丁国瑞.中国最可惜之时机.正宗爱国报,中华民国二年六月一日

不克扣军饷,不位置私人,不钻营运动,不依势压人……不料百日之后,即丑态百出。或陆地硬要行船,或甘做外人傀儡,或名为救国而实乱国,或阳示改革而阴破坏,或意气用事不顾大局,或借端诈财鱼肉百姓。"①

他明知言出祸随,或因言贾祸,却将个人性命,身家幸福置之度外,仍坦言直言,指斥北洋军阀的黑暗统治。在他的笔下,北洋政府的官吏,尽是一些官迷财迷,"自家观念重,国家观念轻",只会搜刮民脂民膏,用"刮地皮来的钱,胡吃海喝,大闹一气。因贪而富,因富而骄。擅作威福,以强压弱"。②各地军阀彼此之间争权夺利,相互火并,老百姓能架得住一年"推到三回内阁吗?每省还架得住一年换三个都督吗?繁荣市面还架得住一年遭两回兵变"的折腾吗?直弄得"民穷财尽,外患日急","把中国搅得处处不得安生,人人叫苦哀哉","把个革命的事业,弄成亡国的历阶了"。③ 在抨击北洋军阀黑暗统治的同时,他还就"内政如何整理,外辱如何抵制,财政当如何清理",提出具体的解决方案,表现出"救国情殷"的赤子之心。

总之,在近代国家面临内外危机困苦时,丁国瑞积极倡导爱国主义思想,其爱国思想是对回族爱国主义思想的继承和发展,与回族伊斯兰教文化中固有的爱国思想交相辉映,共同铸就了回族人民历史上典型的爱国主义精神,在民族历史发展中处处闪现光辉,以杰出成就名载史册,下来我们将具体探讨丁国瑞的爱国思想。其主要包括丁国瑞爱国思想的发展历程、民族自强救国思想内容以及回归传统文化,寻求救国策略思想这三个方面内容。

---

①丁国瑞.变本加厉.正宗爱国报,中华民国二年二月五日
②丁国瑞.官派足以亡国.正宗爱国报,中华民国二年二月十四日
③丁国瑞.无意识之可怜.正宗爱国报,中华民国二年四月六日

第二节　不同时期的爱国救国思想

丁国瑞恰好生活在 19 世纪末 20 世纪初这个特殊的历史时期，这是一个政权更替频繁，人员大改组的时代，不同的政治势力如同走马灯一样，先后不断地出现在中国的历史舞台上，其思想也在变革当中不断地发生变化。为了研究的方便，根据历史事实的变革与其思想的自身的变化，我们在这里有必要对丁国瑞不同时期的爱国救国思想作一个简单的交代。

一、晚清时期的爱国救国思想

晚清时期的中国，内忧外患，面临着诸多考验。中国的仁人志士们希望从即将沦为亡国奴的痛苦经历中，从回天无力的无奈感叹中，开始转向对封建统治本身的思考，对封建专制制度的再认识成为当时社会界、文化界心照不宣的话题。丁国瑞身处这种社会环境，也对封建制度进行了思考，他认识到封建专制制度的落后和腐朽、吏治的腐败、民生的艰难。作为一个从小接受了封建教育的传统知识分子，"忠君报国"思想在其身上依然有着明显的烙印，丁国瑞希望清政府能够通过整顿吏治，励精图治，通过改良的方法来挽救面临危亡的晚清统治，某种角度上对清政府还抱有一定的幻想。

（一）整顿吏治，维持统治

丁国瑞认识到了专制制度下的官僚体系，有着其自身难以克服的弊端，提倡整顿吏治，维持专制统治。尤其是随着革命党的兴起，丁国瑞认识到社会的动荡不安是由于封建专制制度统治的腐朽，是长期以来官僚统治的黑暗所造成的，所以积极倡导整顿吏治。

其中在《消弭革命党八策》一文中，丁国瑞说道："国正天心顺，官清民自安"，提出"官逼民反"的观点。① 由此可见，丁国瑞认识到国家的动乱不安，全是由官僚体系的腐败统治所酿成的。而这个官僚体系的最高统治者是专制君主，所以就不能不责备政府了。丁国瑞在这里直接指出，如果专制集团的最高权力阶层不贪赃、不卖官，能够举贤任能，那自然社会上就大法小廉，本正清源了。具体地说："有好政府，才有好督抚、好司道，才有好州县百官。有好的亲民的官，自然就民无冤狱，天下太平了。谁无身家，谁无性命，断没有凭空无故，乐意革命造反的。"②

　　所以，在丁国瑞看来晚清革命思潮风起云涌，社会动乱都是当局专制统治逼出来的。因为当局不能够重惩贪赃枉法的大官员，而且纵容其胡作非为，所以发生了一系列的问题，如其所述："使内外大小官员，目无法纪、玩视民瘼、骄纵日恣，目小民如鱼肉，如土芥。依劣幕、衙役如心腹，如爪牙，官官相卫，拿着民脂民膏，当成应享独得的利权。小民无论受多么大的委屈，也不准说话……有缘无处诉，有钱就做官，有势就欺人，无势就白死，虽有不共戴天的冤仇，一没钱没势，就教你控诉无门，饮恨终古。民怨日深，官可是吃饮玩乐富贵荣华。民越苦，官越乐；民越少，官越多；民越穷，官越富。主要有门，有银钱，会运动，会巴结，不怕是个目不识丁的纨绔子弟，或是个穷凶极恶的无赖子混星子，或是个脑满肥肠的大混虫，或是个狐兔走狗的一派人物，全能够官至一品，位列三台，或任封疆，或当权要。有才干，没门径，就是品学皆优，才堪大用，也是潦倒终身。这样的用人，这样的行政，中国焉能不乱？中国焉能不亡？"③

　　在晚清的腐朽统治下，朝廷的谕旨已经没人信任，政府已经不

①丁国瑞.消弭革命党八策.正宗爱国报，光绪三十三年六月十二日
②同上
③同上

能取信于民。再加上在官宦中坏的习气太重，坏根子太深，就算改官制、改官体，也只是改名目而已，与存亡的大局，丝毫无补。在这种严峻的统治局势下，丁国瑞看来，整顿社会治安，维持晚清统治，依然是要寄托于统治者。丁国瑞提供了八条建议，主要包括以下几个方面：

第一，建议当局从此以后，不再封官卖爵，用人行政，一秉大公，赏功罚罪，无偏无私。

第二，对于高官中骄盈跋扈，植党营私，贿卖差缺，剥削民脂，巧立名目，位置私人，媚外固位，官官相护，不恤民情，不求民隐，克扣兵饷，浮冒侵吞，一经查实，立时革职查办，杀无赦，抄查家产，充作民捐。

第三，对钦差大臣，要其认真查办，如有不认真查办，或受贿徇隐，同样，杀无赦，抄查家产，充作民捐。

第四，对于京内外的官吏，进行审查，对于不虚心秉公听断，以贿赂定曲折，甚至残忍暴虐，滥用私刑，压制良善商民的官吏，一经查实，立时革职查办，杀无赦，抄查家产，充作民捐。

第五，大员私恩授受，互为党援，排挤忠良，滥保劣员，一经查实，无论是什么大官，立时革职查办，杀无赦，抄查家产，充作民捐。

第六，京内外以及各省捕盗官，妄拿无辜，栽赃诬良，贪图功赏，希邀恶欢者，一经查实，杀无赦，仍抄家。

第七，各省关津税卡，欺诈乡愚，任意苛捐，病商害民，一经访实，连委员，带司事巡役，全杀无赦。

第八，京内外以及各省大小衙门、书办衙役、门丁稿案、轿夫、车夫、马夫以及经纪牙行、地方保甲，如有武文弄弊，讹诈良民，借案敲藏，勒索规费，成群结伙，倚官仗势，聚赌窝贼，颠倒是非，一经访实，杀无赦。

由此可见,这是一个自上而下的专制官僚体系改革方案,涉及面广,力度强,也是一个激进的方案,但是丁国瑞讲到"并非狂妄激烈,实在是爱惜我们的祖国"①而献的一个策略。他希望当局政府能够:"乾纲独断,不优柔,不姑息,把内外权要大臣,择其欺蒙最广,最跋扈,最营私的,杀他五六员;把各省司道府县,择其最害民的,每省杀他十数员,京里各部寺员书吏,择其最把持无心无肝的,杀他十数员;再把各省最害良善的赃官、蠹役、恶霸、刁绅劣幕,每省杀他数十人;每省派两位暗访,访实了就杀。"②在其看来,如果当局能够果断有力地整顿吏治,肃清朝纲,也可以维持社会统治,"捣不过半年的乱,杀不过三千人,准保立时把云见日,重睹光天。民怨雪释冰消,吏治立见起色"。③

同时,他也提醒如果当局仍然像以前一样因循敷衍,掩耳盗铃,调剂私人,朝三暮四,那恐怕中国人不出二三年,不愁不全成了革命党。到那个时候,破坏更大,丁国瑞尖锐地指出:"彼时捣乱岂止半年,杀人岂止几万? 蹂躏岂止几省? 终归是骨肉自残,邻人得利,革命党败,中国也大乱;革命党胜,中国也是瓜分。"④所以他建议当局乾纲独断,消弭革命党于无形之中。在他看来,这样不但各国会对中国起敬,而且万民欢腾,管保中国的大局,立时转危为安了。丁国瑞讲到:"除莠方可安良,这是定而不可移的至理。不然我们中国,必然日见其乱,一天比一天糟,糟到无可糟,仍然不免大乱。"⑤丁国瑞比喻当时中国的危局,就好比歪斜的大墙和快塌的房屋,今天箍上根棍子,明天砌上一筒垛子,越箍越砌越歪斜,工钱花了不少,事

①丁国瑞.消弭革命党八策.正宗爱国报,光绪三十三年六月十二日
②同上
③同上
④同上
⑤同上

情费的不少,一阵狂风暴雨,终不免坍塌。由此可见,丁国瑞意识到了清政府的灭亡是迟早的事情,但是其仍然希望当局能够通过整顿吏治,来维持其风雨飘摇的没落统治。

（二）主张君主立宪,维持晚清统治

随着资产阶级革命思想的广泛传播,革命党的活动风起云涌,大有推翻晚清专制统治之势。丁国瑞认识到,实是由于当局政府"不顾大局,才挤成革命之祸,弄得大局岌岌可危,使数万万无辜的百姓,困苦流离。"①

清政府的统治虽然处于朝不保夕的风雨飘摇中,但是在《理想之空谈》一文中丁国瑞对统治者依然抱有一些幻想,希望当局能对时下糜烂的大局,急速补救,建立君主立宪制度,维持晚清统治。当时社会中流行君主立宪和民国共和两种思潮,人们对不同的制度有着不同的争议。在丁国瑞看来,其不赞成革命,认为"中国是个垂危的病夫,革命军好比是一剂猛药,可惜服用太晚,元气有点不支了。今既打算夺命救亡,惟有变通着善用"。② 丁国瑞希望晚清当局能够利用革命党人,共同维持中国的统治局面。丁国瑞写道:"官革两方面,掌权秉政的大人先生,掏出天良来说真话,究竟心里是公是私,是为国,是为己？若果是真心救众,并非利己主义,即不应固执成见,钓名争权。两方面的代表先生,以及各省的大官大绅,若是满腔的私欲,假公以济私,那可就没法儿说了。私心不退,即或君主立宪,将来国会的那份私心专制,比从前必加一倍,私心不退,即或民主共和,将来选举流血,私人的把持,一定比专制更毒……百姓仍是难脱倒悬。"③

---

①丁国瑞.理想之空谈.正宗爱国报,宣统三年十月十四日
②丁国瑞.中国无救亡之策.竹园白话报,光绪三十四年七月初一
③同上

在其对国家政体的选择上来分析，本质上来看丁国瑞是不赞成革命的，仍是希望能够通过君主立宪制治理国家。希望当局整顿吏治、清理财政、秉公办事。另外，还建议当局应该发展实业，保障民生，安置游民，兴办教育，维持治安，循序渐进，奋发图强。例如，丁国瑞写道："多设工场、习艺所，以安插游民，为治乱第一之要政，游民一少，内治自日见起色了。游民安插之后，即注重尚实之普及教育，循序以进，十年后的中国，可就非同今日的中国了。"①

（三）对晚清没落统治的失望

晚清统治越来越腐朽，相伴随的是资产阶级革命思潮的广泛传播，丁国瑞对于晚清没落统治认识越来越清晰，认识到了晚清封建专制制度已经在中国无法进行统治。在《中国无救亡之策》一文中透露出其对清政府统治的失望，认为其统治到了无可挽回的地步。丁国瑞形象地比喻："一国如一身，身体强健的人，疾病少、精神足，偶尔受点小病，亦容易治的；身体羸弱的人，元气馁，疾病多，有了病，急早医治，还不碍大事。若是医药乱投，或不知检点，或不服药饵，这个病，必然是越来越重。等到精神耗尽，百病缠身，奄奄一息，束手待毙，虽有扁鹊复出，亦无能为力了，一身如此，一国亦然。"②在他看来，清末的腐朽统治就是病入膏肓的危重病人，已经无药可救了。自从鸦片战争敲开了中国的大门，外患渐逼，而执政者腐朽没落，软弱无能，才使中国一步步走向亡国灭种的边缘。

丁国瑞讽刺当局："昏庸骄傲，事事落后吃亏，中法一役，丢了越南；甲午一战，丢了高丽；再加上屡年的赔款，元气大伤；险要尽失，边疆不固；官贪民惰，上下相蒙。说到眼下，已竟成了一个精华耗

①丁国瑞.中国无救亡之策.竹园白话报，光绪三十四年七月初一
②丁国瑞.消弭革命党八策.正宗爱国报，光绪三十三年六月十二日

尽,百病缠身,垂危的病人了。"①丁国瑞通过对封建专制下的中国现实的描述,认为正是由于专制统治政体的弊端,造成了国民素质水平的低下、官僚机构的腐朽、军事武装的落后、国计民生的艰难,中国的大局是"无论什么妙法子,恐也不能挽回了"。②

由此可见,丁国瑞对晚清的统治认识发生了根本的变化,已经对其不抱有任何希望,从此思想上也发生了重要的转变,不再努力维护清政府的没落统治,从而走上了民主革命的道路,由改良资产阶级知识分子转变为爱国民主知识分子。

二、辛亥革命时期的爱国救国思想

面对辛亥革命风起云涌的势头,新的思潮给人们带来了新的希望,是万象更新的一种期待。如上所述,丁国瑞对日益腐朽落后的清政府统治已经完全丧失了信心,认识到要想挽救中国,必须彻底推翻旧的统治,重新开始新的统治。

(一)揭露封建统治的罪恶

面对晚清统治下的国家生灵涂炭,民生凋敝,内忧外患,丁国瑞在《十年来官府之罪恶》一文中讲到:"中国官府的罪恶,罄竹难书。"③丁国瑞列举了数条官府荼毒国民,不顾公理,不守法律,不重人道的罪恶。例如:残害民命,以逞凶威;横征暴敛,借新政为名,以肥己囊;受贿媚外,卖国殃民,摧残民气。中国社会加倍黑暗,国民求生无路,还能不铤而走险,爆发革命吗?④

另外,丁国瑞在《胆大妄言》一文中直接指出专制制度下国家的弊端:"朝廷只知有神圣不可侵犯之尊严,而不知大局之安危,万姓

①丁国瑞.消弭革命党八策.正宗爱国报,光绪三十三年六月十二日
②同上
③丁国瑞.十年来官府之罪恶.正宗爱国报,宣统三年十月二十六日
④丁国瑞.消弭革命党八策.正宗爱国报,光绪三十三年六月十二日

之苦乐;大臣只知有希荣固宠,以保个人之禄位,得乐且乐,亦无暇虑及后来群僚百官……分言之,是万人万心,各部相顾。……天下最惨最苦的境遇,莫过于专制国的国民哎。"①由此可见,丁国瑞对封建专制的认识越来越深刻、不再维护晚清没落封建统治,这是其爱国思想上的一个重要转折。

(二)对辛亥革命的期望

辛亥革命的胜利给人们带来了希望,丁国瑞先后发表了《希望心》和《万象更新》两篇文论来表达其喜悦的心情和对新政府的期盼。他说道:"武汉革命一起,大快人心。"②通过对晚清新政的回顾,丁国瑞希望新的政府能够给人们带来幸福安乐,其在《希望心》中写道:"回想以前的请愿国会,预备立宪,当初是请愿不准,现在居然变为主人翁,取与自由了;当初是假立宪,假预备,现在是超越于希望之外,已竟实行共和了……国人之希望盼祷,又无不如愿以偿。眼看着正式政府正式议员皆成立,正式大总统、大总理,相继举出,国利民福,自由平等之幸福,指日可享。从前的专制瑕秽,不难涤荡一清,将来的国富民强,从此就日见起色。议院天天全数到会,司法官全都两袖清风;政府简贤任能,无不为地择人,量材器使。军人无不奋勇疆场,保卫商民;政党无不以国家为前提,化除意见;行政官无不奉公守法,勉力尽职;理财是涓滴归公,无丝毫侵蚀浮费,不但不借外债,而且大兴实业,打开矿产,几个月的工夫,就把外债还清了。内地二十二省,已竟统一,蒙藏一心内向,不但五族志同道合,而且已失的藩属,如高丽越南缅甸,亦都情愿归附中华民国了,不但全国没有乞丐、没有倒卧,而且家给人足,到处欢天喜地了。"③

---

① 丁国瑞.胆大妄言.正宗爱国报,中华民国元年九月十八日
② 丁国瑞.希望心.正宗爱国报,中华民国二年三月初六
③ 同上

从这则资料当中,我们看出丁国瑞对于未来的"中华民国"抱有热切的希望,充满了期待,也表露出其按捺不住的喜悦。看来,辛亥革命确实深入人心,给当时的人们带来了新的欢欣,这是经历了半个世纪之多苦难人民的一剂良药,安慰了国人的心。同样,在《万象更新》一文中表达了其无比的激情,丁国瑞写道:"四五千年的君主专制国,一变而为民主共和国,自有中国以来,这总是第一次万象更新。"①其又写道:"今年是中华民国,建国的第一年,万象不新而自新,不但我们国民的精神一新,耳目一新,知识见解一新,思想志向一新,就是全球的观瞻,亦必为之一新。"②

同时,丁国瑞对国家的富强、民族的振兴,充满了信心,在他看来:"中国地大物博,人民开化最早,比权量力,实够个富强大国的资格。只是因为政治不良,教育未善,人才消磨困顿,贪惏握要当权,致使良法善策,皆能说不能行,内政外交,同归失败,人民陷于困苦颠连之地位,列强将演豆剖瓜分之惨剧。而当权者,犹复大开贿赂之门,沉醉不醒,一似种灭国亡,与彼辈不但无伤,而且有若大之利益也者,任人民哀号呼救,彼辈充耳不闻,无论何等优秀英迈之国民,亦架不住国贼权奸等,三番五次的蹂躏,所以民气消磨,国本动摇。外人用尽心机,用尽金钱运动,买出汉奸国贼,暗削主权,明压民气,用间接灭国法,以摧残中国之寿命者,正是恐怕睡狮有猛醒的这一天。"③表现了丁国瑞对中国文化的爱恋之情,把中国形象地比喻为睡狮,睡狮一旦猛醒,充满了无穷的力量,辛亥革命是一声春雷,惊喜了沉沦良久的中国人。其写道:"今也天相中国,黄种合该不永沉奴狱。于无药可救之际,忽降此夺命金丹。盖凡事不到极处

①丁国瑞.万象更新.正宗爱国报,中华民国元年二月二十三日
②同上
③同上

不变，未到极处而强变，必致无效，真知极处，则不期变而自变。"①

丁国瑞不仅对"中华民国"的建立充满了喜悦，而且还献言献策，为建设一个新的中国而发表演说，其讲到："新者旧之始，旧者新之终也。国号虽已更新，而习染最忌仍旧；总统虽已更新，而私心专制最忌仍旧；管制虽已更新，而钻营运动贿赂包苴最忌仍旧；法律虽已更新，而殉情受贿妄断最忌仍旧；办事之章程权限虽已更新，而结党营私位置私人把持垄断之风最忌仍旧；列强之观瞻虽已更新，而我国外交家之轻忽大意营私媚外最忌仍旧；财政虽已更新，而侵蚀浮冒滥支挥霍最忌仍旧；军人之价值声誉虽已更新，而野蛮不驯不服从法律之恶习最忌仍旧；文人学士之学说名词虽已更新，而舞文弄墨，颠倒是非最忌仍旧；报馆之主张趋向虽已更新，而竹竿最忌仍旧；工商实业之局面虽已更新，而关津局卡之留难讹索最忌仍旧；学堂教授法及教育宗旨虽已更新，而好高务虚旷世耗材误国误民最忌仍旧；今虽万象更新，我但祝精神之更新，勿徒为形式之更新，且使通国人民，实沾更新之利益，实享更新之幸福。官绅痛除旧染之利己私心，真心尽公仆之责任。人民振刷新精神，留心有用之学问，不避嫌怨，实行监督官府，勤求本业，使生计宽裕，实行担负新国民之义务。须知建设之难，虽过破坏十倍百倍不止也。"②

（三）提供相应的建设意见

关于如何建设一个新的国家，以及对于辛亥革命后建设问题，丁国瑞认识到新国家建设是在晚清腐朽没落的基础上开始，社会中依然有着诸多的困难，正如其说："中国本是个弊国，无一人不舞弊，无一事不有弊，日聚月累，大有积重难返的样子，必须大拆大卸，廓

---

①丁国瑞.万象更新.正宗爱国报,中华民国元年二月二十三日
②同上

然一清,然后始能巩固国基,安居乐业呢!"①

辛亥革命虽以摧枯拉朽之势,推翻了千年的封建专制制度,正如丁国瑞所述这就像拆掉老房子一样,破坏之后,急需建设。事实上,破坏已不容易,而建设尤加艰难。在他看来"中华民国"的建设是困难重重,是任重道远的事情,丁国瑞讲到:"中国的时局,破坏的已有八九分成绩了,而建设的布置,尚未见有如何设施。只见某省争都督,某省闹土匪,某省勒捐富户,某省放火杀人。"②丁国瑞认为当前国家处于过渡时代,社会依然动荡不安,国计民生依旧艰难,令人不得不深思,人们要提供相应的建设意见,政府特别是要吸取前清的教训,注意人才的使用和培养。丁国瑞进一步讲到:"选用特别的建设人才,苦心筹划维持,速定建设的方针,方能坚固国本呢! 必须使人民享安宁之幸福,受改革之利益,方不枉此番之破坏呢? 建设得法,足以彰破坏之功,建设不得法,反益重破坏之罪,建设的关系责任,岂不更重于破坏十倍吗?"③

丁国瑞还讲到:"拆房易,盖房难;求死易,求生难;扰乱治安易,维持治安难。"④丁国瑞对人才的应用,进行了评述,在他看来:"富于革命思想魄力者,未必有用人行政之经验;长于军旅之事者,未必有察吏安民之才能;能借外债之穷大手,未必善于理财,使度支日见充裕;精于法政学理者,又未必周知民隐,熟悉民情;有才德者,未必有阅历;无习气者,未必无意见;知识太高者,每多舍近利而忽远害,且固执谬见不可挪移;理论过于深者,又皆尚空谈不求实际,且徒羡人长,削足就履。"⑤如何恰当的使用人才,使物尽其用,人尽其才,

①丁国瑞.建设难于破坏.正宗爱国报,宣统三年十二月十八日
②同上
③同上
④同上
⑤丁国瑞.万象更新.正宗爱国报,中华民国元年二月二十三日

也是民国初建建设时遇到的问题,如果处理不当"此皆为建设进行之障碍也,非但无功,且贻远害"。

丁国瑞讲到欲图结果,必先造因。中国近年来,统治者并没有励精图治,如果当局要真心为国家办实事,注重国家的长远利益,不要重蹈前清的覆辙。丁国瑞提醒当局到:"试想前此之教育若何?实业若何?少年之气象若何?社会之经济若何?是否足供建设之材料,吾不敢知也,旧政府之腐败、贪渎、营私、挥霍无论矣,新政府建设以后,保无旧日之恶习也否,吾不敢断也。要之,徒法不能以自行,有法治须有治人,不求人而专求法,其国未有不乱者。"①在前清没落腐朽的基础上,开始建设一个新的中国,由此可见,十分艰难。这也是为什么辛亥革命的果实,如昙花一现,很快就又落入北洋军阀的黑暗统治中的一个重要原因——就是因为前清的弊病太深,不是那么轻易就可以剔除旧弊,重新建设为一个真正有生机的国家。

三、共和失败后的失落和困顿

辛亥革命虽然推翻了长达两千多年的封建帝制,但是并没有像人们期盼的那样,给人民带来真正的幸福和喜悦。"自武昌一起,革命军开宗明义第一章,即以国利民富号召于大众,于是全国响应,到处欢迎,不是此处独立,就是某处光复",②但是,由于辛亥革命本身的不彻底性,中国社会马上就进入新一轮的黑暗统治,丁国瑞描述到:"游民土匪,乘机入伙,或借义军的名目,苛敛钱财;或凭手枪炸弹,敲诈富户。南北各省的官场人,于临时政府将一成立的时候,居然就驷马高车,花天酒地,大阔其阔,大乐其乐开了。大江南北,流离失所者,不知几十万人几百万人;转填沟壑者,尤不知几百万人几千万人。一班利禄熏心的新官员,不顾大局,只争私利。什么叫人

①丁国瑞.万象更新.正宗爱国报,中华民国元年二月二十三日
②丁国瑞.内乱为亡国之媒介.正宗爱国报,中华民国二年七月二十六日

民涂炭,国亡民隐,不体下情? 官太乐,民太苦;官太逸,民太劳。所以盼望革命成功,以期苦乐均平,同享太平幸福,不料革命之后,其困苦流离,较比以前更加十倍不止。"①在其看来,"中华民国"的官吏与前清的官吏没有什么本质的区分,比前清官吏更加腐朽,使中华民族很快又陷入了水深火热之中,丁国瑞谴责到:"官害未除,又添了一层议绅毒。水益深,火益深,有识者早已料到今日之丧乱危亡不可救药了。"②

尤其是袁世凯主导下的北京大乱,引发了全国大多地区的动荡不安。民国元年二月二十九日,北京城发生了大抢劫,随后引发了天津变乱,接着全国出现了动乱。丁国瑞记述到:"北数省受北京的恶影响,逃兵土匪,横行无忌,南数省亦受北京的恶影响,苏杭等处,所以又大抢大烧,好容易略见平安,又听济南府奉天省城等处遭难,刚消停没有两个月,北通州又无故的冒黑烟,中国遍地没有一处得安宁,人心没有一日不恐慌。"③丁国瑞讲到:"前清政治腐败,号令尚能统一。民国实为共和,内容可是七股子八份,推倒了一个软弱无能的皇上,发生出来无数刮地皮的皇上。"④而各派军阀之间穷兵黩武,劳民伤财,兵联祸结,孤注一掷。军阀混战使得百姓流离,商务凋敝,民穷财尽,"落个自残自戕,私权私利并未争成,甘心作了亡国的祸首"。

面对"中华民国"统治下的中国,财政困窘,度日如年,游民遍地,工商失业,全国人的生计,已朝不保夕。首先,"中华民国"统治下的中国与前清相比,是有过之无不及,国家处于一种更加艰难的险境之中,民生更加艰难,在《国民生计》中丁国瑞说道:"国民生计

---

①丁国瑞.内乱为亡国之媒介.正宗爱国报,中华民国二年七月二十六日
②同上
③同上
④同上

进入极困难的地步,险象环生,危机四伏,中国现在虽名为中华共和民国,按实际说,简直是个游民共和国……四万万国民,倒有三万万没生计的,执政的,不知在此处入手维持,仅弄点子新名辞,粉饰共和,专指著借外债,调停政党中的闲汉,对于国民生计,毫不注意。"①其次,"中华民国"出现了严重的财政危机,大举外债,大有外债亡国之象,在《对于民国财政之悲观》一文中,丁国瑞叹息道:"……对于国家财政之紊乱,现象之危险,实在是忧心如焚,前清时代,虽岁入不抵岁出,尚有个具文的预先,每年不敷几千万,亦可设法维持,果能认真的开源节流,财政或不至于大困,皆因中央政府能号令各省,统一行政,于出入各款,皆有头绪可查。……自革命军起义之后,财政逐致大乱,凡存款入款的各机关,多趁乱里乱的侵吞干没,各项出款,难免不任意浮开,南省又滥发军用手票,伪造的亦乘虚而入,宣布共和后,各省又自由大借外债,自由挥霍,财政益陷入危险地位了。"②

时隔多年后,在民国十四年,丁国瑞再次地论说北洋军阀统治下的中国,用"无法无天男盗女娼"③八个字概括。由此可见,丁国瑞此时对国家的前途命运,已经陷入极度悲观和消极之中,处于一种困顿的心理状态。

综上所述,丁国瑞作为19世纪与20世纪之交这段特殊历史中的回族社会优秀知识分子,其爱国救国思想的发展是曲折变化的,在不同的时期表达着不同的爱国救国思想。在今天看来,丁国瑞仍不亏是一位杰出爱国主义者,一位积极的资产阶级思想宣传家,值得人们永远缅怀。

---

① 丁国瑞.国民生计.正宗爱国报,中华民国二年四月二十五日
② 丁国瑞.中国财政之悲观.正宗爱国报,中华民国元年三月十八日
③ 丁国瑞.无法无天男盗女娼.社会教育星期报,中华民国十四年八月十六日

第三节　民族自强的爱国救国思想

　　清末民初,中国社会饱受内忧外患,面临极大的挑战。丁国瑞作为早期的回族知识分子界的典型代表,通过对国家与民族(该节所研究民族实指回族)的深刻的论说,澄清二者之间的关系,提出了民族自强爱国救国的思想,符合了近代历史发展的主流,也成了近代回族社会爱国主义思想的主要组成部分。

一、关于国家与民族的认识

　　19 世纪末 20 世纪初,中华民族面临生死存亡的严重的考验。丁国瑞写道:"中国的将来直不敢设想,内政乏才,外交棘手,贫民遍地,匪乱迭兴。各省水灾、旱灾、风灾,捐税又是有增无减。外债累累,入不敷出,险要尽失,武备未整,学堂难期实效,宦途无日肃清,事体重大而腐败,人心因循而杂乱。此等情势,断然不能立国,十年内外,不愁不到高丽越南的地位。"①同时,自清末以来,因受残酷压制的回族也陷入了难以发展的困境。回族社会是中国社会的一个小缩影,本身也处于这样的一种困境:"论文化,则不但不能对中国文化有所贡献,即回民本身亦已教育落伍,文化水准落伍。论社会政治,则五千万回民完全处于被统治地位。论经济,则为人附庸,而被剥削。"②所以回族社会以致在民族精神上呈现出"为保存本身的生命起见,由自主求进状态,变为消极自守,不干外事的状态,放弃社会上一切权利,专求宗教本身的推延,驯至成回民仅富于宗教意识,而薄于国家意识"③的状况。

---

①丁国瑞.恭读〈谨注〉.正宗爱国报,宣统元年五月十八日
②马松亭演讲.赵振武笔记.马子实翻译.中国回教的现状.月华(第五卷)
③同上

目睹这种国家、民族、宗教步履维艰的态势,作为回族知识分子的典型代表,丁国瑞寻求新的发展方向,而积极致力于探讨国家、民族、宗教的发展问题。首先,提出对国家、民族的认识。

(一)对国家的认识

在《论宗教》一文中,丁国瑞讲到:"国由家而成,家由民而积,合而言之曰国家;分而言之曰人民。人民之强弱,即国家之强弱。"①在这里丁国瑞认识到国家和人民之间休戚相关的关系。由此可见,国家的兴衰强弱与人民有着密切的交互关系。

在《爱国质言》中,丁国瑞进一步谈到:"从古至今,若无国的保障,人民必涣散,事体必杂乱。立了国,可以约束这群人,教化这群人。故此,人民不可无国,没了国,就如同鱼离了水一般,一刻也不能生活。"②在这里丁国瑞把国家与人民的关系比作鱼水情的关系,强调国家对国民的保护作用,没有国家的人民如同没有水的鱼。可见,其再次认识到国家在国民生活中的作用。丁国瑞还讲到:"……国家保护人民,如同屋宇覆庇人一样,人若离了房屋,必然受风吹日晒雨淋之苦,人民爱护国家,如同修理宅子一样,越修理越整齐,外贼自然进不来,若是墙塌了也不修,房漏了也不补,不但不修不补,反倒今天揪一块便宜砖,明天抽一根便宜檩,卖了钱自己花,他以为是大家宅院,何必我一个人修理呢? 花钱卖力不讨好,又没人知情,拆点砖瓦卖,落得几个是几个,岂不知老二见大哥如此,他也就看出便宜来啦,你掀砖檩我不拦你,我搬窗摘门,你也别管我,你们如此,小辈的弟兄子侄,也就如此了。主人如此,奴仆如此,更是奉明文的偷盗了。以多少年经营的家业,用不了一二年,就能拆得干干净净,于是驴朝南,马朝西,各奔他乡,各受他人的大罪。骨肉不亲,街邻

①丁国瑞.论宗教.竹园白话报,光绪三十四年七月十六日
②丁国瑞.爱国质言.正宗爱国报,光绪三十二年九月十一日

不齿,便宜砖檩便宜门窗的钱,早变了大粪啦。什么你也落不下,空落个败家子的罪名,居家如此,为国亦然。"①

综上所述,丁国瑞通过不同的比喻来对国家与民族的关系进行描述,强调国家与人民之间休戚相关的关系。在他看来,国家是人民的依托,所以他呼吁人们要热爱国家,保护国家。

另外,丁国瑞还引用"庚子之乱"国破家亡的惨相,来说明国家对人们的重要性。丁国瑞说道:"庚子年七月破城之后,凡洋兵所到之处,那地方的官商士民,就算是失了国的人,自己的房子,不敢住,逃到外方去。自己的财帛衣物,任听人家抢夺,有饭不能吃,有买卖不能做,房子、被子烧了白烧,人口被人杀了白杀,提心吊胆,连个安宁觉也不能睡。甚至王公侯伯,家有万贯之富,到了此时,分毫的势力也没有啦,分毫的自由也没有啦。……失了国,如一条狗值钱,你说可怕不可怕?"②丁国瑞亲身经历了庚子巨变,对亡国奴的生活有深刻的体会,由此提醒人们热爱国家,讲到:"如此看来,人不可无国,无国之民,一时也不能存身,既知无国不能生存,为什么不尽心竭力的想法子保护咱们的国呢?与其将来给外国当苦力、当兵、当奴隶,妻子财帛房产地业性命全属外人管,乐得此时我们自己掏出真心来爱国,给我们本国出力呢?"③

以上,丁国瑞从不同的角度阐明了国家与人民休戚相关、互为维系的关系,他尤其强调人民在国家发展中的重要作用及其应承担的责任,呼吁人们团结爱国。如其指出:"我们祖宗埋在中国,我们本身生在中国,吃的是中国土产,饮的是中国水泉,骨肉手足亲戚朋友,全在中国。我们中国不好到极处,总算是自己的家;人不好到极

---

①丁国瑞.爱国质言.正宗爱国报,光绪三十二年九月十一日
②同上
③同上

处,总算是同种同性情。俗语所说的,好死了是他人,不好死了是家人。咱们天天沾着国家生养保护之幸福,如同鱼在水里游泳一般,分毫不显水的好处。一到了外国,异种异族一虐待你,贱视你,要笑你,侮辱你,你就想起这宽仁大度的中国来了。譬如终年在自己家食宿,不觉幸福,你出一次远门,受受旅途的苦,你就想起家来啦!嗳,快快合力整顿吧。"①

不仅如此,他们还指出,在国家发展中,当局应该鼓励人民热爱国家,人民也应勇于承担重任。关于如何发扬国民的爱国情感,丁国瑞提出了具体的建议,强调领导集团的作用,在他看来:"总之,欲鼓励人民爱国的总机关,在重公德明赏罚。在上者重公德,自不致凭喜怒为赏罚;在下的重公德,自不致专顾自己,不顾国家。公德修明,赏罚以出于正,赏罚明,善恶自分。凡为国捐躯,因公劳瘁者,重赏之,褒扬之;凡残害同类,破坏国家的,严惩之,重惩之。在上的开出一条爱国大马路来,在下的还有不鼓舞前进,又拿名又享福的吗?若是爱国的,反遭祸患;不爱国的,反享荣华。是在上的,悬出赏格来,自毁其国哟。在下的,爱也白爱,报纸上谈也白谈。是筹划千百条爱国的法子,不如鼓动起来爱国的总机关来,但求爱国的总机关一动,全国的小机关自然而然的全动了。"②

以上是丁国瑞对国家的认识,强调了国家对人们的重要性,呼吁人们培养爱国情感,鼓励当局发动国民的爱国行为,从这些言论中,我们不难看出其爱国情感的真挚与赤诚。

(二)民族与国家关系的认识

需要说明的是这里"民族"一词,实指回族。回族是信仰伊斯兰教的民族,在研究回族问题时,一般要考虑到其宗教性,所以宗教与

---

①丁国瑞.爱国质言.正宗爱国报,光绪三十二年九月十一日
②同上

伊斯兰教问题也就成了研究的题目。丁国瑞关于民族与国家关系的认识中,也不可避免地要涉及国家与宗教,国家与回族之间的探讨。

1. 国家与宗教的关系

丁国瑞是一个有着宗教信仰的爱国人士,能够充分认识到宗教与国家发展的关系,努力寻求一条宗教与社会发展相一致的道路。在理论上,他主张在民族与宗教问题上必须"化除畛域",无论是满人、汉人、回回人、蒙古人、藏人都是国家的组成部分,"都有爱国、救国的责任"。[①] 他回顾了咸丰、同治年间云贵陕甘等地回民起义及其失败之后,认为这完全是由于专制的清朝统治者对广大回民实行高压政策和宗教歧视造成的。"其乱全由于不懂宗教之地方官所逼成。官逼民反,势不能不反。"其实,当时中国就有佛教、天主教、基督教、伊斯兰教等。他认为,同为中国人,各种宗教"各信各教,各享各自由,井水不犯河水,何苦无故的结缘为仇呢?"[②]

首先,他主张利用宗教治理国家。在《思患预防》一文中丁国瑞讲到"国民信教自由,本是全球的通例,并行不悖,谁亦不许排斥谁",在其看来,"各教都是信仰自由,万不可谁看谁是异端,各守各的教规,同遵中华民国的法律"。[③] 在《论宗教》一文中,谈到:"无论何教皆有益于社会,皆有益于国家,惟各行其是则可,各谋各进行则可,无教派之不闻不问亦可,听其自然亦可。"[④]在他看来:"不利用宗教,由于嫉妒宗教之谬见太深;嫉妒宗教,由于不知宗教的精微奥妙。不知宗教的精微奥妙,故此看成无甚关系。其实国家之存亡,种族之强弱,团体之结散,女学之兴与不兴,军队之敢战不敢战,无

---

①丁国瑞.化除畛域.民兴报,宣统三年八月二十一日
②丁国瑞.思患预防.正宗爱国报,中华民国元年正月十五日
③同上
④丁国瑞.论宗教.竹园白话报,光绪三十四年七月十六日

一不寄于宗教。"①他认为："天下之事理，绝无门户畛域以为之限，贵在择善而从耳。"②

其次，他反对政教合一的政治统治。其对土耳其、波斯、阿富汗、阿拉伯等国"以教士而预政权"的现象进行了评述。这些国家都是政教合一的国家，"其政事未有不腐败者"。在他看来，政教合一的政治统治是权宜之计，不是长治久安的制度。政教合一的国家最终会走上政教分离的道路，"非但一国一教如此，即欧洲各国，各教皆如此。"政教分离后可以使"听人自由信教，而争教之干戈始息，各国内政外交，因是亦蒸蒸日上，日进文明矣。"③由此可见，丁国瑞赞成通过宗教治理国家，但是反对政教合一的政治制度。在今天看来，其观点有着一定的合理性。

丁国瑞针对伊斯兰教的情况还精辟地说："保卫国家就是保卫了教门，爱护国家就是爱护自身。"④倡导回族社会保卫国家，这样才能保护民族的发展。同时，丁国瑞倡导改良宗教，"认为振兴民族就必须改良宗教，不改良宗教就跟不上时代变化的形势"。

这说明当时丁国瑞已经认识到了宗教与国家政治之间的密切关系，且提出宗教的发展必须与社会的发展相适应的思想，建议当局应当倡导宗教信仰自由，利用宗教治理国家。这与既往的"袭宗教之形式"的思想相比是一个大的可喜的进步。在对国家与宗教作了深入的思考时，丁国瑞开始思考在近代中国的历史实际、把回族与伊斯兰教的发展结合起来，并在此基础之上，深入的探讨爱国和回族发展之间的关系。

---

①丁国瑞.论宗教.竹园白话报，光绪三十四年七月十六日
②同上
③同上
④丁国瑞.化除畛域.民兴报，宣统三年八月二十一日

2. 爱国与回族的关系

在对国家与人民的关系有了正确的认识的基础上,丁国瑞逐步认识了爱国与回族发展的重要性。他批驳了回族中"自称天方曰吾祖国、宗国"的错误认识。在其看来,"中国人民素奉清真教的,通俗称为回民……奉清真教的人,当初亦是中国人,并不是由外国来的,不过是前辈信奉此教,后辈继续着向下信"。①

丁国瑞作为回族社会的知识分子典型代表,果断地走到浪尖,以报刊舆论为阵地,发表演说,阐释国家与民族的关系,呼吁回族同胞,以国家兴盛为目标,发扬爱国传统,为中华民族的自强而奋斗。在《清真教人宜速奋起》一文中,指出:"目下,国基初定,外患频来,凡我清真教人,宜速联络,或投身军界,或捐助军饷,为国家出力,折冲御辱。保国即是保教,爱国即是爱身。在中国清真教的人,奉的是清真教,可全是中国的国民……能把国家维持得强盛了,教门亦跟着发达。即是中国人,就当同心努力地维持我们国家大事。没了国,还能保住教吗?"②"保国即是保教,爱国即是爱身"的口号,犹如春雷乍响的时代最强音,成为 20 世纪上半叶回族人士自发爱国行为的写照,有着很强的号召力,对后来回族界的踊跃抗敌救国起着巨大的鼓舞作用。

丁国瑞国家与民族关系的思想发展意味着其已经对回族与国家之休戚相关的关系有了更加明确的认识,即国家的盛衰兴亡关系到回族的存亡绝续。由此可知,在爱国与民族发展的关系上,他从国家与民族密切关系出发,认为回族只有将其自身的发展与国家命运相结合,才能充分发挥其作用,才能使自身获得发展,以致达到爱国爱教的统一。所以,在国难当头之时,丁国瑞呼吁回族人民应发

①丁国瑞.回教回族辨.正宗爱国报,中华民国二年四月八日
②丁国瑞.清真教人宜速奋起.正宗爱国报,中华民国元年十二月十四日

扬民族自强爱国救国精神，积极投身到爱国斗争中去。其认识之明晰，情感之迫切，是以往回族史中所未见的。

二、民族自强的爱国救国思想

对国家与民族之间的关系有了进一步的认识之后，丁国瑞积极探索民族自强救国的道路，挽救国家、拯救民族，借以激励回族人民投身其中，为国家与民族的进步作努力。具体看来，主要有以下几种思路。

（一）大力宣传反帝爱国思想，呼吁民众爱国

中华民国临时政府没有提出明确反帝的口号，而且大借外债，使中国的主权进一步丧失，丁国瑞对此进行论述，激发人们的爱国情怀。他讲到："中国与各国，虽称为平等国，然中国实已居于列国保护国的地位了。以二十二省之大，加以蒙藏的藩篱，又有四百兆之众的人民，又有取之不尽的物产，以这样的资格，竟至患贫患弱，不能自存，这岂不是通国的耻辱吗？"[1]丁国瑞在《国耻》一文中又讲到："英人强卖鸦片烟；英法联军入北京，焚烧圆明园，城下订约，强开通商口岸；俄人侵占我们东北西北数千里边疆；法人毁我们马江船厂，割我们的越南，强占广州湾，硬修至云南之铁路；英人割据香港，强占九龙，强占威海卫；日本割据台湾，兼并高丽，侵占东三省，占据旅顺大连湾，自由行动硬修安奉铁路；德人强占胶州青岛，进窥山东全省。许多领土主权，任外人随便割宰，日逼日紧，不亚如席卷蚕食。"[2]

面对国破家亡的惨状，丁国瑞提醒人们，"中华民国政府"大力大借外债，把中国的权利进一步的外溢，这是亡国奴的行为，主张人们树立责任心，当爱国救国。在《好男儿当爱国》中丁国瑞写道：

---

[1]丁国瑞.国耻.正宗爱国报,中华民国二年四月二十四日
[2]同上

"中华民国之成立,已经一年有余,而外患内忧,反较前清时为更甚,人人嘴里以国家为前提,人人心里以自私自利为前提。蒙藏的风云日急,危险已来到眼前,而一班伟人志士,仍是争权让利如故,中华民国空有数万万国民,坐视锦绣山河,让他人随便割据,掌握我们的内政,奴隶我们的人民,死心塌地不知痛痒,还想数千年立国依赖,历代经营缔造之艰难。……今日,险象环生,危如累卵,凡是普通的国民,全要发起一个责任心来。"①

同时面对国家领土主权丧失,丁国瑞呼吁大家要保护领土完整,国民应当负起自己的责任,要有铮铮铁骨,捍卫国家的权益不容外人侵犯。丁国瑞讲到:"……要知道中国二十二省,以及内外蒙古与西藏,本是我们中国的完全领土,绝不容外人侵占强夺的,保全领土,拥护主权,那是我们全国人民的责任,不专是政府与外交部的责任。"②他同时倡导:"……我愿全国的国民人人把国事引为己事,扫除私心,刻苦立志,对于国家作点惊天动地的事情,使各国人见中国大有人在,他们亦就不敢轻视,不敢侮辱了。此中消患于无形的效力,全在我们国民的魄力大小,事在人为,不可束手待毙的甘心当奴隶呀!"③

(二)民族发展救国

近代回族社会在经济、政治、文化、教育各个方面都处于一种落后的局面,丁国瑞在《敬劝清真教的苦教友》一文中叙述道,回族要乜帖的男女老幼,成群结伙,"足有几百几千,招摇过市,恬不为耻,仿佛是应当的大典似的"。

对此现象,丁国瑞认为主要在于回族社会落后的原因关键在于

---

①丁国瑞.好男儿当爱国.正宗爱国报,中华民国元年二月十九日
②丁国瑞.恭读〈谨注〉.正宗爱国报,宣统元年五月十八日
③同上

其宗教上的保守落后所致,其写道:"清真教的人,因为宗教的范围太严,于生计上很受影响。所以受病太深,一年不如一年。这几年,教民的生齿日繁,而生计更窄,若再不打正经主意,早晚是耗干了才算完。"①丁国瑞针对当时"一般顽固阿衡、混师傅越来越多","有实业的越来越少"的现实情况,尖锐地进行了剖析,毫不隐讳地指出回族贫穷落后的症结,就其本身来讲"头一个病原,是念书的太少,寺中的掌教阿衡,念书的尤少。回民受穷,皆在于此。……第二个病原,是念经的太多,教民的负担太重"。②尽管这样的论说未说到社会的根本问题,但是,就回族内部来讲,是比较深刻的分析。于是就此,他提出了宗教改良的必要性,提出了具体的措施:"补救之法,唯有多立小学堂,半日学堂。因陋就简,越省钱越好,不怕穷凑,亦要设法使教民子弟强迫着读书,念书的一多,自然就容易筹生计了。学堂之外,多立工厂,全体助销国货,生计还能不宽吗?"③

丁国瑞还进一步提出宗教与教育的关系,认识到教育对回族社会的影响,其讲到:"念书最能兴扬教门,不念书最能败坏教门。"他因此主张"唯多立小学",甚至"不怕穷凑,亦要设法使教民子弟强迫着念书,念书的一多,自然就容易筹生计了"。④丁国瑞讲到:"教育与实业日见发达,宗教就自然的光荣了。"⑤

另外,在《敬劝清真教的苦教友》一文中,他提到回族本身有着优秀的民族文化精神、勤俭耐劳、团体团结,而且回族嗜好少,身体强健高壮。如果能够普及教育,发展高等实业,就可以从根本上解决回族社会的贫困。关于如何发展教育,发展实业,丁国瑞讲到首

①丁国瑞.敬劝清真教的苦教友.正宗爱国报,中华民国二年八月初一
②同上
③同上
④丁国瑞.回民生计.北京正宗爱国报,宣统三年九月十一日
⑤同上

先要整顿清真寺内部的教育,对如何发展宗教文化也进行了筹划。他认识到:第一,加厚大学阿衡的待遇,这样才可以留住德高望重、学品兼优的儿林;第二,要少招,优招道德高尚、品行纯粹、志向坚卓的海里发,培养合格的阿訇;第三,变革掌教世袭旧制。关于发展寺外的回族社会,丁国瑞认为应该实行普及教育、多开半日学堂,蒙小学。丁国瑞建议:"凡是清真教的男女孩童,够十岁的都得上学……有力之家多拿钱,无力之家少拿钱,极贫的不拿钱,程度高一点的学生,向官立学堂里保送,毕业之后,再送往各学堂各工场,或是外府外省的大商店大公司,学习实业。……三五年后,使教中出一班青年有志气有艺业的新人物,这就算进上一步去了……清真教的人,自有出头露脸的日子了。"①丁国瑞提醒到:"清真教中的诸君呢,以后务必多多的提倡教育,提倡实业,但求教育与实业日见发达,宗教亦就自然的光荣了。无论那一教,既是中国民,就当同心努力地维持我们国家大事,没了国,还能保得住教吗?"②

由此可见,丁国瑞正确地认识到发展教育、兴办实业与发展宗教三者相互的关系,希望通过民族发展的道路,来进一步加强爱国行动,民族发展了,国家也就有希望了。

(三)民族团结共赴国难

直面国难当头、民族危机日益深重的中国社会,丁国瑞认识到民族团结,共赴国难是挽救国家的重要策略。为使广大回族人民认识到这一观点,他在历史反思中指出:"我们中国的时局,说到目下,总算危险到极处了,外人谋算我们,是一扣紧急一扣,咱们中国全国的人,若是同心合力的想法子抵制,还不算迟。要是七股子八份,各分异见,各立门户,我想亡国之惨,不乏三五年,到那时,再想合力同

---

①丁国瑞.敬劝清真教的苦教友.正宗爱国报,中华民国二年八月初一
②丁国瑞.思患预防.正宗爱国报,中华民国元年正月十五日

心的抵御外辱,可就来不及了。"①同时,进一步呼吁民族团结,化除
畛域,丁国瑞主张全国人民应该同舟共济,不分彼此,共同保卫国
家,以免赴蹈覆灭之祸。丁国瑞写道:"最要紧的,是先要化除界限,
不必分满汉,亦不必分回汉,只要是中国的人,你就算沾中国的水土
之恩,就应当掏出忠心来,保卫国家,若是各分畛域,岂不是自灭势
力吗?"②

丁国瑞认为当前最好的办法就是打破畛域,沟通民族关系,倡
导民族团结。具体方法是:第一,旗汉合邦;第二,操练蒙兵;第三,
招抚红胡子;第四,多练回兵。丁国瑞鼓舞到:"我再忠告清真教的
诸君,时时刻刻,不要忘了国家的深恩厚泽。我们既是中国的国民,
就当舍死忘生的,给本国出力,保国即是保教。"③

总之,丁国瑞关于国家与民族的认识,反映了其探索本民族发
展之路有了新的认识,也反映了其热爱国家,热爱民族的情感。丁
国瑞希望通过教育改良,兴办实业,促进民族发展,进而拯救国家。
在这里可以看出,丁国瑞的民族与国家的认识与其爱国主义思想是
一脉相承的。作为清末民初回族知识分子的先进代表,他的这些意
见有着很强的震撼力,颇为发人深省。在封建制度刚刚覆灭,人们
思想水平还未发展到一定的高度时,丁国瑞能如此入木三分地指出
本民族本宗教实行者的弊端,提出宗教改革,发展教育,发展实业,
民族自强爱国救国的思想主张,确实是有胆识、有魄力的表现,同时
也体现了其爱国、爱教、爱族的感情的统一。可以说丁国瑞民族自
强爱国救国的思想,是近代回族文化运动的一个主要组成部分,并
影响着近代回族文化运动的发展。

---

①丁国瑞.化除畛域.民兴报,宣统三年八月二十一日
②同上
③同上

第四节　回归传统文化的爱国救国思想

面对近代社会的落后，知识界展开了激烈的争论，其中当时有人提出了"孔孟败国论"，认为近代中国落后的原因是长期以来孔孟思想的束缚和影响。丁国瑞对此表达了自己独特的看法，提出回归传统文化，在孔孟思想中寻求治国良策，治理国家，挽救国家的思想。丁国瑞在很多方面有着自己独到的分析，值得我们进行研究。

一、历史文化视角中的国家观

如前所述，丁国瑞对国家有着深刻的认识，认识到了国家与民族休戚相关的关系，在这里我们从另外一个角度来分析丁国瑞对国家的认识。

民国十一年三月十九日，丁国瑞在《天津社会教育星期报》第三百四十号发表一篇著名的讲经录——《爱国、治国、救国》。该文层理清晰，娓娓道来，言辞恳切，富有感染力。论述了关于国家的形成发展，以及人们应当如何爱国、治国、救国的思想，以及其中的内在联系。在这里，丁国瑞从历史文化的角度来对国家进行重新的认识。丁国瑞讲到："……自游牧部落时代聚族而居，进而为国，进而为国，结合一个大团体，以防御外族之侵略欺凌，有土地，有人民，人愈众事愈繁，整齐而经营之是谓政事。土地、人民、政事缺一样，即不能称为国家，国家政事，皆由本国人自决自主自支配自管理，是谓之无上自主权，自主权稍有缺损，或受他国之干涉或管理，即不能称为自主国。国字的真义，大概如此。"[1]

从以上这则资料中，丁国瑞澄清了"国家"、"国家自主权"的概

---

[1]丁国瑞.爱国、治国、救国.天津社会教育星期报,中华民国十一年三月十九日

念。丁国瑞认识到国家的形成是一个自然的长期的过程，是一个独立的个体，强调一个国家的国民应该有自主权。从某种角度来说，这是其对中国近代半殖民地半封建社会下的一种照应。

中华文明上下五千年，有着悠久的历史，灿烂的文化，值得我们自豪骄傲。丁国瑞从地理环境、人口、历史文化、物产、伦理道德等各个不同的角度来加强对国家的认识，表达其爱国情感。

首先，从地理环境的角度看。中国地域辽阔，资源富饶，有着得天独厚的地理优势。丁国瑞描述到："……我们中国的土地，佸亚细亚洲四分之三。试问今日地球上各国，有几个这样大的大国？……我们中国是完完整整的一片大地，有长江大河，有崇山峻岭，况且地处温带，北入寒带，南入热带，天时地利，都是极好的，在这个土上立国，真得说是造物独厚于我们中国人了。可爱呀，可爱！"①

第二，从人口角度来分析。中国人口众多，世界罕见。丁国瑞又描述到："……我们中国的人口，一二十年前就说是四万万，到如今仍说是四万万，究竟谁亦没切实调查过，实际上五六万万，亦未可知，今只以四万万做个比列。实占全地球上的人口四分之一，试问地球上各国，强国也罢，弱国也罢，人民之众，还有众过中国的吗？"②

第三，从历史角度分析。他称赞中国有着上下五千年的光辉灿烂文明，在诸多领域都有着杰出的成就。丁国瑞写道："……有四千七百余年的历史，有四千余年的创始文明事业，如医院、如服制、如稼穑、如婚制、如文字、如音乐、如图画、如算术、如指南针、如天文仪器、如建筑、如蚕桑，那一件不是我们中国先哲首先开创的呢？"③

---

① 丁国瑞.爱国、治国、救国.天津社会教育星期报,中华民国十一年三月十九日
② 同上
③ 丁国瑞.爱国、治国、救国.天津社会教育星期报,中华民国十一年三月十九日

第四,从物质生产角度分析。在他看来,中国不仅幅员辽阔,物产丰富,而且民风勤朴,温厚纯良。他写道:"土地既大,而物产又丰富优美,山有实矿,五金煤炭石棉,一样不缺。且能供全地球数千年之用,真所谓取之不尽,用之不竭,地有森林,松柏、梓楠,各种大材皆备,煮海为盐,鉴池掘井亦取盐,用之不竭;而江湖河海中的鳞介动物,亦是无美不备,至于植物,南稻、北麦、杂粮、果木、菜蔬、花卉、棉花、桑麻,样样齐全。凡人类衣食住所需的原料,无一不备,不用外求,不但有,而且多,不但多,而且好,土地如此广大,物产如此丰富,而人民之众,又多半是勤朴耐劳,性情温厚纯良,求之全球各国,恐怕没有第二个这样的国家吧!"①

第五,从伦理道德角度来看。在丁国瑞的眼中,中国立国最早,文化积淀最深,历代圣贤辈出,道德伦理高尚,尚和平,重良知。丁国瑞写道:"我们中国人,因为立国最早的缘故,所以受文化的熏陶亦最深。数千年来,历代的贤圣全都能顺天理,体人情,本诸天人一贯的经验,垂训后人,其真谛只是个教民以正规,而共趋于人道大同。"而且他认为中国的伦理道德体系是,"讲真诚,戒虚伪;讲忠恕,戒诡诈残暴苛刻;讲勤勉,戒怠惰因循苟安;讲求本而不逐末,务内尔不务外。"②丁国瑞自豪地称赞道:"历史经传之精华,皆不外是,人民受此熏陶,被此感化,相习成风,遗传成性,故此我们中国人,无论男女,无分贫富,大多数是温厚和平,勤俭朴实,沉静中而有训毅不可侵犯之庄严,聪明中绝无轻浮、狂傲、刻薄、阴险、狡诈之恶习,这种良质,这种德性,断不是三五十年所能养成的,更不是讲强权,尚霸道,功利的国家,所能得有的。"③

---

① 丁国瑞.爱国、治国、救国.天津社会教育星期报,中华民国十一年三月十九日
② 同上
③ 同上

综上分析,我们不难看出,丁国瑞从不同的角度来认识中华文明,认为中国自古以来就有着天然的"美质",应当是世界上最为美好幸福的国家。但是当时就是这样一个历史文化悠久,人口众多,民风淳朴,物产富饶的国家,却陷入了一种任人宰割的地步,不得不引起其反思,寻找一种救国的理论来挽救危亡的国家。

二、回归传统文化的治国理念

丁国瑞讲到无论从物质文明,还是精神文明角度分析,中国是一个有着悠久历史文化的帝国,所以"我们既有如此的天然美质,在今日足可成立一个头等大国",①但是在西方列强的侵略和征服下,近代中国国际社会地位低下,国内统治江河日下。如其所述:"终日忧贫,直贫的要死;终日惧亡,又仿佛自己甘心自速其亡。天然的大国地位,我们偏要四分五裂;天然的主人资格,我们偏要自贬自轻。"②面对如此的惨状,丁国瑞在思考治国的良策。

丁国瑞是在中国传统文化影响下成长起来的优秀知识分子,主张在中国传统文化中挖掘治国思想,主要表现在以下几个方面:

(一)分析近代社会落后的原因

丁国瑞引经据典,希望从中国传统典籍中寻求治国方略。论语上说:"不患无位,患所以立。"③孔子劝道:"为此诗者,其知道乎,能治其国家,谁败侮之?"④由此可见,他把中国近代社会落后挨打,受人侵陵欺侮,归结于清政府统治的腐败无能,无力治理国家。所谓"人必自侮,然后人侮之;家必自毁,然后人毁之;国必自伐,然后人伐之也。"⑤

①丁国瑞.爱国、治国、救国.天津社会教育星期报,中华民国十一年三月十九日
②同上
③陈国庆、何宏注.论语·里仁篇.合肥:安徽人民出版社,2002
④任大援等注.孟子·公孙丑上.合肥:安徽人民出版社,2002
⑤任大援等注.孟子·离娄上.合肥:安徽人民出版社,2002

（二）反对西化，注重实际的治国思想

在丁国瑞看来，治理国家应该根据本国的实际情况，一国有一国之特性，一国有一国之民情。在他看来，治理国家不仅要从实际出发，而且要有变通的理念。丁国瑞讲到："能行于欧洲者，未必适用于中国，英法国的大政治家，未必能治理日本。墨守古训，不知变通，固然是不成功，削足就履，强病就药，亦必致变本加厉。"①在近代西方思想大力冲击下，丁国瑞能够客观地认识到不能盲目效仿西方，舍本逐末，是有一定道理的。从另外一个角度来分析，丁国瑞希望能够寻求传统文化的精华来治理国家，反对当时全盘"西化思潮"治国的理念。

（三）强调居安思危的治国思想

丁国瑞讲到："旷观古今中外爱国的事情，治国的良规，是很多很多，而救国的事功，每成泡影，盖国家到了呼救的时候，已入于危险的地位，情景至为悲惨，而结局至为伤心。"②丁国瑞又讲到在《黄帝内经》上就讲："圣人不治已病治未病，不治已乱治未乱。"③

以此可见，居安思危可以在国家未乱之前，就可以达到治理国家的目的。在他看来，"我们中国今日之危乱，实由于近代以来，不知防微杜渐，不能根本求治的缘故了。亡国灭种之祸，岂是一朝一夕一人一事所造成的吗？"④丁国瑞这种居安思危的治国方略，在今天看来，依然有着强大的生命力，是我们处在太平盛世时期，应该不断继承发展的思想。

（四）对症治病的治国思想

丁国瑞从其医生职业的角度出发，把国家比喻为病人，治理国

①丁国瑞.爱国、治国、救国.天津社会教育星期报,中华民国十一年三月十九日
②同上
③傅景华等点校.黄帝内经.北京中医古籍出版社,2003
④丁国瑞.爱国、治国、救国.天津社会教育星期报,中华民国十一年三月十九日

家要像给病人治病一样,需要对症治病。他分析到:"爱国如爱身,治国如卫生,救国如治病。病至垂危,非认清病源,则不能用药,药必对症,始能起死回生。若医药乱投者,必至自速其死。治病如此,救国亦然。"①

丁国瑞指出了近代社会落后的一个重要病源,就是清政府官僚腐败,正如孟子所说的:"上下交征利。"统治者不能实行"王道"、"仁政",而且也不重视教育,培养民德,所以官僚机构腐朽。反过来,他又认为民众文化水平低下,无力监督政府官僚体系,又是官僚腐败的病源。在某种角度上来说,这种认识有着一定的合理性。教育可以影响国家政府管理,在一定程度上可以提高政府的执政水平。但是,丁国瑞没有认识到,晚清国家官僚机构腐败的主要原因,在于统治者的没落封建统治,教育只是一个影响性的因素。

(五)强调个体对国家的责任

丁国瑞引用古圣先贤名言名句,来探讨个人如何为治国贡献力量。《大学》讲到:"古之欲明明德於天下者,必先治其国;欲治其国者,先齐其家;欲齐其家者,先修其身。"《大学》又说:"意诚而后心正,心正而后自修,身修而后齐家,家齐而后治国,国治而后天下平。"②丁国瑞评价道:"明明德於天下,是何等阔大的眼光。若无世界观念,报个热诚救世的真心,何能达此希望。"③

在他看来"物有本末,事有始终,知所先后,则近道也。"④虽然抱有无限的救世希望,可是仍然要按照次序进行。在他心中治国的最终目的是天下太平。那如何能达到此目的呢? 丁国瑞的看法是,必须先由正心诚意作起,脚踏实地地循序而进。

---

①丁国瑞.爱国、治国、救国.天津社会教育星期报,中华民国十一年三月十九日
②杨洪注.大学.合肥:安徽人民出版社,2002,96
③丁国瑞.爱国、治国、救国.天津社会教育星期报,中华民国十一年三月十九日
④同上

（六）倡导人道主义，反对武力强权的治国思想

随着近代资本主义的兴起，西方帝国主义列强走上了对外武力征服的道路，许多国家相继沦落为其半殖民地和殖民地，先进的资本主义文明逐渐战胜了古老的东方文明，许多有识之士开始从中西文化的差异中，分析造成中西强弱的原因。

中国人认为，"中国崇王道，西国尚霸术，实优于霸术"。① 孔孟思想就积极倡导"人道"，认为公理终必战胜强权，是世界所公认的道理。丁国瑞用自己独特的眼光认识到，当下把近代中国落后归咎于孔孟思想，实是偏见。丁国瑞针对晚清新政改革失败，论说道："可惜我们的王道仁政，十之八九都在纸上，直可说是无道无政，学人家的物质文明强权霸道，又弄了个似是而非的皮毛，瞎混盲从三十年，治丝而棼，越治越乱，硬要归咎于孔孟，孔孟实不任其咎也。"②

丁国瑞对第一次世界大战作了入木三分的分析："各国皆强，必致互争不已，欧战的惨剧，即其明证也。欧洲的导火线只是一个有己无人权利竞争的争字，各国皆欲争强，各国皆欲统一全球，箭在弦上，势成骑虎，故激成此等大祸。"③第一次世界大战，给欧洲各国带来了巨大的灾难，造成了巨大的破坏。丁国瑞把其破坏性进行了详细的分析："第一，耗材伤民，战费剧增，伤亡甚锯，因战事影响而死于流离灾病大众更是不可胜计；第二，造成了无可胜计的男女因战事而分离，孤儿寡母无人赡养周恤者之惨状；第三，工厂被毁，工人失散，流离失业，很难马上恢复生产；第四，由于大修战壕地雷，很多良田被火药炸成燥砂，土性已变，至不能种植；各矿被炮火所炸，多

---

①王道即今日所说的人道公理；霸术即今日所说的贪残暴虐武力强权。
②丁国瑞.爱国、治国、救国.天津社会教育星期报，中华民国十一年三月十九日
③同上

不能开采;第五,十八岁至四十五岁之壮男,已十死八九;第六,随毒烟猛炮以耗去之金钱,直无比较之数目矣;第六,战后之金融涸竭,几至不能支持,原料缺乏,富户难求一饱,百年之精华,掷于一愤,恢复原状,至快亦须五十年。"①

面对帝国主义列强之间的争夺,丁国瑞主张从中国传统的人道主义精神出发,严厉痛斥到这是"悖人道"的行为。而推原祸始,皆因西方的"霸术"、"权利竞争"、"有强权而无公理"、"国际无道德"、"优胜劣败"、"强存弱亡"、"铁血主义"、"科学万能"主义造成的。面对第一次世界大战造成的破坏性灾难,丁国瑞叹息:"百年来的霸道强权,至此算是完全失败。"②

由此可见,丁国瑞倡导人道主义精神,反对武力强权。希望从中国传统文化中,寻求治国的优秀资源,从中国的实际出发,治理国家。

三、回归传统文化的救国方略

丁国瑞的治国思想有着极强的理想化,在近代半殖民地半封建社会中,治理国家已经十分艰难,救族救国成了中华民族的历史使命。丁国瑞希望在传统文化中寻找救国方略,表达其救国思想。

春秋五霸、战国七雄,各路诸侯拥兵自卫,各人扩充各人的地盘,逐鹿中原,连年征战,黎民滩涂,百姓颠沛流离。时代是幸运的,孔孟的出现,大声疾呼,到处演讲,宣扬救国方略。丁国瑞认为孔子抱着救国救民的热心,提倡"祖述尧舜,宪章文武"八字政纲,为平息战乱,造福百姓,产生了重大的影响。从此,尧、舜、禹、汤、周公之文化,继往开来之孔子,传到而今。丁国瑞评价孔子:"删诗书、定礼乐、作春秋,诲人不倦,有教无类,大公无私,至诚无我,公德又不在

①丁国瑞.爱国、治国、救国.天津社会教育星期报,中华民国十一年三月十九日
②同上

尧舜之下"。① 在他看来,如果没有孔子对中国文化的贡献,也就很难有今日中华文明。丁国瑞反对当时"孔孟败国论"的言论,提倡发扬孔孟思想的积极因素,提出回归传统文化救国的方略。

(一)发扬传统文化中的的民本思想

面对清末变革中出现的问题,丁国瑞抱着悲观的态度,他认为"三十年来的新政新法……苛法如毛,横征暴敛,民不堪命,流弊丛生,取快一时,贻害千载,我们中国今日衰乱至此。尚不急速醒悟,谋根本上之补救,岂不是忘本逐末,舍己芸人吗?"②由此可见,清末新政流弊百出,不能够保护人民的利益,反而对社会造成了一定的破坏。

丁国瑞认为孟子实行的"仁政",民本主义才是救国的良策。丁国瑞对孟子所说:"得道者多助,失道者寡助。寡助之至,亲戚叛之;多助之至,天下顺之。以天下之所顺,攻亲戚之所叛,故君子有不战,战必胜矣。"③丁国瑞重视民心的重要性,也赞成孟子"得天下者,得其民也;得其民者,得其心也"的思想。④ 同时丁国瑞对孟子"乐民之乐,民亦乐其乐;忧民之忧,民亦忧其忧;乐以天下,忧以天下"⑤的思想深表赞赏,希望当局能够为民分忧,关注民生,对"天下之本在国,国之本在家,家之本在身"⑥等思想有着强烈的认同。他认为孟子提倡的这些"王道"、"仁政"、"民本"思想才为救国之根本。这与没落的清政府对外奴颜屈膝,对内残酷镇压,横征暴敛形成了鲜明的对比。

---

①丁国瑞.爱国、治国、救国.天津社会教育星期报,中华民国十一年三月十九日
②同上
③任大援等注.孟子·离娄篇.合肥:安徽人民出版社,2002
④同上
⑤任大援等注.孟子·梁惠王下.合肥:安徽人民出版社,2002
⑥任大援等注.孟子·离娄上.合肥:安徽人民出版社,2002

丁国瑞在孟子民本主义认识的基础上,撰写了《民为邦本》一文阐述了其民本思想。丁国瑞认识到国民的重要性,"民为邦本,本固邦宁。"①在其看来,"民为国家的根本,根本不坚固,国家万不能安宁。"丁国瑞讲到当时中国的国势动荡不安,推求病源,无一样儿不是根本摇动所致。

"民为邦本"虽是千古不移的定论,"但是空有国民,国民又靠不住,那根基还是不坚固。根基不坚固,还是立不了国。轻者乱,重者亡。"②丁国瑞认为必须培养合格的国民,才可以支持起国家的根基。关于如何培养一个合格的国民,丁国瑞讲到称得起国家根本的国民须有国民的资格。而在其看来,知识和实业是两个重要的方面,既有知识又有实业的国民才是对社会和人民有益的国民。分析当局社会不稳固的原因,实是由于够资格的国民太少。

对于国家来说,如果要求国基稳定,就应该培养合格的国民。针对如何培养一个合格的国民,丁国瑞认为应该从以下几个方面入手:一、团结民心;二、勤求民隐;三、开通民智;四、蓄养民力;五、教导民德;六、振作民气。③

(二)发扬传统文化中的民生思想

自从甲午战争、庚子之乱之后,中国的国债屡年递增,国家财政空虚,人民生活困苦不堪,大有外债灭国之险。面对如此社会现状,丁国瑞希望从孟子的民生思想中寻找发展国计民生的策略,解决当前的社会经济问题。丁国瑞引用以下名言警句,来论述民生救国理念。

丁国瑞采用孟子所说的"五亩之宅,树之以桑,五十者可以衣帛

①王世舜.尚书·五子之歌.成都:四川人民出版社,1982
②丁国瑞.爱国、治国、救国.天津社会教育星期报,中华民国十一年三月十九日
③丁国瑞.论宗教.竹园白话报,光绪三十四年七月十六日

矣"思想来发展生计。同时对孟子提倡的"谨庠序之教,申之以孝弟之义"的思想来发展教育。① 同时丁国瑞希望统治者能够采用孔子提倡的"因民之所利而利之"的思想统治民众。② 丁国瑞建议统治者采用《中庸》"来百工,则财用足"的思想发展实业。③ 其也对《大学》讲到"财聚则民散,财散则民聚"的理财观念表示认同。最后,丁国瑞讲到《大学》中就讲到"生之者众,食之者寡,为之者疾,用之者舒,则恒财足矣",④希望统治者能够重视传统文化中的民生思想,发展国家经济。

总之,在他看来,中国传统文化中包含着丰富的民生经济思想,并从不同的角度来论说注重实业,发展生产,理财的方法,同时提出了经济与教育的关系等多个方面。如果当局能够发扬传统文化中的民生思想来治理国家,发展实业,合理理财,那中国也就不会因为外债破产而亡国。

(三)具体如何挽救中国现状

目击中国的现状,已经是内忧外患交集,民穷财尽,学术庞杂。在他看来,如果用悲观的眼光察之,到了无法挽救的地步了。但是,如果用乐观的角度观察,"中国又像个已醒的睡狮",一旦觉醒,有着无穷的力量。丁国瑞利用辩证的观点来认识中国社会的现状,积极鼓励人们忘记屈辱历史,相信"弊中未必无利",倡导"全国四万万人,要结成一当一系一派,共同爱国治国救国"。⑤ 丁国瑞鼓励人们要积极投入到国家的建设当中来,引用孟子说的名言:"舜人也,我

---

① 任大援等注.孟子·梁惠王.合肥:安徽人民出版社,2002
② 陈国庆、何宏注.中庸·尧曰·论语.合肥:安徽人民出版社,2002
③ 杨洪注.中庸·问政章.合肥:安徽人民出版社,2002,36
④ 杨洪注.大学.合肥:安徽人民出版社,2002,96
⑤ 丁国瑞.论宗教.竹园白话报,光绪三十四年七月十六日

亦人也,有为者,亦若是;彼丈夫也,我丈夫也,吾何畏彼哉?"①同时以近代日本的兴起作为楷模,提倡大家向日本人学习,积极投入到救国事业当中来。

关于如何挽救国家,在他看来,主要从以下几个方面入手。

首先,普及教育。丁国瑞强调:"无规矩法律,断然不能立国,但求教育普及,民无失业,无盗贼,无乞丐,内政修明,外患自然就少了。"②

第二,发展实业。丁国瑞希望当局发展实业,更盼望中国的士农工商,各精各业,各尽各职,作个自食其力的国民。

第三,发扬中国传统文化。丁国瑞对中国传统文化的优秀部分,有着强烈的认同感,积极倡导人们要虚心学习,发扬优秀的传统文化。他告诫人们:"莫心高,要切实,多建设,勿破坏,把中国的四书五经,先贤格言,多翻翻念念,研究研究,别净一笔抹杀,愣说外国的样样皆好,中国的事事物物,全要不得。"③

面对当时有志青年,多主张思想自由的学风思潮。丁国瑞认为,"学而不思则罔,思而不学则殆",提倡《中庸》慎思的思想,分步进行,即"博学之,审问之,慎思之,明辨之,笃行之"。④ 他还鼓励要由博学审问为始,而以明辨笃行为归。在他的心中,"诚则明,明则诚"是求学的第一步,"至诚无息,不息则久,久则微,微则悠远,悠远则博厚,博厚则高明"。⑤

丁国瑞呼吁国民:"总之,我们是中国人,我们祖宗的坟墓在中国,我们是黄帝的后裔,我们当然多念中国书,多识中国字,爱中国

---

①任大援等注.孟子·滕文公章.合肥:安徽人民出版社,2002

②丁国瑞.论宗教.竹园白话报,光绪三十四年七月十六日

③丁国瑞.论宗教.竹园白话报,光绪三十四年七月十六日

④杨洪注.中庸·问政章.合肥:安徽人民出版社,2002,36

⑤丁国瑞.论宗教.竹园白话报,光绪三十四年七月十六日

人,用中国货,救中国的危机,办有益于中国大多数人的事情。"①

丁国瑞不仅提出了救国的理想方法,而且提倡用中国的"仁道"、"大同"等传统文化思想治理世界,以期达到全球太平,下面进行研究其中国中心论的大同主义发展观。

(四)中国中心论的大同主义发展观

丁国瑞用中国中心论的观点来看待中国在世界中的地位。他认为:"中国治,则全球皆安;中国亡,则世界必乱。"②面对百年来的欧风东渐,他认识到:"我们受益匪浅,但是西洋的物质文明,若早知道以利用厚生为至善的止境,专为世界人类造幸福,不造那潜艇毒炮以残人道,又何止有今日的悲惨忧愁,困苦颠连呢?"③这种认识有着很强的先见性,既看到了科技给人们带来的便利,也看到了科技给人类带来的灾难,提倡关注民生的理念,这种认识有着极强的合理性,在今天看来,也有着积极的借鉴意义。

在丁国瑞看来,在世界领域西方有着先进的科技文明,而我们中国有着优秀的传统文化,二者可以互补。在其看来,第一次世界大战给欧洲国家造成的灾难,是在科技万能主义下带来的灾难。只有用东方文化中的人道主义、大同思想去洗礼西方人的强权思想,世界才能获得太平。丁国瑞讲到:"把我们固有的孔孟文化,精神道德,推行于全国后,再竭力的输入欧洲,以济西国之困穷。"④

同时,丁国瑞认识到,在西方列强横行世界的今天,"大同、人道、公理、平等"等公理是可望而不可即的,西方列强在中国倡导"门户开放,机会均等",是反客为主的行为,严重损害了中国的利益。

---

①丁国瑞.论宗教.竹园白话报,光绪三十四年七月十六日
②同上
③同上
④同上

由此,丁国瑞不得不发出"但盼望全地球上的人,不侵不伐,不诈不欺,实行我们孔子的恕道,世界上永存者,惟有真理,千百年后,或者必有实现的那一天哪"①这样的感叹。

综上所述,可以看出丁国瑞爱国救国思想血脉中渗透着对祖国强烈的热爱。通过对其爱国救国思想研究,令我们能更深切地感到他那种对国家、民族、宗教同步发展的不懈追求的倾向。这与回族历史上既往的那种仅富宗教意识,国家意识淡薄的思想状况相比,无疑是一大飞跃。而且,这一思想开辟了回族思想史上的新篇章,为近代以来回族爱国思想的发展奠定了坚实的基础。在今天,回族爱国主义思想仍激励着广大回族人民在新的历史条件下为统一的多民族国家的巩固与发展贡献自己的力量。

①丁国瑞.论宗教.竹园白话报,光绪三十四年七月十六日

第三章 丁国瑞的民族宗教思想

　　回族几乎全民信仰伊斯兰教。伊斯兰教信仰和文化对回族的社会、经济和文化产生重大影响,已渗入回族社会生活和风俗习惯的各个方面,成为回族传统文化的重要内容。丁国瑞作为回族社会的先进知识分子,是在伊斯兰文化和回族社会的交互当中熏陶成长起来的,有着对民族宗教独到的看法。

　　通过考察丁国瑞的文论,我们发现,丁国瑞的宗教思想内容较为庞杂,涉及当时回族社会的诸多问题,不但对当时的回族社会产生了积极的影响,而且不少民族宗教思想至今仍在回族社会中有着一定的影响,值得我们深入探讨。本章主要选择丁国瑞关于回教与回族关系辨别,对伊斯兰教的认识以及宗教救国等诸多思想进行研究。

第一节 民族宗教思想形成的历史条件

　　丁国瑞民族宗教思想的形成受到不同历史条件的影响,是多种因素共同作用下的结果。既有中国社会的千年以来的巨大变革,又有其自身历史遭遇的独特社会处境和近代回族文化自觉的微观背景,尤其是近代回族社会"辱教事件"的影响,使其认识到有必要发扬伊斯兰教的优秀文化,沟通民族间的偏见,以达到民族之间的尊重。

一、近代社会的变革是其思想形成的宏观背景

近现代社会在地缘空间、政治制度、思想文化方面的"天崩地裂"变革,为丁国瑞民族宗教思想产生的出现提供了历史的土壤。

19世纪初,清朝在经过了"康乾盛世"的昙花一现后很快跌入了周期性的衰败,吏治败坏,民不聊生,社会矛盾激化。19世纪40年代西方列强用坚船利炮和肮脏的鸦片贸易撬开了清政府紧闭的大门,一系列辱国丧权的协定、条约的陆续签订,使中国社会逐渐沦为半殖民地半封建社会。统一的多民族国家及其政治制度等多个层面发生了巨大的变化,为新思想的出现创造了条件。

历史的机遇使久久"潜伏于回民心中的内在的团结力量,遂结成了有系统有组织的大规模的团结,"一场顺应时代的掀起于民间的以宗教维新为开端的文化自觉运动作为中国社会近现代新文化运动的一部分破土而出,回族社会进入了一个新的发展时期。丁国瑞是这场运动早期的典型人物,其提出"宗教改良"、"普及教育"等振兴民族的思想主张,正是社会大变革时代召唤下的必然。

自第一次鸦片战争以来,中国社会的变革改变了人们的观念,维新自强、救亡图存成了世纪主题。从"西学中源"——"师夷长技"——"中体西用"——"戊戌变法"到"辛亥革命"的历程就是维新自强、救亡图存的这一世纪主题的谋求历程。

尤其是《马关条约》的签订,极大地刺痛了中国人的心,"这种深入心脾的忧郁激愤心情和耻辱无奈感觉,大约是中国人几千年来从来不曾有过的",[1]有识之士开始相信精神文化层面亦必须改变,"……他们较自强运动派更相信西学,视为是国家民族求富求强的

---

[1]葛兆光.七世纪至十九世纪中国的知识、思想与信仰(第2卷).上海:复旦大学出版社,2000,672

万灵丹"。① 从此,西方的新式传媒、学校、学会等在中国大量出现,维新变法与革命图强成为此时中国知识分子的话语的关键词,也成为这一时代的主题。

丁国瑞作为回族知识分子的优秀人物,同样置身于这国破族衰的维新变法与革命图强的历史大语境,承载着这一历史的主题。无独有偶,历史的必然性总是通过偶然性而显现的。丁国瑞作为早期新文化运动的领头军,投身到了中华民族救亡图强大潮中,而且以自己的文化方式思考、探索、实践着本民族的社会与文化发展。

二、近现代多元思想之间碰撞的影响

近现代中国多元思想文化伴随社会的急速转型而竞相呈现的"入世达变"的维新实践及其相互激荡,又成为丁国瑞民族宗教思想产生的另一种推动的外力。这其中有基督教、佛教文化,如时人所言:"宗教思潮,在国内近年各种思潮中,是一种讨论最切实,影响最伟大的运动。"②

这种多元宗教文化竞相发展的格局自然对丁国瑞民族宗教思想产生有利的刺激作用。如当时的回族知识分子丁宝臣指出的:"盖时事日危,各教争图自强,若回教仍然沉睡,将来各教皆富,而我教独贫。"③

其一,基督教的大力传播。自1840年以来,伴随西方的坚船利炮,基督教在中国强势传播,它以"入世达变"④的途径积极渗入中国社会,从而极大地改变着中国文化原有的"一主多元"的格局,同时也带来了多元文化的碰撞与激荡。从当时的中国伊斯兰教与基

---

① 李国祁.满清的认同与否定一中国近代汉民族主义思想的演变.台北:台北"中央研究院"近代史研究所编.认同与国家,1994,91-130
② 张钦土.国内近十年来之宗教思潮·序.北京:京华印书局,1927,4
③ 张巨龄.绿苑钩沉:张巨龄回族史论选.北京:民族出版社,2001,71
④ 李少兵.民国宗教"入世达变"问题研究.史学月刊,2002,(11)

督教的"交往"来看，至少在 19 世纪 70 年代以前就已发生，著名学者马复初做《十疑十不解》一文答复基督教牧师古司铎就说明当时两教已开始宗教思想的"探讨与辩论"，①但到 20 世纪前叶，特别是在东部发达的城市地区如上海、北京等地，基督教在回族社区的积极宣传与传播直接刺激了回族知识精英的觉醒和文化自我意识。如当时的上海回教堂教务会发布《告穆民同胞书》指出："近来发现耶稣教的一派内地会的一部分洋牧师，向我们回教散布了许多恶意的小册子，其内容尽是强词夺理，断章取义的无稽之谈……我们因此发生了无限的愤慨和警惕！即今后我们每个穆民同胞对于宗教应该更加自觉，完成自己的责任。那么我们目下应当有什么样的觉悟和责任呢？第一我们应该彻底研究主圣教道……，总而言之，即我们从今以后，不但要独善其身，并且要兼善天下……我们自此以后，要负起兴教的责任，向捍卫宗教，发扬宗教，自救救人的光明前途上努力迈进。"②由此可见，正是在西方宗教势力的刺激下，回族人认识到自身应当大力发扬伊斯兰教，捍卫伊斯兰教的地位。

其二，佛教的复兴运动。19 世纪末 20 世纪初的急剧变化与社会转型，在中国多元文化相互激荡的大语境中，长期衰落的佛教也骤然复兴，出现了新的生机，其中的代表人物是杨文会，他说："支那之衰坏极炙，有志之士，热肠百转，痛其江河日下，不能振兴……只有佛教可以启发世人尔……欲醒此梦，非学佛不为功。"③这一佛教的复振运动自然有东洋日本的启发，更在于国内的社会的变革，它甚至影响到了康有为、梁启超、谭嗣同等人的思想。一度佛教不仅成为知识精英借用佛教来"解"西洋科学的媒介，甚至成为他们参照

①马复初.十疑十不解.引自回耶辩真卫道理论.上海回教堂教务会,1950
②上海回教堂教务会告穆民同胞书.引自回耶辩真卫道理论.上海回教堂教务会,1950
③葛兆光.七世纪至十九世纪中国的知识、思想与信仰（二）.上海：复旦大学出版社,2000,657

东洋日本寄托图强救国之梦的工具。

同时佛教的复振运动以"入世达变"的方式呈现在社会民间的层面上,佛教人士重释佛教,积极入世。倡导"住持现代佛教,建立现代佛学,化导现代社会"。为此,他们在行动上努力革新以振兴佛教,如:改教制、组团体、辨佛徒、建学校,并热心参与社会公益事业。他们在思想上认真学习、研究西学新学,努力使佛学与当时的主要社会思潮接轨,化解新思潮对佛学的冲击,减轻其对佛学生存的威胁。他们认识到"除自集团体,自谋增进,自图发展外,绝无振兴整理之希望"。他们呼吁"不可忽略了时间与空间变迁重要性","不可违背了时代历史","不生存便是毁灭"。而且积极论证佛教不是迷信,调适佛教与科学的一致性。①

此时中国社会"处在各教争鸣的时代",一向以出世为本的佛教亦焕然人间,革故鼎新,普度众生,②虽然此事昙花一现,但对丁国瑞民族宗教思想产生无疑是一个来自"他者"的激励。

三、近现代以来辱教事件的影响

由于历代统治阶级推行民族歧视、民族压迫政策,致使回汉民族间的隔阂一直比较深,致使辱教事件时有发生。具有"异端"色彩的回族文化此时更是多受指责。如嘉靖十六年礼部覆甘肃巡抚赵载上书:"……之中,回夷最黠。其通事宜以汉人,毋令交通,以生夷心。"③严嵩极力主张回回"实非我族类,同恶相济,同类相亲,固理之必有","于四夷馆内选令汉人学番语,序班,俱以汉人充之……是亦防慑外夷之一端也","今后如遇回夷入贡,伴送通事,亦用中国精通回语之人,不得差委汉回,致生奸弊"。④ 大儒顾炎武指责"回回

---

①李少兵.民国宗教"入世达变"问题研究.史学月刊,2002,(11)

②唐文权.杨文会与清末佛教革新运动.中国文化,2003,(11)

③明世宗实录."中央研究院"历史语言所校印,1962,卷196

④王永亮.西北回族社会发展机制.银川:宁夏人民出版社,1999,77

守其国俗,终不肯变,结成党伙,为暴间阎","天子无故不杀牛,而今之回回终日杀牛为膳。宜先禁此,则夷风可以渐革。"①杭世俊亦指责:"回回念礼斋课,日无虚夕,异言奇服,不齿齐民。"②到清代,更是"屡有人具折密奏回民自为一教,异言异服,且强悍、刁顽,肆为不法,请严加惩治约束"。③ 康熙三十三年,清廷官员上奏"京城回民私通外寇,谋危社樱,"主张杀尽京城回民或全部遣出"以除腹兴之患"。雍正二年、七年山东巡抚陈世馆两次上书认为国家车书一统,四海一道同风,独有回民仍自立教门,是"显违定制","查回教不敬天地,不祀神袛,不奉正朔,不依节序,另立宗主,自为岁年。曰用猪肉,指为禁忌,而椎牛共飨,态其贪警,人家肴馔,绝不入口,而宰割物类,另有密咒,身故之日,寸丝不挂,举殡之时,空棺撤底,种种矫诬,诞妄实甚"。"普天率土莫不凛遵正朔,恪守王章,惟回教不问晦朔盈虚⋯⋯"④雍正七年陕西总督岳钟琪上奏:"查编户之中,有回民一种,其寺皆名礼拜,其人自号教门,饮食衣冠,异于常俗,所到之处,不约而同,其习尚强梁,好为斗狠⋯⋯则杜渐防微,宜早为计。"⑤雍正八年署安徽按察司鲁国华上奏:"回民居住内地,随处皆有,考试营业与居民无异,自宜凛遵历度,乃伊不分大小建,不论闰月,以三百六十日为一年,始记某日为岁首,群相庆贺,名曰拜年。又平日尚白,早晚皆戴白帽,设立礼拜,清真等寺名寺,不知供奉何神,每立把斋名目。伊等既为圣世之民,应遵一统之正朔,服朝廷之衣冠,岂容私记岁月,混戴白帽,作此违制异服之事。请令回民遵奉

①顾炎武.日知录.引自王永亮.西北回族社会发展机制.银川:宁夏人民出版社,1999,78

②王永亮.西北回族社会发展机制.银川:宁夏人民出版社,1999,78

③金天柱.清真释疑补辑.光绪辛巳年版,卷2,45-47

④宫中档雍正朝奏折[21].第三辑,177 页,雍正二年九月十二日;第十二辑,雍正七年四月二十一日,陈世馆奏,档案出版社,1985

⑤宫中档雍正朝奏折[2].第十二辑,694 页,雍正七年三月十七日,岳钟琪奏,档案出版社,1985

正朔服制,一应礼拜寺尽行禁革,倘估终不悛,将私记年月者,照左道惑众律治罪,戴白帽者以违制律定拟,如地方官容隐,督抚拘庇,亦一并照律议处。"①如此专制下的思想文化氛围使回族的生存尤为艰难,正如李兴华先生所指出的:"在明代以后,无论对于穆斯林小社会,还是对于中国大社会,'求大同存小异'都是一个严肃的政治问题。"②依此我们也不难理解为什么在清代有那么多的回民起义以及作为新思想的"新教"在血泊中得以艰难存活,以至于这一时期被学者称为回族穆斯林的"厄难时期"。③

尤其是到了清末民初,辱教事件屡屡发生,同样极大地激愤、唤醒丁国瑞的文化自卫自救意识,希望通过宣传伊斯兰教,让大家了解伊斯兰教,从而减少偏见和误会。如当时的上海就成立了"中国回教宣传所",在成立之日宣布:"我们伊斯兰教,处在当今各教争鸣的时代,尤其是危险极了! 如近年以来,屡被教外人的侮辱,报纸上,迭次登出许多谰言,前后教案发生,想我们回教前途能不受其影响吗? 所以敝处同仁,方有发起宣传之举。"④综上所述,丁国瑞民族宗教思想是在中国社会的大环境、回族社会的小环境,多元文化的撞击下,受多种因素合力作用的产物。

第二节　关于回教与回族的认识

随着民族主义思潮的传播,近代回族社会兴起了关于回教与回族的辩论,在这个民族与宗教界限模糊的时期,丁国瑞对此问题进行了深入的探讨,阐释着自己的独特的思想,是早期对此问题研究

①雍正八年五月初十日上谕.引自金天柱.清真释疑补辑.香港:蓝月出版社,2006,卷首5
②李兴华.中国伊斯兰教史.北京:中国社会科学出版社,1998,98-99
③同上
④上海宗教史.上海:上海人民出版社,1992,511

的典型代表。在对丁国瑞关于回教回族思想进行研究前,有必要对前人对此问题的研究作个交代,这样有利于在相互对比中认识丁国瑞关于回教与回族的思想。

一、以往学者关于伊斯兰教称呼的研究

历史上,汉文史籍中对伊斯兰教之名曾有过多种称谓,如唐人杜环的《经行记》中称"大食法",这大概是伊斯兰教在我国的最早汉文名称。后来,宋人赵汝适在《诸番志》中又称"大食教度"。大食法与大食教度的意思相同,指的是大食(我国唐朝时期称阿拉伯为大食)人信仰的宗教。元末明初,叶子奇在《草木子》中,将回回与教联系起来,把伊斯兰教称为"回回教",指回回人信仰的宗教。明初随郑和下西洋的马欢在其所著的《瀛涯胜览》里也多次提到"回回教门"、"回回教"。可见伊斯兰教在我国汉文史籍中,很长一个时期内并没有一个正式固定的名称,也没有一个固定的意译。到明清之际,除回回教在社会上较流行之外,开始用清真教正式称呼伊斯兰教了。

将伊斯兰教称为清真教,标志着伊斯兰教在内地向民族文化转化的完成。自宋元以来,一些学者或穆斯林经师就不断地从汉文中选用清净、净觉、清修、真教等词目来命名各地的礼拜寺,以表达伊斯兰教内涵。例如,明清之际的礼拜寺就统称为清真寺了。与此同时,将伊斯兰教也就称为清真教。可以认为,清真就是伊斯兰的汉文意译。①

关于清真的涵义,明清以来回族穆斯林学者多解释为"清净真实"、"洁净无染"、"真乃独一"、"真主独一原有,谓之清真"。② 早

---

①李松茂.回回一词与伊斯兰教.新疆社会科学,1988,(9);马寿千.伊斯兰教在中国为什么又称为回教或清真教.回族史论集.银川:宁夏人民出版,1994,157

②(清)金天柱.清真释疑补辑(卷首5).香港:蓝月出版社,2002,98

期的伊斯兰教著述家王岱舆说,清真就是"不增不减",就是"扫清诸邪"。① 《清真释疑》的作者金天柱则说:"人见吾教有彻底澄清之道,真实无妄避其浊,求入于清;真者,不媚诸邪以邀福,独事真宰以听命,存真去伪之义,明天道也。"② 清咸丰同治年间云南著名穆斯林学者马德新,把清真一词与儒家的克己复礼的思想联系起来解释,认为"克己之谓清,复礼谓之真","克去己私,复还天理,所以名为清真者此耳"。③ 就是说,清真即克己复礼。显然,这些解释与伊斯兰的原意"顺从"大相径庭,但它也概括了伊斯兰教的天道和人道之理。这种思维差异引起的变化,其实是一种创新,显示了中华文化的思维风格。由此,"清真教"这种称呼在回族社会得到了广泛的认同,作为一种正统的称呼在回族社会传播。

二、丁国瑞关于回教与回族的探讨

中华民国成立后,孙中山倡导"五族共和"思想,在回族社会激起了激烈的讨论。受到中国传统的民族观与近代西方民族观双重影响,人们对回族、回教、回教人、清真教的认识上出现了分歧,针对这个问题引发了不同的讨论。尤其是"回族"、"回教"二词愈益混淆,在回族界引起了关于"回族回教"的辩论。正如,金吉堂在《回教民族说》中说到"近二十年来,回族之界说,纷然不同"。④ 丁国瑞在《阿拉伯》、《回教回族辩》、《敬告回教俱进会》等文章中表达了自己的观点。

(一)关于回教的认识

丁国瑞在《阿拉伯》一文中也论述了关于回教的问题。不仅对

---

① (明)王岱舆.余振贵点校.希真正答.银川:宁夏人民出版社,1987,78
② (清)金天柱.清真释疑补辑(卷首5).香港:蓝月出版社,2002,102
③ 马复初.汉文道行究竟.转自李松茂.回回一词与伊斯兰教.新疆社会科学,1988,(9)
④ 李兴华、冯今源编.中国伊斯兰教史参考资料选编(上册).银川:宁夏人民出版社,1985,247

伊斯兰教的意义进行了解释,而且对于回教的来源也作了考证。丁国瑞对伊斯兰教的原意进行了解释:"伊斯兰教,是阿拉伯语音译,意思是顺从真主之命。古今中外,统以回教呼之。"①在他看来:"西人称伊斯兰教为回教,也因为中国人呼为回教而起,沿着中国人的习惯用此名词,为的是容易晓得。"②可见,在丁国瑞看来称伊斯兰教为回教,是中国人自己的称呼。

丁国瑞与别的学者一样根据史实,认为在唐贞观年间,又有西域回纥人来中国,于是中国人不甚辨别阿拉伯人与回纥人,统一称呼回教,这是"回教"一词的来源。丁国瑞强调:"阿拉伯人,与西域之回纥,及突厥(即土耳其)本是三国,原非一类也。"③对于"回回"这个称呼的来历,实是由于回纥进入中国后,因为那个时候中国人不常见外邦人,故把阿拉伯人和回纥人统一称为"回回",这就是"回回"称呼的来历。

(二)关于回教与回族的关系

丁国瑞在《回教回族辨》中对回族与回教的关系进行了辨别,是近代回族社会早期对此问题进行探讨的代表性的认识,比今天人们达成共识认为关于"回教回族辩论"开始于20世纪30年代的观点,④还要推前10多年的时间。由此可见,关于回教回族的辩论是开始于清末民初,丁国瑞即是其中的代表性人物。

民国初建,"五族共和"的口号宣称于各省,引起了社会的极大反响,各族人民积极投入到社会运动当中。在当时回族社会部分人"拟入在五族联合团体的,回教中的人亦有自认为回族的,亦有进退

---

①丁国瑞.阿拉伯.正宗爱国报,宣统三年四月十五日
②同上
③同上
④罗万寿.回族近代文化运动的回顾与思考.回族研究,1991,(4)

徘徊,迟疑观望,不了然是怎么一回事",①看来,关于"回教与回族"关系问题,在当时的回族社会的确引起了较大的争议。丁国瑞由此作了《回教回族辨》,来论述二者的关系。

按照丁国瑞的观点来看,"回教"一词本是误传,伊斯兰教在中国的称呼应是清真教。在他看来信仰伊斯兰教的人越来越多,"可全都是中国人,当初即或有阿拉伯种族,百数十年后,已与内地人无异了。何况由隋唐至今,一千三四百年之久。岂有因为宗教之故,另立一族之理呢"?② 由此可见,在当时丁国瑞并不赞成"回族"这个词汇的称呼。

根据当时的数据,在中国信仰伊斯兰教的人数已经达到了三千万。民国初建提出"五族共和"的口号,丁国瑞认为这是政府"因为宗教不同,显分门户,自薄势力"的事情,应该慎重考虑。在丁国瑞看来,政府倡导的"回族"是"指西域新疆各回部而言"。他认为回纥人与阿拉伯人有着不同的教派,因为"国人不加细察,连内地各省的清真教人,统统呼为回教,讹传至今,固有回教之称,一误再误,竟有回族之称"。③ 在这里我们显然可以看出丁国瑞认为回教、回族的称呼是一误再误所传而至。

回族社会中"读书明理的人虽多,然不读书不识字者,每多因陋就简"。所以出现了有"自称回民者",在他看来是"大错";有"自写西域者",是更错;"地方官于行政上,亦另标回民名目",这是"更大错"。由于回族本身对自己历史的模糊,所以形成了回族"自己尚不知讨论根本","以讹传讹"的历史史实。

从大量资料中,我们发现丁国瑞更倾向于把伊斯兰教称呼为清

---

① 丁国瑞.回教回族辨.正宗爱国报,中华民国二年四月八日
② 同上
③ 同上

真教。而对当时人们称伊斯兰教为回教,他认为是:"就算与回部混同,何况又称为回民,请问回民莫非不是中国的民吗?果若因为某教门都称某,则奉耶稣教者,莫非称为耶民,奉天主教者,称为天民,奉佛教道教者,称为佛民道民,岂有此理,岂有此理!"①由此可见,丁国瑞认为宗教即是宗教,不应该把宗教作为划分族称的唯一标准。在此,丁国瑞没有认识到回族与宗教之间这种天然的联系,说明其深受中国传统民族观的影响,与近代社会的民族观念在认识上有着差异。

丁国瑞在下面一段文字中又进一步地阐发其观点。在丁国瑞看来:"称为回民尚不可,今更称为回族,越显著离题太远了。内地各省的清真教人,若误称为回族,则各省奉耶稣教的,当称为耶族,奉天主教的,当称为天族,奉佛教道教的,当称为佛族道族,将来弄个满汉蒙回藏耶天佛道九族共和,这岂不是个特别新奇的笑话儿吗?"②在这里丁国瑞更尖锐地指出,不能根据宗教来划分民族。

总而言之,在丁国瑞的观念中认为:"内地各省素奉清真教的人(讹称回教人),与西域各回部,不可看成一事。清真教在中国是宗教的性质,谈不到种族不种族。今既为共和国民,即当同享信教自由之幸福,同尽共和国民之义务,同守共和国家之法律,庶不致以讹传讹,将错就错了。"③

通过对以上资料分析,我们可以看出丁国瑞认为民国初建所称"中华五族共和"的口号,指的是汉、满、蒙、回、藏,而此"回"字,"指西域新疆哈密等部落种族而言,非指宗教言也",所以也不是指回族。回族作为共和国民的一员,应当享有中华国民的权利和义务,

①丁国瑞.回教回族辨.正宗爱国报,中华民国二年四月八日
②同上
③同上

不应该因为宗教原因，把回族划分为单独的一族，这样有把回族划分为外族的嫌疑。

1912年9月中旬，孙中山在北京回教俱乐部欢迎会上演说："今日之中华民国，乃五族同胞合力造成。国家政体既经改良，不惟五族平等，即宗教亦均平等。"①由此可见，孙中山的民族思想也是发展的过程，在这条史料当中，我们也可以看出，当时的回族与今天的回族在民族认同上存在一些差异。这正与丁国瑞对民族的认识相一致，承认回族的宗教性，没有直接指出当时的回族包括伊斯兰教徒。

（三）关于丁国瑞回教与回族思想的评述

随着民族主义思潮的传播，丁国瑞关于回教的观点也在不断的发展中。例如，在《敬告回教俱进会》一文中，丁国瑞提议："头一节宜把回教俱进会的名称改改才好，我们教名'以斯俩穆'教（译作清真），回教本是讹称（本不是回纥一派），今后应当一律统称清真教（俱进会何必自己先承认回教二字呢）。"②

而在《阿拉伯》一文中，丁国瑞认为："伊斯兰教是阿拉伯语；回回、清真，乃汉字中国语。以译义论，称伊斯兰教为回回教，或省文称作回教，或称为清真教，原无不可。然须知清真教之来历与派别，方不致误。"③事实上，中国历史上对民族的区分和认识很早，从甲骨文中已经看到有对族体的称呼。以后的汉文文献中，以华夏—汉族为中心，严格区分了华夏（汉族）与其他民族之间的区别，将中国境内的其他民族称为东夷、南蛮、北狄、西戎，或统称四夷、诸戎、诸蛮、夷狄、族类、诸民等。《左传》曾提到："非我族类，其心必异，楚

---

①孙中山.孙中山全集（第二卷）.北京：中华书局，1982,477
②丁国瑞.敬告回教俱进会.正宗爱国报，中华民国二年七月二十一日
③丁国瑞.阿拉伯.正宗爱国报，宣统三年四月十五日

虽大,非我族也。"清代王夫之也讲到"夷狄非我族类者也"。族类概念使用比较普遍。但对于"民族"一词,在我国的近代才开始使用。20世纪开始,中国古代文献中的"民族"一词的含义,既指宗族之属,又指华夷之别,包含了区别蛮、夷、戎、狄、华夏的含义。①

丁国瑞的民族宗教观念正是深受中国传统"族体"思想的影响,认为当时把回族看作一个族体,有把回族看做是"外人"的意识,这样回族就不是中华民族的一员。在那时"族"与"种"类似,说"外族",其实是指的"外国人"的意思,所以丁国瑞反对"回族"这样的称呼。所以,不但非回民不称回民是"回族",就是回民自己也反对称"族"。

以上是丁国瑞关于回教与回族的认识,可见其既有坚持中国传统族群划分的标准,同时又受到近代西方民主主义思潮和孙中山"五族共和"思想的影响,在认识上有着一定的模糊性。通过对丁国瑞关于回族回教的研究,我们可以一窥当时回族社会界对本民族的认识和反思。丁国瑞对伊斯兰教、回教、回族、清真教以及"回回"这些称呼的认识虽然具有一定的时空局限性,但是也有着一定的合理性,是近代回族社会早期开始探讨二者关系的先驱。

第三节　关于伊斯兰教的认识

丁国瑞作为一个穆斯林,出身于宗教世家,对伊斯兰教有着深度的认识。面对近代伊斯兰教的保守和落后,又往往被族外人误解的现状,丁国瑞意识到有必要对伊斯兰教进行研究阐述,发扬伊斯兰教的优秀成分,振兴发展伊斯兰教。

---

①金炳镐.民族理论与民族政策概论.北京:中央民族大学出版社,2006,98

一、进行伊斯兰教研究动因的认识

丁国瑞发表演说进行伊斯兰教的研究主要受到以下两个方面的影响：首先，随着近代西方思潮的大力涌入，西方著作不断在中国传播，关于伊斯兰教的认识大多来自于西方著作的介绍，是"他者"的一种表述，多有不实。其次，清末以来民族宗教歧视事件不断发生，为了宣传伊斯兰教，辨明史实，化除畛域，达到"治好"，丁国瑞认为有必要对伊斯兰教进行阐述。

（一）书籍记载的不实，人们认识的偏见

首先，在他看来，当时"历史地理各书，凡译自东西洋著本者，对于土耳其及回教，每多贬辞，盖积怨使然，无足深怪"。面对"在著者固有深意，在译者实无成见，然辗转翻印传播，影响甚大"的情况，在他看来，选择书籍时一定要"辨明外人著述之深意，不可一概据为信史"，这样的评论才是客观真实的。[①]

丁国瑞意识到西方书籍关于土耳其、伊斯兰教、教派问题，以及回教的称谓等存在偏见的问题，已经成了一个大的社会问题，不仅仅中国人辨别不清，就是连回教中的人，也有许多不求甚解的地方。而这种事实，千余年来，"承误至今，可为浩叹"。

再加上，近代中国学士文人"所研究之地理历史各书，每多阙略不详"。而且中国大多数人，"始知地球各国之梗概，然所知道的各国政治宗教，风土人情，及一切沿革情状，多得之于西人的译本，难免承误传讹"。另外，"大约历史地理等书，著作家，以尊重祖国之故，立言不无轩轾。……东西各国人的著述，亦是如此。欧洲人，必称赞欧洲；日本人，必推崇日本"。所以，丁国瑞提醒："看书的人，先要明白此书为何国人所著，自然就另具双眼了。"[②]

---

①丁国瑞.阿拉伯.正宗爱国报，宣统三年四月十五日
②同上

针对当时书报界和知识界出现的这种现象,丁国瑞认为对伊斯兰教的宣传,大多来自于"他者"的论述,难免存在某些偏见,在他看来有必要从"自我"的角度对伊斯兰教进行介绍。正如其所言:"我今天说这篇演说……实在是辨明疑惑,希望治安的意思。"①

(二)民族歧视事件的影响

关于为什么要发表《阿拉伯》这篇演说,丁国瑞认为很大的一个原因是近代民族歧视事件所引发而至。正如其言说道:"此等辨明,又是什么意思呢? 实因昔年新疆之回乱,内地教民,颇受影响。论事者,每执以概大众,判断不无偏倚。而内地各教民,亦因宗教礼节之不同,交通不免疏略,因疏远以致感情冷淡,猜疑亦由是而生。地方一有事端,则好事者再造言煽惑,于是祸乱兴矣。"②丁国瑞针对这一事件,分析道:"其实朝廷既许信教自由,则人民所奉之正教,官府即当一视同仁,不偏不党,如显分畛域,与大局可就无益了。譬如向来官府斩决人犯时,必大书回民某某字样,其实犯法者,岂尽回民? 又二十年前,多呼回民为回仔……或回民涉诉过堂,强以秽物灌而侮辱之。所见大小,不通之极,究竟是何苦来呢?"③丁国瑞举例说道,在甲午中日战争中,为国捐躯的回族人左宝贵忠勇诚实,兵民感服,昭昭在人耳目;庚子之乱,在北通州与李秉衡同时殉难的回族人王廷相廉洁清介,所至之地,一介不取,所至有声。但是朝廷对左宝贵和王廷相,牺牲后的"恤典,不如汉人一例的优厚",丁国瑞认为追其原因是"由于平日歧视所致。"④

对清末出现的辱教事件,丁国瑞认识到:"言悖而出者,亦悖而

①丁国瑞.阿拉伯.正宗爱国报,宣统三年四月十五日
②同上
③同上
④丁国瑞.思患预防.正宗爱国报,中华民国元年正月十五日

入;压力越大,反动力亦越大。"①例如:"前清乾隆道光咸丰年间,满汉人,虐待清真教的人时常的不讲公理,把清真教人,欺侮急了,弄得彼此仇杀,不通的官绅,还要硬加以回匪字样,甚至写回为……任意的毁谤,平心而论,这不是故意的欺侮人吗?"②在丁国瑞看来,希望统治者对回族应该一视同仁,回族"既隶大清之骈幪,同为中朝之赤子。在下者既不可自外生成,而在上者亦不可苛待歧视,以后无论公私文件,务将回民教民等字样一概删去,赏善罚恶,一本法律之大公,可就同享治平之福了"。③面对清末伊斯兰教屡受满汉人的欺侮、虐待、重重的排斥仇视,乃至看成异族异端的史实,丁国瑞讲到:"其实呢,清真教本是个正大光明的宗教,奉清真教的人,亦都是中国人,怎么一奉异己的宗教,就显然的另眼相看呢? 推求病原,总由于中国人向来不开眼。"④

从这里我们可以看出,丁国瑞希望通过发表演说来宣传伊斯兰教,加强交流,达到化除畛域,这是其发表演说的一个重要原因。同时,我们也可以看出,在清末民初回族人本身对"回民"、"回教"这样的字眼是比较敏感的。对于回族社会来说,"回民"、"回教"这样的词汇出现在官府文件中,在某种角度上来说,是一种偏见性的词汇,引起了部分回族人士的反对。

二、关于伊斯兰教的主要认识

(一)关于阿拉伯的认识

丁国瑞对阿拉伯文化有着深厚的认同情感。首先,丁国瑞根据西方人的著作记载来描述阿拉伯的情况。据西方人的著本记载:

①丁国瑞.阿拉伯.正宗爱国报,宣统三年四月十五日
②同上
③丁国瑞.阿拉伯.正宗爱国报,宣统三年四月十五日同上
④丁国瑞.思患预防.正宗爱国报,中华民国元年正月十五日

"阿拉伯人,深明礼义,文风最盛,其文字能传行于远方,读书知算之人极多,历法算学最精。……例如阿拉伯数字今已通行天下矣。阿拉伯地区盛产良马、良驼、五谷、水果、靛青、没药、咖啡、金丝枣、珍珠、树胶等,其中的香料、金丝枣、良驼、良马最驰名。阿拉伯人民除读书之外,多务农为商,或事游牧……多沙漠,天气炎热,雨水稀少,故可耕之肥田亦不多。"①另外,丁国瑞意识到"清真教书籍上所云者,难免有溢美之辞"②,他引用教科书记载来客观地描述阿拉伯世界,写到:"曾游是邦之人云,该处地多沙漠,人民之生计,多赖经商。风俗淳朴,男女之别最严。讲文学教道之士甚多,多受聘于土耳其,及欧洲某国,教授阿拉伯文及算学。阿拉伯人,厚遇远人,待客最有礼。"③

丁国瑞对阿拉伯世界的介绍,表达了其对物产丰富、历史悠久、文化丰富、民风淳朴的阿拉伯世界的热爱。伊斯兰教就是形成于这样一片土地上,所以伊斯兰教也有着不同凡响的魅力,也是内心对伊斯兰教的一种认同和尊重。

(二)关于伊斯兰教的认识

丁国瑞通过对伊斯兰教经典的介绍和伊斯兰教的传播力量来认识伊斯兰教。在丁国瑞看来,伊斯兰教是可以与中国儒家文化相媲美的宗教。丁国瑞评价:"阿拉伯之经书三十册,名为'古尔阿尼',多系至理名言。"④但是由于回族社会,"墨守古训,不知变通,"所以造成了"胶执滞碍之弊,在所不免"的状况。

当时杨仲明阿訇是回族社会界知名宗教人士,被称为"教中饱学"之人,丁国瑞通过其所著之《四教要括》一书对"古尔阿尼"的描

①丁国瑞.阿拉伯.正宗爱国报,宣统三年四月十五日
②同上
③同上
④同上

述,来介绍伊斯兰教的经典。例如,杨仲明说:"经典共百十四部,各随方言而出,其中以摩西之陶勒特(希伯来语),耶稣之恩基烈(希腊语,今之新旧约,盖本此二者),大卫之霍卜尔(苏尔阳语,按大卫时,仍尊摩西之制,故其经有颂词无法律),穆罕默德之福尔刚(阿拉伯语)。"①杨仲明又讲到:"福尔刚,包罗三世,空前绝后,为穆圣首符,故编为教典,历劫不磨,真所谓日月经天,江河行地者耳……虽因革详略不同,皆以明教统也,其文辞之玄妙,义理之精深,俱超人力之表云云。"②

由此可见,在"教竞人择,适者存留,自有天演之公例在",优胜劣汰的发展规律下,伊斯兰教能够在中国流传千年不衰,甚至在全球广泛传播,是由其自身独特的魅力所在。

根据当时日本人所著《志贺重新》叙述,"十九世纪半之查核,全球奉穆教者,即穆罕默德之教,共一亿八千万人。"又根据西方地理书籍记载中国奉回教者三千万人。丁国瑞讲到:"一千三四百年耳,信教者如此之盛,岂偶然哉? 千年前,亚洲西南部,宗教战争,谓之强人入教则可,然自入中国以来,未动一枪一刀,何以从者? 亦竟至三千万之众呢? 强人入教,日久未有不叛而出教者,何以千年来,判者甚稀呢? 其中必有不可磨灭之至理在,盖笃信者,非尽下愚也。"③这段话语明显透视在适者生存的自然原理下,伊斯兰教能够不断地传播,教徒不断地增加,正是由于其本身的优越性和感染力所致。丁国瑞又讲到:"中国内地各省之清真教人,所奉之宗教,皆系阿拉伯嫡派之伊斯兰教。光明正大,并非旁门异派。"在他看来:"清真教与儒教处处默合,其道正大精深,不愧清真二字",只是因为

---

①丁国瑞.阿拉伯.正宗爱国报,宣统三年四月十五日
②同上
③同上

教中的"教师及教中人,读儒书者少,举止不免朴陋",所以形成了"道高人俗之诮"。[1]

在丁国瑞看来,"儒详于人道,清真教兼讲始终,同于儒,实精于儒也。"[2]丁国瑞希望教中人多读孔孟之书,重视学习高等实业教育,提高回族社会的文化水平,发扬伊斯兰教,促进伊斯兰教的发展。

丁国瑞讲到,伊斯兰教有着其自身的优点,有许多可取之处。例如:伊斯兰教认主独一、反对迷信,不拜偶像、不信星卜、讲究人人平等、尚洁净、讲卫生、婚丧葬礼,天下划一、有团体、少嗜好、尚俭朴、忠心报国。丁国瑞认为伊斯兰教除了以上一些地方与儒家思想存在差异以外,其他方面"余皆与儒教同也"。[3] 这也是丁国瑞鼓励教中人多读孔孟之书的一个原因,这与明清以来回儒倡导的"以儒诠经"活动是一脉相承的,希望通过儒教文化的学习来进一步发展伊斯兰教,挽救伊斯兰教信仰受到的挑战。

三、关于伊斯兰教常年不衰的思考

伊斯兰教是当今世界三大宗教之一,在全球有着广泛的影响。同样,伊斯兰教自从隋唐传入中国,历经千年依然常年不衰,在丁国瑞看来这是由于其独特的"精奥"所至。丁国瑞在《论宗教》一文中对伊斯兰教能够在中国"成立的所以然"进行了论述,进一步表达了其对伊斯兰教的认识。

丁国瑞开门见山指出,"宗教的精奥非三二人之心力集成,也非三五年之功夫所养成"。由此可见宗教的形成和发展是一个长期的过程。在丁国瑞看来伊斯兰教在中国之所以存在,常年不衰的原因

---

[1]丁国瑞.阿拉伯.正宗爱国报,宣统三年四月十五日
[2]同上
[3]丁国瑞.论宗教.竹园白话报,光绪三十四年七月十六日

在于其信主独一的信仰、"尽善尽美"的教育、良好的卫生习惯、独特的婚姻制度、整齐划一的丧葬祭礼、严格的男女防闲、团结的伊斯兰教团体等方面。下面主要从伊斯兰教信主独一的信仰、独特的教育、卫生习惯、婚姻制度和团结的团体四个方面来作分析。

（一）信主独一的信仰

在丁国瑞看来，伊斯兰教在"中国内地各省……户口不及佛教人百分之一，而时然独立于各教之中，毅然不倒。上无教皇之统属，下无稽查之督责，而奉行惟谨……各处回教礼拜寺焕然巍然，无一倾塌废坠不修者。"①针对中国宗教复杂，听人自由入教，而回教人千百年来无一敢叛其教者的历史现状。丁国瑞认为伊斯兰教长期以来能够生存而且日益发达的主要原因在于教民："心性之坚定，团体之坚固。"②因为伊斯兰教有着严格的教规，从小就接受"至大至正，至清至真"的教规教育，所以，"不期然而然的，就养成这么一种坚定强毅的风气。"

丁国瑞自叙其在二十岁以前没有意识到伊斯兰教教育的好处。随着当时清末政府对西方各国教育方法的考察和引进，在对比中发现伊斯兰教的教育是"尽美尽善"。

正如其说："凡是清真教的人，无论贫富贵贱，男女孩至七八岁时，必须入小学，习学阿拉伯文，及讲解教规，入学之初，先教字母，继教拼音拼句，聪颖者，约一个多月，即可贯通，字母拼音既学熟了，即教授'以妈尼'。"通过这样的学习，则可使回族养成坚定的宗教信仰。

丁国瑞反对无神论，在其看来"科学无神自然之说"是学理上的谈资，绝不是驭世治国齐家修身的良法。丁国瑞认为如果人们没有

---

①丁国瑞.论宗教.竹园白话报,光绪三十四年七月十六日
②同上

宗教信仰,就很容易越轨,做出有害于社会的事情。同时提出了宗教对社会制度的影响作用,在其看来:"若无宗教以范围人心,法政终有困窘之一日。"①

丁国瑞进一步论述到:"以理想论,天地日月星辰,山川草木,四时有序,人类、动物,生生不绝,若说全出於自然之当然,未免的不近情理。"②而伊斯兰教信仰真主独一,认为真主是造化天地万物的主宰。他认为这种说法是"亦近情理"。丁国瑞说道:"天无二日,国无二王,清真教人诚信必有一位大能普慈造化天地万物,独一无二的真主宰。"③

在他看来伊斯兰教的信条"精微恰当",而且真主是"独一无二的,人不生他,他不生人,无形象、无比名、无方位、无来去、无妻子、无伙伴、不在上、不在下、不在左右,无所不能,无所不知,至慈至公,无偏无党"。在他看来"世界无无神之理是宗教家最公认",如果信仰多神,则会心向必乱,所以在他看来"信奉独神是宗教家扼要的关键"。

从另外一个角度来说,正是伊斯兰教是真正的一神教,所以"清真教中人不崇拜偶像,不信卦卜,不信风水,不信狐黄白柳灰,不烧香,不烧纸钱,不信义和团红灯照,不合八字,有了病就懂得延医吃药,不信顶神瞧香的巫师"。正是由于伊斯兰教信仰的坚定性,故异端邪说,决不可轻易惑众的。

(二)独特的教育模式

经堂教育是一种独特的教育模式,为伊斯兰教文化的传承和发展起着至关重要的作用,是伊斯兰教文化传播和发展的一条重要渠道。丁国瑞主要从小学和中学两个方面来介绍经堂教育。

---

①丁国瑞.论宗教.竹园白话报,光绪三十四年七月十六日
②同上
③同上

丁国瑞讲到清真教中八九岁之男女,不入中、小学者甚少。礼拜寺内外,皆有男女小学,各不相混。小学约一年即可通晓字母、拼音,及教规、斋拜礼节等。中学功课多系礼节与法律、大经大法、皆隶大学。大学卒业、授以锦帐,即称为阿訇,专任传道之事。

其中,经堂教育中的女学,是经堂教育体系中一个独立的部分。通过兴办女学,传承伊斯兰教文化,这是伊斯兰教社会特有的教育模式。一般而言,在回族社会,十岁以前的幼女就受到宗教的熏陶,养成坚定信仰,"百摇不动"。这样就算是"将来出阁,其夫家之信教心,设或淡薄,每有因新婚之劝道解说,而信心益加笃厚时"。在他看来,伊斯兰教信仰历久不衰与其说得力于经堂教育,还不如说是得力于经堂教育中女学教育。正是由于经堂教育独特的女学,女性大都知晓宗教文化,所以得以"代代递传"。

针对当时清末新政创办教育的问题,丁国瑞抱悲观态度,"吾敢断其十年无效,因其无完全美善之宗教根底,则女学生胸无主宰,见异思迁,甚至变本加厉"。他看来,如果没有坚定的信仰,就没有办法创办教育,这也是"今日中国之教育,直可称为水上漂之教育"的原因。[①] 在这里我们看到,丁国瑞认识到宗教对个体的强大影响力,把宗教性的精神理念作为办理一切事情的精神支持,从心理学上来说,是有一定的合理性的。但是其仅是出于一种宗教信仰角度的思考,有着一定的局限性,过度夸大了信仰的力量。

(三)良好的生活习惯

随着社会的发展,西方国家各个方面的学术得到了发展,其中卫生学也得到了一定的发展,人们越来越注意身体健康问题。同样,当时在中国也开始关注卫生学。在丁国瑞看来,伊斯兰教的生

---

① 丁国瑞.论宗教.竹园白话报,光绪三十四年七月十六日

活习惯本身就有着很科学的道理,就算西方的卫生学,也是"仍不出清真教二三千年来习惯自然之卫生学",所以值得提倡。

1. 锻炼方面。伊斯兰教规定每天五次礼拜有利于人身体的锻炼。尤其是每天的第一番礼拜,既可得新鲜的空气,又跪拜起伏,这样可以活动肢节筋骨,是最有益于卫生,对人体健康大有益处。

2. 饮食方面。伊斯兰教有着严格的教规,对饮食选择十分精严。穆斯林尊道而行,则饮食卫生是"无有过于清真教之精细美善"。

3. 嗜欲方面。穆斯林每日五番礼拜,勤沐浴,这样可以减少皮肤病的产生。而穆斯林戒烟酒,这样肺胃都可以减少得病,在经济上,也可以节俭。

正是由于伊斯兰教有着"至善至美"的习俗,所以回族人大多体质强壮,心理健康。在丁国瑞看来:"盖寡嗜好则必早起,能耐劳苦,饮食洁,则血气清明,信仰心专,志向坚定,则无非分之妄想妄贪。得失皆归之于主之前定,无太过之怨尤,此皆有益于身心者也。……教中常礼拜之七八十岁老人,鬓发已如银,而面色红润常如壮年。挺胸直背,安步当车,其霍铄之精神,望之如海鹤龙马。盖每日必早起,礼拜时必沐浴,而起坐跪拜,又合于天然之柔韧体操也。"① 正是在伊斯兰教坚定信仰的影响下,穆斯林能够长期坚守信仰和宣示,培养成了无烟酒之嗜好,吃佳美之食品,穿朴素洁净衣服的良好生活与卫生习惯,形成了穆斯林健壮的体质。

综上所述,丁国瑞认为伊斯兰教的生活习惯符合自然规律,有利于人体的健康,应该提倡。这在今天看来,仍然有着积极的意义,符合科学道理。

(四)稳定的伊斯兰婚俗

伊斯兰教婚姻制度认为结婚是穆斯林的义务,提倡男女结婚,

---

①丁国瑞.论宗教.竹园白话报,光绪三十四年七月十六日

反对独身,认为"男女婚姻,为人伦之始"。伊斯兰教有着独特的宗教规范,所以形成其独特的婚俗。回族社会中结婚不合八字,不拘属相。其次,在迎娶时没有迷信习俗。穆斯林最具有宗教意义的是新娘迎娶到男家之当日,请阿訇和两家亲友,盛延面写"以札布"。在伊斯兰教规范下,回族人无论人数多少,无论贫富贵贱,无一不写"以札布",使婚姻达到了一种信仰上的认同,谓之正式婚姻。

《古兰经》提倡教中人凡能劝得一外教人入教者,得极大回赐,凡凭正式婚姻而娶得外教妇女者,得极大回赐。所以外教妇女嫁穆斯林者甚多,而穆斯林妇女嫁外教男子者甚少。外教妇女既然入嫁伊斯兰教教徒,那么就"未有不守其宗教之范围者"。这种独特的婚姻制度和习俗保证了穆斯林社会种族的繁衍和发展,也成了扩大穆斯林群体的一种有效途径,也保证了其信仰的坚定性。

(五)团结的伊斯兰团体

丁国瑞讲到:"清真教人之爱种爱教心纯出于自然,故数十万户之城镇,清真教人若有三五十户,团居一隅,即能峙然独立,不受人欺。"[①]

正是伊斯兰教无形的凝聚力,使回族社会能够在中华民族的汪洋大海中千年不衰,积极向上,奋发有为。丁国瑞建议:"我国家果能驾驭得法,安知其不移爱种爱教之心而爱国? 我国家果能大兴孔教,而大关节处,善取法于清真教,安知将来孔教之信教人,不优胜於清真教信教人之强毅爱众呢? 国使二十二省孔教大兴,信徒者众,合数万万人之心为一心,何患有外侮,何患有教案?"[②]

统一的宗教信仰,同一的教规,有利于教民的团结,这样就培养了教民一致的民族情感。在他看来,如果国家善于利用回族,那么

---

①丁国瑞.论宗教.竹园白话报,光绪三十四年七月十六日
②同上

回族必定愿意为国家所利用。例如甲午战争中涌现出的左宝贵,庚子之乱中涌现出的王廷相就是回族的典型代表。因为"回教人心最坚定,见理最真",丁国瑞希望当局,"能洞明大势,开诚布公,免去妇孺嫉妒之偏见",①利用宗教,争取回族为国报效,走宗教救国的道路,这是其宗教思想的独特之处,下节专门介绍丁国瑞宗教救国的思想。

第四节　关于宗教救国的认识

马克思曾言:"宗教是这个世界的总的理论,是它的包罗万象的纲领,它的通俗逻辑,它的唯灵论荣誉问题,它的热情,它的道德上的核准,它的庄严补充,它借以安慰和辩护的普遍根据。"②由此可见,宗教担负的是种"总理论"、"包罗万象的纲领"、"核准"、"普遍根据"的角色,也可以说宗教是信徒生活中重要的组成部分。丁国瑞作为一名虔诚的伊斯兰教信徒,其本身对宗教有着其独特认识和体验。面对中国近代社会的贫穷落后,他提出了宗教救国的思想。

丁国瑞宗教救国思想内容,主要涉及宗教救国思想的提出,对孔教的认识,中国应如何发展孔教,宗教发展需要的特定条件,以及对宗教发展的思考等多个方面。

一、关于宗教救国的提出

清末是朝政日乱,国难日急,丁国瑞认为推其受病的原因,多由无宗教而起。在丁国瑞看来"无宗教的教育不足恃,无宗教的军队尤不足恃"。丁国瑞认为宗教虽不是包罗一切的良药,但是宗教却是"教养之根本",如果凡事不从宗教入手,则是"决然无效力的。"

---

①丁国瑞.论宗教.竹园白话报,光绪三十四年七月十六日
②马克思恩格斯选集(第1卷).北京:人民出版社,1972,1

丁国瑞目击晚清国势日渐衰弱,提出了宗教救国的思想,即"欲救中国非注意宗教不可"。

在丁国瑞看来,宗教与政治有着密切的关系。丁国瑞讲到:"政治与宗教如同水陆二军。有陆军,无海军,不能立国;有海军,无陆军,也不能立国。水陆二军相混,陆地行船,海里走军,更是无此情理了。"①为了挽救濒临灭亡的没落统治,清廷开始了政治改革活动,但是没有注意利用宗教与政治的关系,丁国瑞认为其"是知一不知二的见解,是不知根本的维新"。丁国瑞认为中国虽然是个无宗教的国家,但是又深受儒教的影响,看起来是个"宗教最复杂的国"。在他看来:"中国之乱,乱于无宗教,乱于宗教太杂。"②宗教在中国本来为国家之福,但是转成国家之患,并非是宗教之不善不良,实由于当局不利用宗教所致。

丁国瑞深刻地指出:"利用宗教,由于嫉妒宗教之谬见太深;嫉妒宗教,由于不知宗教的精微奥妙。不知宗教的精微奥妙,故此看成无甚关系。"③在丁国瑞看来:"国家之存亡,种族之强弱,团体之结散,女学之兴与不兴,军队之敢战不敢战,无一不寄于宗教。"④

丁国瑞认识到近代中国宗教庞杂存在,表面上信奉孔教,本质上信奉佛教。在民众中,有信奉佛教的,有信奉道教的,有信奉喇嘛教的,有信奉天主耶稣二教的,有奉清真教的,呈现出"乱七八糟"的状况。虽然朝廷当局一视同仁,但是社会间"无论智愚贤不肖,总有党同伐异的恶习"。所以,在这种环境下,凡不是佛教人,无不受种种欺压、虐待、野蛮仇视。例如,在陕甘云贵四川各省,回教屡次变乱,劳师糜饷,牵动全局,其乱全由于不懂宗教之地方官所逼成。丁

①丁国瑞.论宗教.竹园白话报,光绪三十四年七月十六日
②同上
③同上
④同上

国瑞认为,正是因为"上恩不能下逮,下情不得上达",所以极好的热心国民,反逼成抗官拒捕。对此事件,丁国瑞尖锐地批评指出:"其实,全是食中国之水土,受中国之皇恩,同为中国的赤子,因为宗教的异同,竟致同室操戈,自残骨肉,也未免的度量太小,心地太糊涂了。"①

总之,从以上几个方面来看,丁国瑞宗教救国思想的提出是在特定的历史时期,针对宗教歧视事件,以及自身对宗教独特认识的情况下提出的。

二、关于孔教的认识及如何发展孔教

(一)孔教是否宗教的分析

关于孔教是否宗教一直是人们争议的话题,同样丁国瑞对此也进行了分析。在他看来,孔教不具备宗教的条件,所以不能称之为宗教。丁国瑞讲到:"孔孟之儒教,不过具名而已。"②

首先,孔教思想的创立者——孔子是教育家、政治家,并非宗教家。另外,孔教无宗教之完全格式。以宗教论,儒教实不够宗教之资格,故不能称为宗教。

其次,从孔教影响力来看。孔子祖述尧舜,法文武禹汤,创立纲常伦理,表彰孝悌忠信,其道虽然"至正至大,足可与乾坤终古……孔子之道足可遍行于全球,其道理之正大光明,千万年亦不能磨灭。"但是当时中国的士绅大夫,能够凛遵圣言,无敢或违的没有几人。那些日读孔孟之书,受孔教之益,最讲的孝悌廉耻,外表斯斯文文,及至婚葬大礼,燕居服饰,万人万样,万家万样,反对儒教的十有八九。由此可见孔教对社会的约束越来越淡漠,其影响也越来越小。

①丁国瑞.论宗教.竹园白话报,光绪三十四年七月十六日
②同上

第三,孔教没有规范的宗教信仰、仪式、教义、教律、组织、情感和心理等多方面的宗教构成要素。

在丁国瑞看来,孔教既没有真正的信徒,又没有明确的宗教性质和规范,也没有具体的教规。从作为一种宗教应当具备的宗教思想理论、宗教意识制度、信徒及其组织等元素来看,都在孔教中没有体现,所以从严格的意义上来说孔教不能称之为宗教。

(二)建议中国宣传孔教

在他看来,孔教虽然不具备宗教的性质,但是孔教对中华民族有着深远的影响。面对天主教、耶稣教的传入,国人"顿足长叹,视为乱侃"的现状。在他看来,与其如此,还不如宣传孔教。丁国瑞认为,在中国宣传孔教可以"划一国民的心向,暗含着可以抵制各教,强种保国,未有善于此者"。[①] 丁国瑞认为在中国宣传孔教,是名正言顺,势如破竹的事情。

话虽如此说,但是在中国传播孔教是一件不容易的事情,皆因为孔教一则无范围,二则无机关。就算是大力宣传孔教,也是很艰难的过程。因为"读书的人只知宗教二字的名词,一万人里实挑不出几位真知宗教的奥妙的"。为了宣传孔教,丁国瑞提出了振兴孔教的办法,主要从以下几个方面着手:

首先,先将礼部改为教部,选德行学问全备之宿儒为教长,每省再选一位省教长,府县依次选择。

其次,在京师设一宗教讨论馆,以中国宿儒为主裁,另邀请伊斯兰教中饱学阿訇二人,天主教中饱学神甫二人,耶稣教中饱学牧师二人,轮流讨论。各述其所长,各言其精微,讨论一年,然后以孔教为体,以孔教为名目,而设立宗教之扼要机关,自然就行之有效,日

①丁国瑞.论宗教.竹园白话报,光绪三十四年七月十六日

见起色。

总之,在丁国瑞看来中国是一个被孔教涵濡默化千年的国家,但是数千年来孔教"维持人心世道,收效于无形"。这是因为孔教没有"宗教之范围与机关,故圣道日衰,散而无纪,不若天主教、耶稣、清真各教之整齐划一"。① 面对天主教、耶稣教的大肆传播,丁国瑞忧虑到:"内地愚昧太众,仅凭法政之约束,实属鞭长莫及,况各教在内地屡屡扩充,我若听其自然,以为我中国不屑于谈宗教,则数十年后,必有反实为主之势,则如玉如金之孔教,名不灭绝,而其势必至于灭绝。"②丁国瑞担心随着西方传教士的深入,天主教、耶稣教在中国成立了门户,那时中国的"魂魄已分,虽有良法美意,亦无幸福者,尤不可不注意于宗教"。所以在他看来,当局应当重视孔教,控制利用孔教,使其成为统治的工具,而不要成为乱国的因素。

（三）发展宗教需要合适的环境

丁国瑞倡导宗教信仰自由的思想。在其看来宗教信仰自由"本是全球的通例,并行不悖,谁亦不许排斥谁"。他认为,既然现在是中华民国,那"国民更当合力同心,共谋公益",应当一改从前"各分畛域,各存私见"的心理。他又说道:"各教都是信仰自由,万不可谁看谁是异端,各守各的教规,同遵中华民国的法律。"③

要而言之,在丁国瑞宗教自由的观念下,认为"无论何教皆有益于社会,皆有益于国家,惟各行其是则可,各谋各行则可。无教派之不闻不问亦可,听其自然亦可。若强为融合,或掺入政治,可是自扰自乱之道"。④ 由此可见,丁国瑞虽是伊斯兰教信徒,但是其倡导宗教信仰自由的思想是符合社会发展的,在今天看来仍然有着积极的

①丁国瑞.论宗教.竹园白话报,光绪三十四年七月十六日
②同上
③丁国瑞.思患预防.正宗爱国报,中华民国元年正月十五日
④丁国瑞.论宗教.竹园白话报,光绪三十四年七月十六日

进步意义。

根据中国的历史文化发展看来,丁国瑞认为,如果要在中国确立国教,那么"莫妙于尊孔"。但是在民国初建的这个时期,由于历史的特殊性,不适合宗教的发展。丁国瑞提出宗教的发展要有合适的环境。民国初建,国家当时正处于"人心不清,感情未孚,畛域未化的时候,万不可在政治里头,再才上宗教,以惹起宗教之战争,致妨碍民国之进步"。①

从以上资料可以看出,丁国瑞认为建国初期,国家政治稳定,休养生息,发展民生,团结民众为当务之急,在这个时候如果加入宗教问题,可能会引起政治上的动荡,阻碍社会的进步。作为一个伊斯兰教徒,丁国瑞能够从国家的大局出发,认识到国家的利益高于一切,这种爱国精神至今看来也是难能可贵的。

总而言之,丁国瑞是近代回族史上较早开始伊斯兰教和回族研究的典型代表,是近代回族研究起步阶段的领头者,尤其是提出宗教救国的思想,有其独特的见解。从丁国瑞那个时代开始,人们开始对回族的历史进行整体性、系统性和综合性的考察和研究,揭示回族民族族源、形成和发展的客观规律及其文化特点。丁国瑞关于民族宗教的思想在近代回族史研究中写下了重要的一笔,值得我们进一步深入探讨。

①丁国瑞.论宗教.竹园白话报,光绪三十四年七月十六日

第四章　丁国瑞的办报思想

　　报刊是近代中国社会和思想文化的一支重要变革力量,是思想文化和社会信息传播的主要渠道,也是近代社会表达政治意向的重要平台,折射了近代中国的历史进程、社会变迁和国人对中外大势的认识。近代知识分子在变革的现实中,认识到报刊的重要性,他们群起创办报刊,使之成为手中撬动历史的有力杠杆,同时带来了中国新闻事业的发展。

　　丁国瑞是近代回族社会早期杰出的报人,也是我国近代白话文运动的先驱之一。他从开启民智的目标出发,倡导白话办报,发表演说。通过考察丁国瑞的著述,我们发现,丁国瑞在其30多年的报人生涯中,有着独特的办报思想。要而言之,主要通过对其办报思想形成的历史条件、作为报人的事迹、主要办报思想,以及其对办报和报馆的认识等几个方面内容进行分析。

第一节　办报思想形成的历史条件

　　考察丁国瑞办报思想,首先要了解其办报思想形成的历史条件,这是不言而明的道理。为了更加清楚地说明丁国瑞办报思想产生的历史条件,这里有必要对近代中国报刊发展的情况,回族报刊发展的情况,特殊的生活环境,以及回族社会本身发生的一些变化略作交代。

一、中国报刊业发展的推动

随着中国现代化的启动——始于两次鸦片战争与太平天国革命以后——由清朝政府中的洋务派发起的"洋务运动"时期，中国社会逐渐进入了现代化进程中。① 同时，随着社会交通网络的发展，大众传播媒介在一个国家的现代化的宣传过程中，是能够发挥巨大作用的。近代中国知识分子界的先进分子认识到创办报刊的重要性。有人甚至认为，传播不仅是形成社会与文化的要件，更是一切社会行为的动力。美国传播学者丹尼尔·纳也认为："大众传媒在发展中充当了伟大的倍增器的作用，是能够把社会发展所需要的知识和态度传播得更快更远的一种工具。"②韦尔伯·施拉姆则认为："大众传媒在历史上对国家发展具有独特的重要性，它们是伟大的增值者，可使人类信息增值到前所未有的程度。"③

这一切表明，人们认识到报刊在社会意识和社会发展进程的作用，特别是与思想观念的转变进程有着密不可分的关系，由此大力创办报刊。一方面，报刊利用自身的特殊优势，传播信息、教育民众、组织民众、引导舆论、在新旧理念的碰撞中促进本民族社会的向前发展；另一方面，由于报刊主要从事的是精神文化生产，它是社会文化、社会意识的最敏感的神经。客观环境的变化不可避免地会在报刊上得到体现，社会的大氛围、先进的社会文化和社会意识也必然影响和制约着报刊的发展。

肇始于19世纪六七十年代的洋务运动，使中国社会输入了新鲜的生机，资产阶级开始出现，一大批接受了西方思想的知识分子

①罗荣渠.现代化新论——世界与中国的现代化进程.北京:北京大学出版社,1993,9
②王洪钧.大众传媒与现代社会.台北:正中书局,1987,83
③韦尔伯·施拉姆.大众传播媒介与社会发展.北京:华夏出版社,1990,5

日趋活跃,在新的社会矛盾的推动下,要求社会变革改良的思潮在全国兴起。在这种影响下,必然需要一些媒介来承担宣传思潮的工具,而且受到外国人在华办报的影响,第一份在中国境内出版的中文报刊《东西洋考每月统纪传》于1833年由德国传教士查尔斯·郭士立在广州创办,中国人自办报纸自此成为大势所趋。

从19世纪70年代起中国资产阶级维新派人士开始自办报纸,到戊戌变法前后,形成了中国办报活动的第一次高潮,它对于中国的新闻事业产生了深刻的影响。维新派创办报刊,打破了外国人在华办报的垄断地位,使广大知识分子从中吸取了精神解放的力量,为反对封建专制思想的控制,争取言论自由,迈出了可贵的一步。维新运动是一场资产阶级的改良运动,其目的是在保国、保种、保教的前提下和不触犯封建统治阶级利益的基础上争取到一些发展资本主义的条件。鸦片战争的炮声也使一些有识之士清醒过来,他们注意到了报纸在西方资本主义国家政治社会中所起的重要作用,不断地提出向西方学习的主张,提出开设报馆的要求。他们的办报主张反映了早期民族资产阶级改良派直接或间接的主张。据统计,在维新运动中由资产阶级改良派直接或间接创办的报刊就达70余家。① 他们的办报思想对少数民族报刊事业的发展产生了广泛而深刻的影响。

1900年《中国日报》的创办,标志着我国新闻事业进入了一个新的发展历史时期。在这一时期内资产阶级革命派在东京、上海、香港、澳门、南洋、美洲等地创办了120多种报刊,数量和质量都超过了戊戌变法时期,掀起了我国第二次报业发展的新高潮。②

辛亥革命后,我国的报刊事业出现了极为困难而又错综复杂的

①邱捷.近代报刊与中国社会经济研究.民国档案,2003,(4)
②白润生.中国少数民族文字报刊史纲.北京:中央民族大学出版社,1994,11

局面。辛亥革命推翻了两千多年的封建帝制,建立了民国。报刊事业也有了迅速的发展,"一时报纸,风起云涌,蔚为大观"。① 民国初年,社团众多,政党林立,为了宣传自己的主张,维护自身的利益,纷纷办报。

从总体上来说,从 1815 年中国第一份中文报刊的创刊到 1915 年《青年杂志》的出版 100 年间,中国大陆和海外总共出版了近 2000 种中文报刊。② 中国近代报刊的发展与中国近代史的发展线索是一致的,是一个在政治、经济、文化等各个方面变化多端,不断调试的发展过程。

丁国瑞趁着中国社会报刊发展的大环境,大力发表言论,创办刊物。可以说,清末民初中国社会报刊发展的大趋势,为丁国瑞发表言论,创办刊物提供了一个良好的社会大环境。

二、近代回族报刊初露端倪

近代回族报刊兴起于清末。早在回族人士办报、办刊之前,一些关于回族和回族社会的报道和回族人所撰写的文论等,就已经开始在其他报刊上刊载了。比如,1898 年《新闻报》所刊的题为《各行其是》的消息,就是介绍河北保定清真寺的事情。③ 根据资料记载,丁国瑞早在 1897 年开始就在京城各大报纸刊登演说,而丁宝臣,早在其行医的 1905 年就在相关报纸上发表过不少文章。

应当指出由于中国特殊的历史状况,清末民初内忧外患的加剧,变法维新、庚子之乱、辛亥革命的酝酿与爆发等,使中国社会进入了一个动荡的变革时期。中华民族面临严重的民族危机,回族作为其中的一分子,中国穆斯林社会也不可避免地感受到了生死存亡

---

① 戈公振.中国报学史.北京:中国新闻出版社,1985,147
② 姚琦.民初创办报刊热潮评析.社会科学研究,1996,(6)
③ 张巨龄.清末民初的回族报刊和丁宝臣等五大报人.云梦学刊,2006,(5)

的考验,认识到了中华民族的兴衰与回族社会的生存有着相同的危机感。振兴伊斯兰教,救族救国就成了众多先进回族知识分子的共同愿望。同所有的民族一样,回族人民在社会大变革的情况下,也需要通过舆论媒体来唤起本民族人民求生存、求振兴、求发展的意识。回族社会涌现了不少的优秀知识分子,其中一些有识之士开始创办报刊,回族报刊开始兴起,他们在为本民族和整个中华民族的新闻事业做出过不可磨灭的贡献。其中以国内回族人士丁宝臣创办的《正宗爱国报》和留学日本的回族青年学生发起组织的"留东清真教育会"创办的《醒回篇》最具有典型意义。丁宝臣创办的《正宗爱国报》不仅是回族创办的最早的报刊,而且也是我国最早的现代白话报刊之一。"留东清真教育会"创办的《醒回篇》,虽然出了一期,但是具有很强的启蒙主义色彩,被誉为"吹响了近代回民思想文化的号角"。① 近代回族报刊的兴起,发出民族之音,开启了近代回族社会办报的先河。

(一)回族人创办的第一份报刊——《正宗爱国报》

1906 年 11 月 16 日(光绪三十二年农历十月初一),丁宝臣在王子贞、杨曼青等支持下,创办的第一份白话文报纸——《正宗爱国报》在北平问世,是清末民初出现的第一份综合性日报。

该报以唤起人们"合四万万人为一心","让黄脸面,黑头发"的中国各族人民"痛痒相关,爱国如命,保卫中华……万万年"为宗旨,并将"尚实"、"提倡公益"、"劝学"、"劝工"等四件事,列为办报的"六大主意"中的重要内容。《正宗爱国报》是迄今为止,我们所能见到的近代最早由回族人主持的报纸,它出版近 7 年,达 2363 期,每日发行最多至 4 万份,是当时继《京话日报》停刊后,影响最大,所

---

①周传斌.庞士谦阿訇和他的时代.回族文学,2007,(4)

办时间最长的报章之一。①

1913年后,该报加强了揭露时弊、抨击袁世凯政权的腐朽和日趋不得人心状况的力度。同年7月26日,该报刊出关于警察、士兵与议员生活及相应工资对比的"时评",被袁政府找到借口,于7月28日责令停刊,8月1日将"总理"丁宝臣逮捕,罪以"惑乱军心,收受乱党资助"等名目,于8月19日晨,将其杀害,该报亦就此终刊。

(二)回族青年学生创办的海外第一份报刊——《醒回篇》

光绪三十三(1907)年,国内十四省留学日本的36名回族青年学生,发起组织"留东清真教育会"。翌年,留东清真教育会在日本东京出版了回族历史上第一份海外刊物——《醒回篇》。《醒回篇》虽出版了一期,但是它集中反映了清末回族知识分子的进步思想。这些进步思想主要体现在以下四个方面:首先,论述回族与爱国的关系;第二,提出宗教改良思想;第三,提出宗教改良的方法;第四、倡导普及教育。

《醒回篇》是当时一些回族民主资产阶级知识分子在国家衰弱,民族落后的状况下,为振兴图强而创办的一份刊物。虽然它仅仅出版一期,但它与《正宗爱国报》一起,"在近代回族思想文化的原野上燃起了第一堆篝火"。② 由此,回族报刊的发展拉开了帷幕。

从以上两份报刊的创办及内容分析,在清末民初这个特定的历史时期,回族社会的思想意识发生了巨大的变化,振兴宗教、发展教育成了这个民族的历史主旋律。回族社会在变革的时代增加了新的内容,回族报刊的兴起,也是历史的必然。丁国瑞正是借着回族报刊初露端倪的大好势头,在其弟丁宝臣的影响下,开始创办报纸。

---

①张巨龄.绿苑钩沉:张巨龄回族史论选.北京:民族出版社,2001,276
②马通.回族近现代史研究.兰州:甘肃人民出版社,1992,120

三、特殊区域环境的影响

当时的京津地区是全国的政治、经济、文化中心。民族意识的最初觉醒也是出现在京津地区，少数知识分子的觉醒，成了这个民族觉醒的向导，在社会发展史上具有划时代的意义。时势造英雄。丁国瑞就是在这种特定时代潮流的冲击和新的社会风气的熏染下成长起来的典型回族人物。丁国瑞怀着"真理救国"、"教育救国"、"实业救国"、"改良风气"、"拯困救贫"的热情，积极参加到中国早期的新闻事业。从1897年始，丁国瑞开始在各大报刊发表演说，倡导白话办报，开启民智；于1907年创办《竹园白话报》，抑恶扬善，为民请命。

根据笔者对近代回族报刊的整理，可知《竹园白话报》(1907.8—1908.10)是继丁宝臣的《正宗爱国报》(1906.1—1913)和张兆麟的《醒时汇报》(1907.4—1908.6)之后，回族社会第三份重要报刊，其是回族创办的早期报刊之一，也是我国最早的现代白话报刊之一。

19世纪20世纪初的回族社会同所有的民族一样，在长期的封建专制制度的压迫下，回族人民受到了更加残酷的政治压迫，经济上更加贫困，文化也更加落后。丁国瑞认识到要唤起回族人民求生存、求振兴、求发展，报刊这种媒介是很合适的工具。

以上，我们从近代中国报刊的发展、回族报刊的兴起、回族社会的觉醒，以及京津独特的历史文化环境来对丁国瑞办报背景进行了分析。可以肯定地说，丁国瑞办报活动是在回族社会内外部环境影响下进行的。

第二节　办报思想的主要内容

纵观丁国瑞的办报思想，其白话办报、为民办报，言论自由办报思想具有许多独特之处，深刻地影响了当时的社会，值得我们深入探讨。尤其是其白话办报思想影响深远,时人评价其白话演说:"真能使懒人振精神,促使风气打开,社会默收其益处。草茅下士之中,也就算难得的很了。"①

一、白话办报思想

倡导白话,开启民智是丁国瑞白话办报的重要思想。白话文是一种简洁、方便表达思想的语言工具,可以使文章变得通俗易懂。白话文作为一种新的媒介,可以促进报刊更加贴近民众。丁国瑞久居京津两地,谙熟京津的逸闻掌故、风土人情。其采用白话演说,展现了一幅清末民初京津的社会历史画卷,为研究近代中国社会的发展变革留下可贵的资料。

丁国瑞本是北京人,自到天津以来,无一时不关心大众的公益。当时正值中日停战,"大江以北,尚无新闻报纸,所得见者,只《上海申报》,然亦多由包裹物件及旧纸摊上得来。北京只有黄皮《京报》……所纪者宫门抄,上谕奏章折子而已,无敢谈时事者"。② 丁国瑞得出"中国救贫图强,非由助销土货,以白话报纸开通民智不可"③的结论。当时,在天津就有一种《直报》,那时丁国瑞就终日与友人闲谈。他常说:"开导下等社会,非用白话报纸不可,非出白话告示不可。"④当时的中国文人,多"以附和时尚为宗,以广奥精深事务,不审利害,不顾是非"。⑤ 这种封建凝固、僵化的文章风格脱离现实,无法适应社会生活的需要。丁国瑞一改这种文风,采用"分段落、分节目,另起行法,使阅者醒目而神不倦"。⑥

①龙泽序.竹园丛话(第1集),12
②丁国瑞.竹园劝善白话并序.竹园丛话(第16集),64—70
③丁国瑞.竹园劝善白话并序.竹园丛话(第16集),73
④贺词.刘峻堂、谭鹤情.恭贺竹园报第一周年纪念.竹园丛话(第17集),120—124
⑤丁国瑞.竹园劝善白话并序.竹园丛话(第16集),64—70
⑥王环如序.竹园丛话(第24集),7—8

丁国瑞生活的时代,白话文尚未通行。报刊所用多为文言文,在普通群众中影响不大。丁国瑞认识到有利于下层社会即妇人孺子的,就是白话报。而当时的天津,受庚子大创之后,民众逐渐觉醒,渐渐地知道看报的好处,报纸也出了多种,但是文言文报纸占多数。当时民众文化水平低,对于读书人或稍有学问的人来说,固然容易领会,而对于那些学问浅薄的,以及妇人孺子,不但不能浏览,即或有人给他讲讲,也是一件很难的事,这成了当时社会间的一个缺憾。他充分利用"文人多不屑看"的市民阶层语言,赋予它们以新的内容,使之为反帝反封建的政治内容服务。他的文章不拘一格,只求明白清楚。以通俗的文字,犀利的言辞指陈时弊,向人民群众宣传救国救民的真理,"久为社会所欢迎"[1]。

丁国瑞认为,读文言必通"文理",而白话则"妇女小孩不论粗细人,一听就懂",对于"开通下等社会","以及教诲子女,仍以白话为宜"。特别是在"识字的太少"的中国,"白话报词浅意显,大为启蒙通俗之利器"。[2] 本着"开通民智"的宗旨,竹园大力提倡白话。他的文章一反当时"文言论说皆长篇一片"的文风,采用当时市民阶层语言,朴实无华,吸引了读者。他的白话演说当年在京津一带颇有影响,他本人也被称为"白话名家"。[3]

1907 年,他在天津"报纸虽有数种,而白话报尚付阙如"的情况下,为"广开风气,增益民智起见",[4]开始自办《竹园白话报》。这份报纸作为"人民的口舌",对社会各阶层人民的生活、苦难和斗争做了大量报道,对帝国主义、封建政府和一切腐朽反动势力大胆攻击。丁国瑞主张报纸文字的通俗性,是与其唤醒民众之目的相一致的。

①刘序.竹园丛话(第 24 集),6-7
②丁国瑞.说白话报的好处.竹园丛话(第 23 集),53
③王环如序.竹园丛话(第 24 集),7-8
④丁国瑞.说白话报的好处.竹园丛话(第 23 集),54

他的报纸栏目丰富,文章浅显易懂引人入胜,具有鲜明的时代特色,使读者耳目一新,加强了报纸的宣传力量。

其中在《白话文的好处》一文中丁国瑞谈到:"报纸的好处,真是说不尽……我们中国人识字的太少。现在正打算办理地方自治,又要进行预备立宪,又要普及教育,推广女学。这些事情,全仗着报纸作向导,开通下等社会,以及教诲子女,仍以白话最为适宜。"①丁国瑞希望通过白话报宣传,可以让人们明白时局,传播信息。在他看来白话报有着较大的传播市场。首先,识字不多的人能看懂;其次,识字的人可以读给不识字的人听懂;最后,看报是一件大有益处的事情,可以长见识,长学问,长品格。由此可见,丁国瑞办报的目的和动机,是出于公益、良心、责任心,而并无他图。

值得注意的是,在《竹园白话报》一百号纪念中,友人杨锦波和墨幼成先生在祝贺词中讲到:"西人常说,欲观一国文明的程度,须看他报纸的多少。报纸多,人必文明,这话一点也不错。目下,日本国拉人力车的,全都看报,莫怪人家全都明白外事呢。我们中国人,识字的太少,而今开通民智,提倡公益,通隔膜、去蒙蔽,全仗着报纸呢!也不至于是《竹园白话报》,只要是有益社会的好报纸,我们就盼望他出到一万号万万号。"②由此可见,丁国瑞倡导的白话办报思想,的确顺应了社会历史的发展,在当时的社会中产生了积极的影响。

二、为民办报思想

丁国瑞是在中国伊斯兰文化背景下成长起来的回族先进知识分子,同时也是在中国传统文化下成长起来的优秀知识分子。"为天地立心,为生民立命,为往圣继绝学,为万世开太平"传统文人独

---

① 丁国瑞.说白话报的好处.竹园丛话(第 23 集),55
② 贺词.杨锦波、墨幼臣.贺贺竹园报第一百号.竹园丛话(第 17 集),116-120

特的忧国忧民意识同样在丁国瑞身上得到了彰显。其在伊斯兰文化和儒家文化的熏陶下,对国家和民族怀有极为浓厚的历史责任感。他主张用白话文来做演说,表达自己的主张,唤醒大众。"以笔为旗,唤醒民众"是他的人生理想,"位卑未敢忘忧国"的政治意识促使他对于社会民生予以很多关注。作为一个有良知的知识分子,应该承担起唤醒民众,开启民智的历史使命。丁国瑞站在劳苦大众的立场上,体察民情,替民请命,在其办报理念中渗透着深刻的为民办报思想。

从《报纸是无形的议院》这则资料当中,我们也可以看出,长期以来的封建专制统治造成的言论禁锢,深深地影响了近代中国社会的发展,为了开启民智,传达民声,丁国瑞决定以报刊为媒介,创办刊物。

清末预备立宪中,清政府有一条"冠冕堂皇"的规定是"庶政公诸舆论"。很显然,在丁国瑞看来,"庶政公诸舆论",不过是一句空话!中国历代以来的专制制度,使中国形成了"历来不许士民议论朝政,士民亦都不干预国事为守本分",所以中国民众虽多,但是有国家思想的却不多见。这样长期以来,造成了"一来二去,弄得朝是朝,国是国,官是官,民是民,各不相谋,不相护,空是地大物博人民众多,受辱受欺,人人不为耻。"[1]

晚清封建统治的腐朽,没落帝国的统治出现了诸多的危机。辛亥革命前,他抨击当时封建专制,尖锐地指出:"全球最不公平的事情,莫过于中国的政治……天下最惨最苦的境遇,莫过于专制国的国民……遍地是饥民,到处生计窄,省省捐税重,省省冗员多。……好比无数的炸药地雷,散发于二十二省的地面上。"[2]

---

①丁国瑞.报纸是无形的议院.竹园白话报,光绪三十四年九月十一日
②马寿千.辛亥革命时期回族人民的革命斗争.民族研究,1981,(5)

在这种高压残酷统治下,在国人看来庶政公诸舆论,是徒有其名的事情,丁国瑞写道:"不但国民没有护卫,政府也觉着势力单薄哇!国民没主脑,政府缺手足。在上位的忧愁没人才,在下位的愤恨不见用,情意不联,音问不通。君与臣不常见面,上司与属员不常见面,官与士民不常见面,又没有议院。"所以说"庶政公诸舆论",是无从谈起的谎言。就算"准士民上书言事,不定过几层门,费多少周折,交部议、交馆议,不定议个什么批语,还不定真议不真议,碰巧把条陈禀帖给他向旁处一搁,付之不论不议"。① 丁国瑞认为,在晚清没落的统治之下,就算果真实行议会制,人民大众有了言论议事权,但是"庶政公诸舆论"的实现依然受到以下两个方面的影响。

首先,长期以来的专制统治积弊太深。长达两千多年的封建专制集权思想,在中国根深蒂固,积弊太深。就算真正实行了议会制,对于权力阶层来说,也是很难实行的事情。"假慎重,巧推辞",办事效率低下,而且有些是无法实行的。同时,长期以来的封建等级制度对民众的压迫太深,民众的奴性太强,没有独立的人格。大多数国民"望风的习气又太深,遇事迎合迁就,以不抗上为保全富贵的妙诀。狡黠的媚上求荣,谨愿的退避免祸"。这样看来,就算将来实行议会制,而中国的议院,必然是有名无实。其次,中国民众的民主意识太低。中国民众深受封建专制的影响,长期的压抑,民众没有养成民主意识、参政意识。在丁国瑞看来是:"人民程度太低,公德太薄。一有言论权,假公济私的必免不了,胡搅瞎捣乱的必然更多。一句话不投机,就许打起来,有益于国的事,丝毫没办,终日的津打嘴架吧!"②通过对中国的专制文化传统的分析和民众素质的剖析,丁国瑞认为即使在中国有着形式上的议会制,但是依然是专制统

①丁国瑞.报纸是无形的议院.竹园白话报,光绪三十四年九月十一日
②同上

治。所以,丁国瑞另辟蹊径,认为民众真正的自由只有在报刊中才有,其把报刊比喻为无形的议院,是民众发表言论的地方。

据丁国瑞看,报纸有着极强的自由度。丁国瑞讲到:"不怕他假公济私,也不怕胡搅瞎捣乱,是是非非,众人一看便知,不怕议不准,也不怕不开议,有主意自管出,有话自管说,登在报上,爱照办不照办。遇上有心的,就须采择实行。日久天长,风气大开,公论畅行,谁要打算压住,万也压不住了,打算遏制,也遏制不住了。"①报纸虽然不是真正的议院,但是其有言论自由权,有一定意义上的议事权。丁国瑞把自己创办《竹园白话报》作为一个开端,作为公共言论的平台和为民说话的地方。丁国瑞希望社会大众关心《竹园白话报》,大胆发表与社会国家有益的事情,对其中的是是非非进行详加评论。丁国瑞鼓励民众把"敝报作为社会间公共的机关,众位也要爱护维持这个公共的机关,咱们大家聚精会神的,谋划公共的利益,但求国民的程度日进文明,国势必然日见稳固,敝报也就日见发达了"。②

由于清末民初的中国社会发展极其不稳定,所以各个行业的发展存在很强的波动性。而对于报刊业来说,正如丁国瑞所言:"报纸历来没有得利的,只求少赔,就是万幸。"但是丁国瑞办报的初衷,如他所述:"况且鄙人办报的初心,就是认头赔钱受累,而且还是越累越有精神,越累越乐。然而鄙人的期望,可是要把本报推广的远近普及,使大家均有了言论权,使社会间受了公共应得的利益。情势联络,上下大通,这是鄙人的夙愿,想热心大局的诸君子,亦必都以为然吧!"③

由此可见,丁国瑞是抱着满腔的热情,以开通民智,为民请命的

①丁国瑞.报纸是无形的议院.竹园白话报,光绪三十四年九月十一日
②同上
③同上

初衷开始办报的,在其中深刻地体现了其为民办报思想。这在一个深受皇权影响的封建专制统治下的社会,把民众放在了受益的主流位置,有利于提高民众的民主意识,也有利于培养民众的公益意识,在当时的社会中推动了民众的觉醒。

三、言论自由办报思想

晚清帝国虽然是没落的帝国,但是对内的控制却从来没有放松,伴随着报刊业发展的势头,清政府开始规范报业市场,制定相应报律来压制舆论自由,例如其中有一条就是规定开办报馆需要缴纳三百块钱的押金。这在当时的报业界引起了强烈的反响,不少人针对报律问题争相讨论,争取言论自由。丁国瑞是一个报人,针对清廷的这一举措,主张自由办报,并在《论中国定报律》一文中进行了详尽的论述。

丁国瑞明确指出,清政府是在:"尽当报纸萌芽的时候,忽用报律,压制舆论。就好比刚会说话的婴儿,一开口儿,就挨个嘴巴,这一下子就给打哑巴了。"[①]按他的说法来看,如果政府制定报律,就好比封住了社会的喉舌,这样民众就没有了言论自由权,民智就无法开启,社会就很难发达。所以丁国瑞的立场是:"中国此时订报律,未免太早!"[②]

按照常理而言,没有规矩不成方圆。凡事应当有个规矩,所以满清朝政府制定报律,也不是出奇特别的举动。一般而言,有报纸的国家都有报律,只是丁国瑞认为在中国当时制定报律时机还不成熟。在他看来,因为满清朝政府所站的立场与各国所站的立场不同,就算是勉强把报律制定出来,也是流弊滋多,反不如没有报律的时候平安。丁国瑞为了倡导其办报自由思想,主要从以下两个方面

①丁国瑞.论中国定报律.竹园白话报,光绪三十三年十二月十九日
②丁国瑞.报纸是无形的议院.竹园白话报,光绪三十四年九月十一日

进行论述。

（一）报纸有利于开启民智，促进社会进步

报纸对于国家社会，犹如魂魄、耳目、口舌，起着至关重要的作用。如果没了报纸，社会也就进入了没有生机和活力的时代。故此西方发达国家都十分重视报刊的发展。西方国家认为欲瞻一国之强弱，须在报纸上调查，报纸多则国强，反是则国弱，人们对西方的报刊舆论自由有着强烈的认同感。当时，人们认识到："泰西各国，每馆每日所出的报纸，大概不下数万份，至数十万份，人家够多么开通。国内所行的政治，全国人民没有不知道的，好否大家必得研究研究。认为这是报纸的效力吗？要是没有报纸鼓励，全国的人民，未必那么明白吧！"①再拿中国与西方相比较，是天地悬殊。中国报纸既少，看报的人更少。所以国内的政事，置若罔闻，对于爱国保种，"国家兴亡，匹夫有责"，国破家亡等等种种言语，国民没有觉醒。所以在当下，如果压制舆论，那么国民就没有觉醒的意识。

当时的中国社会处于列强瓜分的危局，这个时候不适合限制报刊舆论自由权。丁国瑞讲到："目下就好比几双大肥羊，被饿虎图上了一样，必须集群策，才能抵制的住外人！"②但是民众的文化素质水平低下，"人民识字的十不得三，中外的大局简直不懂。什么叫忠君爱国呀？什么叫保种合众哪？什么叫农工商战哪？漫说做不到，连听都没听说过"。他进而指出，"所幸，近十几年来，海内的志士，知道我们中国的大在上下相蒙，隔阂不通。瘸子不能跟骑马的赛跑，聋子瞎子不能跟有耳目的赛聪明，于是组织报馆，以开通民智自任，各报纸的宗旨内容，固然是瑕瑜互见，然而总比没报纸的时候强多喽。就按目下各报纸所见的效验说吧，开民智、伸民怨，维持公

①丁国瑞.论中国定报律.竹园白话报，光绪三十三年十二月十九日
②同上

益,代达下情,一纸风传,千百人当天就全知道了。"就连法国拿破仑都说过:"一报纸之力,胜过三千杆毛瑟枪呢!"所以,丁国瑞告诫政府:"果然视国事如己事,视百姓如子弟手足,正当爱护报馆,维持报馆,纵着教他说,以鼓舞国民的真精神,扫除尽全国的黑云毒雾,使苍生重睹光天。"①

报纸的一大重要特征就是言论自由,所以有些报纸,难免有痛愤时事的报道。在丁国瑞的眼中,就是有些报纸报道固然是有失真的时候,当政者应该不予管制。丁国瑞建议当局,希望通过优胜劣汰方法,时间久了,报纸自然就朝良性的方向发展了。从另外一个角度来说,报纸本身就有舆论监督的作用,应该允许言论自由。

中国当时的国情是,"内乱未平,外患迭起,国势衰弱,民不聊生"。当政者就是有"绝顶的聪明,极大的魄力,也断不能以一二人的心思才力,挽回大局的。况且上下相猜,满汉相忌,外人既不容情,本国人又不原谅"。所以他建议,当政者此时应该想法子聚拢民心,利用本国的报纸作为救国的利器。在他看来,如果当政者能够"上下同心同德,诚挚相感,人非木石,全有心肝,做报焉能丧心病狂,故意的破坏祖国呢"?② 丁国瑞又说道,况且在当时看报的人,对于报馆的感情要比对于官场的感情亲热的多,政府如果硬要钳制舆论,制定报律,那么必然伤害读报者的感情。这样,执政者就是甘冒不韪,把自己先立于国民的公敌之地,"人心日离,外患日逼",将会引起"祸起萧墙"的变革。

(二)钳制办报自由将带来危害

丁国瑞认为,按照常理来讲,报律应当制定,可惜中国执政者所站的立场与各国不同,所以在中国报律不宜早定。如果硬是要定报

①丁国瑞.论中国定报律.竹园白话报,光绪三十三年十二月十九日
②同上

律,那么流弊滋多,后患就更大。丁国瑞从反面来论说制定报律对言论自由的危害,主要是有以下几个方面的原因:

首先,各报馆必定不交押款,一律移入租界,归各国领事馆保护之下。其次,报馆既入租界,必添入外国人的资本。第三,报馆不为华官权力所及,各报纸放言无忌,比从前尤甚。第四,华官不能封租界里的报馆,又丢钱又丢人。所以,丁国瑞看来,有报律必比没报律的时候更不平安了。第六,如果报馆不移入租界,那就必然赌气停版关门。社会间,没了报纸,就成了黑暗世界了。东西文明各国,全都以报纸的多少,定人民程度的高下的国际形势下——西方认为报纸多得,国必强,人民必有智慧。今要制定报律,把各报馆全压勒的停版关门,这是违背民人意愿的事情。第六,报馆即或不移入租界,也不停版,谨遵官命,成了政府的口舌,连一句辨别是非的话也不说,必致人格越来越低,风气越来越锢蔽。

总而言之,丁国瑞从正反两个角度,来强调报刊要有舆论自由权,要求政府允许民众自由办报,认为当政者应该放宽度量,抛开功名利禄。丁国瑞呼吁:"中国是中国人的中国,应当联合中国人,共保中国土,顾全大局,才算纯正无私的大英雄呢……中国应当放开报律,政府与报馆一致同心同德,让中国人开的报馆,全是强中国人的利器。"[①]

第三节 关于办报和报馆的认识

一、关于如何办报的认识

丁国瑞倡导"报纸是强国的利器,是社会的前导,是人民的口

---

①丁国瑞.论中国定报律.竹园白话报,光绪三十三年十二月十九日

舌,好处说不尽。……凡是热心公益的人,都想要出一份报纸,发挥发挥。"①然而,因为办报受累的人也越来越多,大多数人抱着满腔的热情,花费大堆的金钱,最后却落了赔钱停版的下场。

丁国瑞认为:"报纸是无形的议院,是个通隔阂去蒙蔽的好机关;报纸胜过毛瑟枪,是个开民智,振国势的好利器,报纸的关系极重。"②报纸虽然可以很好的推动社会的发展,催进民众的觉醒,但是需要说明的是:"作报的技术,可是极难。"丁国瑞在《作报难》中对如何办好报纸作了论述。丁国瑞认为,主要有以下几个方面需要注意:

首先,报纸要有自己独立的宗旨。丁国瑞讲到:"报纸是文字做成的,可是由于作文不同,作报既要不离题,可又不能拘定了一个题,报纸要有自己一定的宗旨。可是,宗旨不能拘泥板滞,还要适合社会大众的眼光。"③

其次,报纸要适合大众的需求。丁国瑞还讲到:"作报要适合大众的口味。作报就好比炒菜,众口难调,但是要努力选择大众喜欢的做。一张报纸,千百人全要看,也要努力适合大众意。"④

还有,要注意报纸内容的深浅。丁国瑞又讲到:"对于同一件事情,说深了,程度浅的看不懂;说浅了,程度高的不如目。作报的,要把深学问说浅了,即使程度浅的听着明白,还要使程度高的看着点头。"⑤

第四,报纸要注重读者的文化程度。丁国瑞说:"对于文化程度比较低的人来说,既要注意报纸是开通民智的而设,又不能随着往

①丁国瑞.办报之难易.正宗爱国报,民国元年十月二十九日
②丁国瑞.作报难.竹园丛话(第14集),76
③丁国瑞.作报难.竹园丛话(第14集),79
④丁国瑞.作报难.竹园丛话(第14集),77
⑤丁国瑞.作报难.竹园丛话(第14集),78

低处作,还要注重报纸的销量。对于文化程度高的人来说,比文化程度低的人更不好办,各有所好,还要注意报纸的语言,所以报纸更难办。"①

第五,报纸具有时效性。丁国瑞又说道:"对于报道的内容来说具有很强的时效性,报纸需要又快又好。一份报纸,从起稿到刊发,时限仓促,要求既要好,又要快,还要新,还要圆,这也是报纸难办的原因。"②

第六,报纸内容要求推陈出新。丁国瑞认识到报纸的内容,犹如时间一样,每天都是新的一天,报纸的内容也要求一天一个样。"就算何等至理名言,也不能天天按住一句说。所以,办报常常需要搜肠枯肚,保证报纸内容新颖,吸引大众。"③

第七,报纸的立言难。丁国瑞讲到:"立言太和平,看报的不痛快;立言太激烈,难免得罪人。事情有宜明说的,有宜暗说的,有不说而说的,有说不如不说的,煞费斟酌,要出之于慎重。"④

综上所述,丁国瑞从各方面较为系统全面地论述了办报的方法和应该注意的问题,在今天看来也不啻为一个较为全面系统的建议。

二、关于开设报馆的认识

近代社会,北京由于其特殊的地理历史文化环境,"北京无论上中下等人,十位总有八九位看报,而且还专门看论说演说,及报中各种要紧的事情,故此北京的各种好报纸是极其畅行。而天津和北京相比就差远了,十位有八位不看报,即或看报,也是大多看戏报子与花业。看完这两样内容,其余的连看都不看了。故此,天津的报纸

①丁国瑞.作报难.竹园丛话(第14集),78
②丁国瑞.作报难.竹园丛话(第14集),79
③丁国瑞.作报难.竹园丛话(第14集),80
④丁国瑞.作报难.竹园丛话(第14集),81

没有论说演说全可以。"①

面对当时北京和天津两地的迥然不同情况,丁国瑞认为报纸有益于社会,应该设法引导人们多看报纸,开通知识,激发公德,渐渐地使人们得到报刊的益处。由此,丁国瑞认为开报馆是一个重要机会。进而指出:"报馆的好处,是聚千万人的心思耳目于一处,最是合众保种的一件好兵器。目下,各报馆,虽不是咱们中国政府的权力所及,然而,公道尚在,凡可以强中国的议论计策,都可以彼此讨论折衷。"②在他看来,报馆虽然不能把中国说强,然而如果能够实心实力地照着办理,也能把报上空谈的事情变成实事。丁国瑞在《报馆四害五利说》中对开设报馆的益处和弊端进行了深刻的剖析。在他看来:"凡事有利必有害,有害必有利,不过有公私轻重之分。而报馆就是一件对公众有利,而与自己有害的一件事业。"③

首先,有利于交流消息。读报是坐在屋里不出门,便知道天下的事情。他进而指出报纸虽然未必尽详尽确,但是究竟比从前没有报纸的时候,消息灵通的多。无论官商士庶,每月只费几毛钱,即享得此种利益。若是没有报纸,您特立一处探访处,每月花费千金,亦未必有看报灵通吧!

第二,有利于开通智慧。在他的心中无论何等的报纸,无论述旧编新,反正能使看报人的智慧,有增无减,即或看报的是一位饱学,亦有未经的事情,未听过的学问。中下社会,更不用说了。看报每月只花费几毛钱,真比花钱十元冬修,专请一位教员强。

第三,有利于传达民隐。丁国瑞讲到百姓的疾苦,市面的情伪,凡无处申诉,无法陈说的事情,报纸皆可代达。若论效力,真比自诉

---

①丁国瑞.报馆四害五利说.天津竹园报,光绪三十四年十二月十一日
②同上
③同上

自陈的还有效。

第四,有利于维持公益。丁国瑞明确指出,公益事业向来依赖的是群策群力,如果没有报纸之鼓吹传播,实在不易联合。故此,报纸一物,实在是维持公益的好利器。有报纸,不显报纸的功效;没报纸,可就觉出缺手不便来了。

以上是报馆之四利,这纯是公众之利,并非办报人一己之私利。相对而言,报馆之五害,是纯聚于办报人一身的事情。

第一,劳心。天下没有不劳心的事情,唯独作报的劳心,与众不同。作报的劳心,是一年到头不能歇息,办报人每天要撰稿、排版、校对、成版审查、回读者来函等诸多事宜。有时候,连休息吃饭的时间也没有,劳累无法言说。

第二,伤财。报馆是公益的事业,绝不是谋利的营生。外行人认为报馆是名利兼收的买卖。其实,凡办报得利的,必定是赶上了好机会,遇上了好年头,还得在两三年之后。如果确有把握的,是极少数,是十无二三。办报是每天受劳苦,投资本,仍不过是拿着钱当苦力。

第三,担险。当局统治下,报律森严,报纸不能不力守和平。丁国瑞讲到:"然当说则说,实有不能尽守的和平,纪载论断,偶一疏神,立刻就误踏法纲,抛父母,弃妻子,财产付之东流。利益大家沾,其罪一人当。"①

第四,业怨。报纸本身的实效性,使报纸不能有褒无贬,不能有誉无毁。就算不必有意攻击,设心诬谤,按平平常常的纪载,也会带来麻烦。当时就有"销报一千,仇人八百;出报三年,狗憎人嫌"的说法,由此可见,报纸是最易招怨的行业。

第五,找妒。中国人有"气人有,笑人无","同行是冤家"的习

①丁国瑞.报馆四害五利说.天津竹园报,光绪三十四年十二月十一日

惯。丁国瑞以前没有开报馆的时候,大多帮着报馆撰写文章,每月在报刊上义务发表十几篇演说。当他开办报馆一年后,报馆的发展很好,就受到了人们的嫉妒。令他感到了世道之险,人情之薄。自己认为:"平日处事,向以谨慎和平为宗旨,待人以谦恭和恕为宗旨。世人不能吃的亏,鄙人都能吃。然于意想不到之处,尚遭此等嫉妒排陷。"看来报馆就是一件"败则贻讥,成则招妒"的事情。

综上所述,在丁国瑞看来创办报馆是一件"危险之事业,能尽心于四利,而不惧怕无害者,其报必易发达,然终必致以被祸而结局;能尽心于四利,而深惧五害者,其报必难发达,而结局或不致太坏。"但是作为一个有责任的国民,丁国瑞能够为国家民族利益着想,不顾个人利益的损失,30年如一日,笔耕不辍,发表演说,后来自己又亲自创办报刊,实是近代新闻界的优秀典范。

总而言之,丁国瑞关于办报的思想丰富,涉及办报的方方面面,是一个完整的理论和实践体系,有利于社会,有利于民众,起着极大的启蒙和引导作用。尤其是其主办的《竹园白话报》,语言通俗、文字简单,这与其唤醒民众之目的相一致。他的报纸栏目丰富,文章浅显易懂,引人入胜,具有鲜明的时代特色,使读者耳目一新,加强了报纸的宣传力量。尤其是其提倡白话办报的思想,在近代新闻发展史上有着重要的先导意义。如果说"五四"文学革命和白话文运动使"白话取代了僵化的文言已成事情",①那么世纪末和世纪初对白话的提倡及白话文"由渐而兴"的历史则是白话文发展的一个重要阶段。正如"五四"以后胡适在他的《白话文学史·引子》中所说的那样"白话文学不是这三四年来几个人凭空捏造出来的,我要大家知道白话文学是有历史的,是有很长很光荣的历史的。……若不

---

①唐弢主编.中国现代文学史简编.北京:人民文学出版社,2006,34

是历史进化的结果,这几年来的运动绝不会有那样的容易,决不能在那么短的时期内变成一种全国的运动,决不能在三五年内引起那么多人的响应与赞助"。① 丁国瑞为提倡和使用白话文所做的努力是值得肯定的。应该说,丁国瑞也是新文化运动中提倡白话文的先驱者之一。由此可见,丁国瑞办报思想中的白话办报思想引导了当时语言革命的方向,为近代白话文的兴起做出了积极的贡献。

第四节 办报思想的实践

报刊是一个现代概念,是随着资本主义现代化的进程而产生的传播媒介。随着社会交通网络的发展,大众传播媒介在一个国家的现代化的宣传过程中,是能够发挥巨大作用的。报刊与社会意识和社会发展进程,特别是思想观念的转变进程有着密不可分的关系。报刊以其丰富的内容性、多元的思想性、大众的传播性、强烈的时代性,很快就适应了中国近代社会的需求。广大知识分子把报刊作为推动中国社会历史前进的有力杠杆,纷纷创办刊物,发表言论。

丁国瑞不仅作为良医"以医济世",而且还是杰出的报人,"以笔为旗,以言济世"。② 作为世纪之交的中国社会先进知识分子,目击清朝的腐朽,辛亥革命胜利的昙花一现,北洋军阀的黑暗统治,以及帝国主义对中国瓜分豆剖的危机态势形成,爱国思想深深地觉醒。同时,多年的行医生涯,又使他能广泛地接触社会各阶层,特别是中下层劳动人民的生活现实,使他以知识分子特有的忧患意识,办报立说,抨击时政,提出种种社会革命或社会改良措施,以期唤醒民众共同改造社会,践行着自己的办报思想。

---

①胡适.白话文学史.北京:百花文艺出版社,2002,3
②白寿彝.回族人物志(近代).银川:宁夏人民出版社,1997,1684–1685

一、撰文立说

据记载,从1897年起丁国瑞就开始为京津各大报刊撰写文章,发表于各家报纸。丁国瑞30年笔耕不辍,发表文章千百篇。根据已有资料,经笔者初步统计,他曾先后撰文于《民兴报》、《新天津》、《北京正宗爱国报》、《敝帚千金录》、《社会教育星期报》、《天津益世晚报》、《天津直报》、《中外实报》、《商报》、《直报大公报》、《立达星期报》、《天津商报》、《上海时报》、《大公报》、《白话晨报》、《新天津报》、《顺天时报》、《天津白话晨报》、《北京立达星期报》、《益世晚报》等20种刊物,发表言论。

根据笔者整理,丁国瑞在发表演说的时候,采用了大量不同的笔名,通过不同的笔名表达着不同的思想。通过对《竹园丛话》和《正宗爱国报》的整理,初步确认丁国瑞曾用到过如下笔名:竹园、默民、公仆、顽固、共和国民、乐天、乐观、李醒村、冷眼、慈航、穆思霖、悲时、铁园、杞忧生、顽民、关化政、白丁、顽固生、医稳、热心冷眼人、麦来、率真、病夫、书痴、未能免俗人、倭、小学生、讨厌、怨府、铁竹、善治庵、侠佛、庞观卿、痘泣、穆纳民、冷顽民、贫民、报奴、顽石、穷乐、痴民、弱民、铁血、候补亡国奴、喻园、后村亡国奴、愤民、默民、莫敏、奇聋、盛世顽民、愤民、清真一份子、烧犀、无补生等总计62个笔名。

丁国瑞所用笔名,犹如一面反光镜,从其中我们也可一窥其面对如同走马灯一样的中国政治时局,在不同的时代、不同的地点,发表着不同的演说,表达着自己的办报思想。通过这些笔名,我们不仅可以看出丁国瑞是一个信仰坚定的穆斯林,而且可以看出其对国家命运前途的担忧,对民生疾苦的关注,对民族和国家的热爱,对世道的控诉等多种复杂情感,反映了其办报思想。在多种情感的交织中,勾画出一个充满激情与困顿的忧国忧民的先进知识分子。

二、创办刊物

丁国瑞在为各报撰稿的同时,更充分地认识到报纸的作用,践行着自己的办报理念。丁国瑞讲到："报纸是强国的利器,是社会的前导,是人民的口舌,好处说不尽。"①在西方国家认为"欲瞻一国之强弱,莫不以报纸为定衡"的时代,报纸在西方国家有着极高的地位。进入资本主义社会以来,报纸在西方有着监督社会的天职,国内的大事、所行的政治、进行的改革、实行的政策,都可以在报纸上自由探讨。而且政府也对报刊进行保护,以期报纸发达、舆论公开。

丁国瑞认识到了报纸在社会生活中的重要性,而且其白话演说在当时的社会中广为传播,深受大众喜欢。刘孟扬在《竹园丛话》赠序中说:"在当时子良先生所发表的演说,很得社会的欢迎,因为他的演说,或庄或谐,入情入理,所以人人爱看,报纸的销数,也因为有子良先生的演说,格外增加,就可以知道他的演说在当时的价值了。"②如前所述,曾在1907年,《正宗爱国报》辟专栏所选之亦庄亦谐的"竹园白话",甚至被"呈御览",而受到光绪之赞许。③

在其弟丁宝臣的影响下,1907年,丁国瑞辞去医药研究会的职务,为了大开民智,发表演说,决定亲自创办《竹园白话报》。这是天津第一张白话报,次年改为《天津竹园报》。丁国瑞在其出刊号中引用根据天津南段巡警总局的告示来作为其出刊号的创刊宗旨:"为出示晓谕事,现据医士丁国瑞禀称:窃维报纸辅教育之不逮,通上下之隔阂,而白话报词浅意显,尤为启蒙通俗之利器。查天津为水陆通商巨埠,人烟繁密,报纸虽有数种,而白话报尚付阙如。……近十年来,国瑞屡编有益世道人心之演说,名曰竹园白话,颇受社会欢迎,惜散登于各报,是以收效不广。今特出资设立竹园白话报馆,实为开通民气。"④这则告示系当初天津南段巡警对广大人民的告示。

①丁国瑞.办报之难易.竹园丛话(第18集),44
②刘孟扬序.竹园丛话(第24集),6-7
③张巨龄.绿苑钩沉:张巨龄回族史论选.北京:民族出版社,2001,257
④白寿彝.回族人物志(近代).银川:宁夏人民出版社,1997,1684-1685

丁国瑞创办的《竹园白话报》与其他报刊不同的是，丁国瑞引用官方的告示来表达自己的办报宗旨，从其当中我们可以看出丁国瑞的演说在当时的社会中已经很有影响了，引起了广大民众，乃至官府的重视，甚至官府看来也是一种利国利民的演说。

《竹园白话报》初始的销售并不乐观，每天所销售不过四五百张。当时天津流行的大多是"花业"和"戏报子"，而且"看报的十里有九位爱看花业与戏报子的"。①《竹园白话报》因为宗旨光明正大，与大多数看报人的眼光不合、意见相左，这是一个巨大的阻力。另外，当时天津的各报全是每月六角钱，而该报每月三角钱，这样送报人得的扣利小，未免懒怠，这又是其中的一个阻力。《竹园白话报》虽然篇章虽小，但所登的全是与国计民生相关的事实，可是看报的外行太多，"专认大张儿，不讲内容的好坏"，②这又是一个阻力。最后，加上报馆所处小伙巷——地势偏僻、交通不便，又是一个阻力。总而言之，《竹园白话报》初办的时候就处于一种艰难的困境，不得不吃亏，"夜间不能睡眠，还有陪出一大堆的钱去"。③ 这时，有人劝说他改变宗旨，改登"花业"，有人劝说他认赔停版。

《竹园白话报》出到三十号时，报馆挪至东马路，明显便于交通。再加上《竹园白话报》是一份抑恶扬善，充满民主爱国的报刊，有时评、论说以及寓言故事等佳作，逐步得到广大读者的喜爱，"随着报的精神也一天比一天的活泼增涨，报刊的宗旨也不断进步，外边看报的人，不知不觉地都喜欢上了《竹园白话报》"。④ 据统计，在保定、顺德、张家口，有专函订报，在天津、北京的销路也是日见增加。半年之后，日销售四五千份已经不成问题。随着办报的根基越来越

①丁国瑞.作报难.竹园丛话(第14集),76
②贺词.杨锦波.墨幼臣.贺贺竹园报第一百号.竹园丛话(第17集),116-120
③同上
④同上

坚固,看报的人也越来越多,受益的民众也越来越多。友人夸赞说:"《竹园白话报》的发展,就是社会的文明进步的信号。经过丁国瑞的坚韧耐劳,百折不回,《竹园白话报报》终于得到了发展。"①

一年之后,《竹园白话报》行销甚广,颇受海内外欢迎。刘峻堂和谭鹤情先生在一周年祝贺词中评论:"评价皆由于内容搜罗宏富,纪载精详,宗旨正大之所至。至于讥却处,由觉兴味浓深,雅趣横生,大约看此报的人,全都知道,绝非鄙人一己之私言……社会监督,政府诤友,浅言劝世,婆心苦口,天职已任,功不暇究,祝竹园报,与天地朽。"②

关于《竹园白话报》停刊的原因,具体不详,目前也没有见到相应的资料。

三、重版丛话

从 1897 年开始丁国瑞就在京津各大报刊发表演说,至 1927 年大革命失败隐退医界,长达 30 多年的时间里,据其自述:"陈言腐语……况投登各报之稿,不下千数百篇,多散佚无存。"③目前,根据张巨龄的不完全统计,丁国瑞在天津 35 年时间,仅在《竹园丛话》中收录的作品即达到 626 篇之多,有百万余言。④

时隔多年后,1924 年丁国瑞在友人的劝说下,由穆云谷先生为《竹园丛话》题名,由敬慎医社出版《竹园丛话》,总共 24 集。正如该书首页介绍:"《竹园丛话》乃丛集历年各报登过之竹园演说稿丛印成册者也。"⑤

该丛书主要由撰著和选录两部分组成,选取"有益于世道者,皆

---

①贺词.杨锦波、墨幼臣.贺贺竹园报第一百号.竹园丛话(第 17 集),116–120

②贺词.刘峻堂、谭鹤情.《恭贺竹园报第一周年纪念》.《竹园丛话》第 17 集,120–124

③说明.竹园丛话(第 24 集),19–20

④张巨龄.绿苑钩沉:张巨龄回族史论选.北京:民族出版社,2001,276

⑤说明.竹园丛话(第 24 集),19–20

转载之"，"著者当年下笔时，皆为救时而发"。① 如前所述，撰著包括演说、寓言、谐谈、卫生、杂俎，几乎涉及社会内容的各个全面，可以说包罗万象，有政治、经济、文化、教育、宗教、历史、艺术、卫生、民族、天文、地理、水利、交通、体育、伦理道德、社会风俗、日常生活知识等各个方面。这些资料是人们研究清末民初回族社会、乃至中国社会政治、经济、教育、外交、军事等各个方面的重要宝贵资料。刘趾云先生评价《竹园丛话》："传有之，言为心声，心音人情，出言则不外人情，心通世故，发言则洞明世故，一言一语，足以见心中之底蕴。盖经济出自学问，而德性蔚为文章，擅长文艺，必器识居先，而言语亦与德行并重，非有雄才卓识，不能发出经世之名言，救时之舆论。"②

丁国瑞的确是学识兼全、赋性和蔼、立志高尚的资产阶级知识分子。作为良医，能够施治于贫困民众，赐诊于亲戚知交好友，疏财好义，令人钦佩敬仰；作为一个报人，能够目击时艰，针砭时弊，组织《竹园白话报》，唤醒民众。这时期，对丁国瑞思想触动较大的事件——"辛癸事件"，他的弟弟丁宝臣因为揭露军阀部队抢劫、扣饷等丑闻惨遭袁世凯杀害，使他认识到新上台的封建军阀，较之腐朽的清朝廷更是有过之而无不及，对辛亥革命后大权旁落于这么一帮穷兵黩武者手中深感痛心。家事国事多有不顺，遂停办报纸，安心行医，从此绝口不谈政事，在一种悲愤和困顿中度过余生，于1935年归真于天津。时人评说："天生竹园，不为相而为医，余不为竹园惜，为天下苍生惜也。"③

---

① 说明.竹园丛话(第24集),19-20
② 刘序.(竹园丛话)第24集,6-7
③ 尤泽序.竹园丛话(第24集),13-14

第五章　丁国瑞的发展中医思想

"回回医学"有着辉煌的历史与鲜为人知的现实。十多个世纪以来,凭着顽强的生命力结出了累累硕果,涌现出众多的名医名家,丁国瑞即是近代回族社会的典型代表。清末民初,中国社会面临西医的巨大冲击,中医的发展受到强大影响,尤其是作为开放度比较大的京津地区,中医受到的冲击更大。面对西医的压力,丁国瑞作为回族社会的先进人物,一边治病救人,一边积极参加社会活动,组织天津医药研究会、发表演说、编辑书籍,大力发扬中医的精髓,为探讨中西医之间的相互结合做出积极的努力。

第一节　发展中医思想形成的历史条件

一、西医的强烈冲击

(一)政府的推动使其迅速发展

洋务运动以后,天津成为中国医疗卫生改革推行最快的城市之一。尤其是都统衙门时期发生的变化十分显著。这一时期天津设立了中国最早的卫生局和卫生巡捕,这表明天津成为中国最早设立近代卫生体系的城市。袁世凯当直隶总督之后,继承了都统衙门的所有行政机制,积极推进天津的卫生体制近代化。由于这些近代卫生体制是以西洋近代医学为基础的,所以卫生近代化的发展也标志着西洋近代医学影响在中国的扩大。我们从北洋军医学堂等西医专门学校的设立情况以及当时的新闻记事当中可以看出此时西洋医学势力在中国的增长情况。

（二）广大民众对西医的信任与日俱增

自从医学传入后，中医医疗事件层出不穷，庸医问题显得更为严重。时人往往拿西医与华医比较。例如，天津某绅的夫人，"患噎膈症将及一年，屡延华医调治，毫无寸效"。在滴水难咽，生命垂危时，法国医士那玉成用胶皮管伸入病人胃中，取出后立刻能食，记载者惊讶于"西医之妙真有非华医所能望其项背者"，①国民感叹西医之神奇，再反观中医的拘泥无能，"从此即生出一种鄙夷中医的心理来"。②

西医成为中医医疗对象的争夺者，《京津时报》刊登了宣统二（1910）年春季，民政部奏报的京师内外城官医院诊治人数：

表1　内城

时间	正月	二月	三月
中医诊治人数	1399	3961	4512
西医诊治人数	2525	7971	8378
总数	3924	11932	12890

表1　外城

时间	正月	二月	三月
中医诊治人数	2269	7186	6269
西医诊治人数	3336	9352	9867
总数	5605	16538	16136

①本埠.西医妙计.大公报,光绪二十九年二月初四
②丁竹园谐谈.病家跟医家赛浑.竹园丛话(第16集),95

从上边表格可以分析看出,无论内外城,春季三个月每月都是选择西医为自己诊治的民众比选择中医的为多。"当初我国原没有西医这一说,这种旧医学的营业,流传了好几千年,对亦是对,不对亦是对(没有对比,没有鉴别),怎么赶到我们头上,就有人来硬端锅?"①中医感受到了近代医学,尤其是西医的威胁,这对于有着悠久历史的中医来说是一个巨大的挑战。

二、中医存在的问题

晚清时为医术低劣特征的"庸医"②问题层出不穷。清末的京津,中医、中国人而习西医者,以及东西洋医生,在实施医疗行为时必然都存在技术问题,但是在这个时期传统中医却是众矢之的。当时的报刊上,从社会新闻到报端告白,从读者来函到闲评正论,中医庸劣成为时人关注的话题。部分中医误药伤人的个体行为被视为中医群体庸劣的特征,并由对中医的失望发展为质疑中医学。

一般认为,不知医经,徒持方药;不知表里本末,不辨寒热虚实;不知变通,泥古不化;鲁莽试药,任意措置等是晚清庸医的技术特征。这时期的报刊报道了大量的庸医事件,因受重贿踢死孕妇的医士辛仲英事件③、因借行医和妇人通奸的北京某医生事件④、非给现洋不去的中医邹百川、治病不治命的天津南门内某先生⑤以及专用凉剂巧于规避的某名医⑥。以上这等医生,皆因医德败坏也被冠以庸医之名。

---

① 代论.对于大公报、中医全体及丁子良之忠告.大公报,宣统二年正月三十
②民国之前所说的庸医在指向对象上比较单一,基本专指中医。民国以后,西医的庸劣问题开始为社会关注,庸医指向范围因此扩大。
③本埠.庸医可杀.大公报,宣统三年正月十一
④北京画报.庸医拆白.清末民初报刊图画集成续编(十九).全国图书馆文献复制中心,2003,7741
⑤闲评.好恨的邹百川;本埠新闻.请看治病不治命的先生.天津白话报,宣统二年七月初四
⑥医药说.时报,光绪十二年八月初二

在光绪三十四(1908)年北京地方政府首次进行民间中医从业资格考试前,京津地区是人人可以挂牌行医,中医界良莠不齐。时人仅认可良医,他们认为,名医"不过势力场中,一个知名人士"。[①]

就天津来讲,"此地所称时而且名者吾知之矣,非特不足活人,亦且不足以杀人,立一隔靴搔痒之方,治无关痛痒之症"。[②] 报纸揭露:"门前凡悬有'妙手回春'、'医能寿世'诸匾额者,其下莫不有冤鬼,相聚啾啾诉苦。"[③]

而儒医,"不过进过学房,摸过几年书本儿,再要写笔好字,会说些之乎者也,交几位文人墨客",也是"虽有虚名,没有什么实用"。[④]即使号称累世家传的世医,也未必所传得人。

时人眼中庸医类型的扩大化是中医问题"严重"的一个表征。至于从事其他职业兼而行医的,就更是庸劣不堪了。如治花柳病的张子祥是剃发匠[⑤]、永明寺以西隔壁皮匠杨某,目不识丁,药方都需人代写,却既开药铺又行医[⑥]、优人"驴肉红",不谙岐黄,偶得峻剂数方,在天津鼓楼专治妇女,[⑦]这些活跃在民间的医生,手下都有冤魂。巫卜在京津也被视为疗治疾患的医生。[⑧] 北京某巫,门前粘贴"大仙医症"字样,墙上更悬匾额甚多。[⑨] 而东城佟府夹道被称为"特别医生"的瞧香老者傅半仙,"给人家看病,买卖很是兴隆,每逢看病,也不用病人去,就把病人的生日八字开去,他就敢治"。[⑩]

---

①丁国瑞.良医.正宗爱国报,光绪三十四年四月十三

②书<医药说>后.时报,光绪十二年八月二十五

③丁国瑞.良医.正宗爱国报,光绪三十四年四月十三

④同上

⑤本埠.庸医可恶.大公报,光绪三十四年十一月十八

⑥本埠新闻.庸医杀人.醒报,宣统三年十一月三十

⑦本埠.优人治病.大公报,宣统二年七月二十八

⑧杨念群.再造病人——中西医冲突下的空间政治.北京:中国人民大学出版社,2006,232

⑨神京近事.申报,光绪二十八年四月十八

⑩特别医生.北京醒世画报,宣统元年十一月十七

巫医与一般医士不同之处在于看病的神秘方式,以及治疗对象以"虚症"为主。当时天津,在门头者"大半自命为巫,初未敢轻投药石也,讵竟有以巫兼医,病不知虚实,药不辨寒温,丧心病狂,开方下药草菅人命者已不一而足",其中宜兴堡男巫林某,烧香降仙,让"略识之无者代为书方",结果将河东杂粮店街汪某的弟弟治死,记述者认为:假如"巫自为巫,医自为医",单单请巫祈禳,病人不至于死,"查例载庸医杀人罪干杖责,该巫非医,而自附于医,其杀人之罪当浮于医之上"。[①] 人人可从事或兼事医疗职业,降低了人们对中医的信任感。

三、媒介的夸大宣传

事实上,庸医自古有之,因性命攸关,病家往往借助口耳相传对医生进行评断,不过其影响面很小。近代报刊的不断发展,尤其在清末十年,京津地区近代报刊迅速增多为病家提供了宣泄怨恨、提醒他人的快捷途径,并以其巨大发行量,使得人们所知道的庸医在数量上增多,中医问题突显并严重化。尽管就个体而言,各报刊载的仍只是冰山一角,但就中医整体看,实际并没媒体宣扬的那般严重。作为非专业人士,病家和报人对医疗事故的判定难免失误,[②]而基于对新闻"真实性"的信赖,报刊中频频出现的庸医个案还是对读者的视觉和心理都构成了巨大冲击。而且,新闻或演说往往夹杂以偏概全式评论,推崇西学西医者甚至刻意厚此薄彼,更加恶化了中医的整体形象。对此,当时中医颇有微词:"更可悲者,即我国人,重外而轻内之性质,譬如中医治毙一人,各报纸即大书特书曰庸医杀人,不三日则宣传宇内矣。而东西洋之医士,虽一日杀我数人,亦无有敢登报者(如某侍郎之公子患瘟病,竟被冰死,及某太守患背

---

① 京津新闻.罪浮于法.时报,光绪十二年九月十八
② 张斌、张大庆.浅析民国时期的医事纠纷.中国医学伦理学,2003,(6)

疽,竟被剖死之类,其余因蛮治而毙命者,历历可指,而终无一敢提及者)。……盼望华医将性质改良,更盼望我通国人士,速将性质改良。"其实,在晚清京津外国医生医疗事故个案也是不少的,如西医就曾用冰退烧。① 在西医强烈的冲击下,中医的弊端就更加明显地暴露出来,中西医面临大众不公平的判断,是清末这种特殊历史条件下的一种非正常社会现象。

综上所述,中医面临西医的冲击,媒体的夸大宣传,以及中医本身所具有的弊端,中医在国民心中的地位江河日下。为了捍卫中医的地位,作为医生,丁国瑞践行着一个医生的职责,治病救人,振兴中医。

第二节　发展中医思想的主要内容

面对西医的冲击,媒体的宣传,丁国瑞认识到中医存在的问题,对中西医进行着反思,发表了一系列的演说,阐述其医学思想。丁国瑞医学思想丰富,主要涉及以下几个方面:对中西医存在问题的分析、对天津医药界的认识、与《大公报》的论战、对清末考试医生的看法以及对减少医疗事故法律手段的看法等方面的内容。

一、关于天津医药界存在问题的认识

(一)对天津医药界存在问题的分析

天津医药界存在的庸医问题不仅仅在中医界,在西医界也是大量存在。丁国瑞对中西医界存在的问题进行了深入的分析。其中,丁国瑞在《梦游新地府》中描述了庸医误治的详情:"只听那几百万病鬼们,纷纷喊道,我们本是内热病,被你这固执己见的东西,蛮用

---

① 徐补萱《对于治温病的一点消极经验》、《书韩辅庵对于治瘟病的一点消极经验后》等,《竹园丛话》第1集,136

热补药,把我们补死了。又有几个说,我们本是气虚病,被你这草菅人命的东西,蛮用虎狼药,把我们泻死了。又有几个说,我们是理当缓缓调理的病,被你这孟浪利徒,用药给我们催死了。又有几个说,我们本是曲折病,非随时变通不可,被你这固执成见的东西,始终固执死了。又有几个小孩说,我们本是实火风痰积滞,被你这偏执己见的东西,拘定了庄在田的慢脾风迂腐论,用温热补药,把我们全补死了。又有几个小孩说,我们本是瘟毒升喉,大用养阴清肺汤,少加六黄丸、梅花点舌丹之类,滋阴清热兼解毒活血,本可好病,偏被你们这顽固不化的东西们,执定了升阳散火,人参败毒,托里排脓的迂论老法子,把我们散的滴水难咽,全都堵死了。"①

面对西医的冲击,丁国瑞开始对中西医进行反思,"我尝见学士大夫人家,有了病人,甘心被人家用不合理的法子给治死,我们只能够顿足太息,病家始终执迷不醒腔,这种毛病,全由于咱们中医不研究实学,不发明中国医学的精义,所以教咱们本国人走投无路,误入歧途哇",②对国人迷信西医归结为中医庸劣所致,进行自我批判,督促同人改进医术,整顿医学。

同时,丁国瑞在对中医进行自我检讨的同时也对西医医疗事故作出批评:"又有几个热病鬼,追着西医,大喊说道,我们是传经的热邪,你们历来不懂治法,偏用冰块蛮吸,把我们全给冰死了。又有几个患疮症的病鬼,追着西医外科,喊道,你们不分好坏肉,不顾筋管脉络,不分深浅轻重,拿过来倭切倭剜,致弄得我们三年收不上口,流清水,成疮劳,把我们耽误死了。"③由此可见,丁国瑞对西医的批评带有保护中医的目的,实际上,其在对中西医进行比较时,学习和

---

① 丁国瑞.梦游新地府.竹园丛话(第3集),112-113
② 丁国瑞.在医药研究会第二次演讲.竹园丛话(第10集),61
③ 丁国瑞.梦游新地府.竹园丛话(第3集),113-114

审视的心理并存。

(二)对天津医药界的反思

面对中医的日益衰落,中医药界也开始推动改革,中医药界的开明人士都积极地参加改革活动。其中,丁国瑞对天津医药界的认识主要包括两个方面:第一,面临西洋近代医学的流入及其对中国传统医学所造成的冲击,丁国瑞认为有必要振兴中医界,以便维持中国传统医学在中国社会的影响力。第二,丁国瑞认为中医药界的改革能提高中国人民的健康状况。他认为中国人之所以被西方称为东亚病夫不是因为西洋近代医学比中医学先进,而是由于中医药界自身存在的混乱局面,如果中医药界能够改善这种混乱局面的话,中国民众的健康水平就会有所提高。丁国瑞经常把上述诸意见发表在报纸上,我们可以从这些文章当中感受到他对中医药界混乱状态的担忧。

他提到天津中医界存在着三大恶习。第一,医与药缺乏联系沟通。他在1906年3月28日《天津商报》上,发表了以下见解。"今就中国药商药贾医士三项而论。其中有绝大之一弊。即彼此不相谋是也。……药商贪小利。而伪造赝顶之弊。难保必无。药贾随买随卖。亦未必认真拣选。而医士之识药者。又十不得三"。① 第二,中医与药商各界存在多种恶习。有关中医方面的,如没有仁心、不劝学、没有高尚的志气、诊脉时多闲聊、开方子不仔细、倾轧同业(爱扒人)。有关药商的,如有不拣选地道药材、不认真炮制、经常开名实不符的药方、不识字的伙计过多。第三,患者的恶习。如不尊重医士、不及时就医。② 丁国瑞还揭露了天津医疗界存在的机能不

① 丁国瑞.中国医学问答外篇——论兴医学相关切者有数事宜一律整顿.《竹园丛话》第10集,111-124
② 丁国瑞.在医药研究会第三次演说.天津商报,光绪三十二年十月二十三日

健全问题,其中包括中医及药商之间沟通不善导致中医界全面混乱,这些混乱又导致病人对中医药不信任感的增强。鉴于这些情况,他建议中医药界应实行改革,通过对中医药界进行整顿来恢复民众对中医药界的信赖。

二、关于发展中医与抵制西医的认识

在西医冲击下,媒体的扩大宣扬以及中医本身的自责下,使得中医的问题日趋严重,甚至,"因其人之无可取,必波及中国医道之无足观,痛本国医道之无足观,自不能不问道于人,引为臂助",[1]由对中医的不满上升为质疑中医学本身。1907 年,《顺天时报》在鼓动生病的光绪皇帝延请东西洋医生诊治时即说"盖外国医术,优于中国者远,凡扩其闻见者,举皆知之矣",该报认为,中国皇帝延聘外医可以使得"今四万万国民,咸知中医之不如洋医,必将起而学其术,日进于改良,则见中国之医,倍增其进步,获益良非浅鲜也",[2]在推崇近代文明者看来,中国医学惟有取法西医才能有所进步。

中医擅长内科西医擅长外科的说法逐渐被颠覆,丁国瑞讲到:"我们门外汉,往往说西医精于外科,略于内科,虽是中医通家,亦不免作此等议论,其实西医也是内外并重,并不是专长外科,而且西医内科,近年更见进步,我们中国医学,虽然发明数千年,从来内科没有分过科,世上学问,由分科才能见进步,如西医内科的分科,有消化器病科,有肺病科,有精神病科,有生殖器病科,有产科,分科甚多,不及备述,于此足见西医并不专重外科了,不过我们一生没到外国,没见过医学国手亲身治病,在内地所见的大半是中国人学的西医,一知半解,技术不精,再说学外科较内科容易,中国人喜易避难,而且治外科容易见功,所以人人爱学外科,西医精内略外之说,实由

---

[1]杂俎.中国医学问答外篇.大公报,光绪三十年十月三十日
[2]论圣躬应慎重医治.顺天时报,光绪三十三年八月二十

于此，以此判断中西医学的深浅何足为据？"①面对"中国的医学，可取的不过十之四五，行医之人，可靠的不过十之一二"。② 随着，细菌学被国人逐渐了解后，在具体可征的显微镜下，中医治瘟疫的专长也失去了可靠性，中医学有无存续价值的怀疑逐渐浮出水面，中医的生存发展面临巨大的挑战。

就天津来言，尽管有丁国瑞为代表的一批中医通过组织医药研究会，致力于改良中医的实践，但收效并不明显。追逐新学者有些迫不及待了，在甩掉旧包袱的心态下，批评讽刺中医，质疑中医学价值的文章越来越多，最终引发了1911年以丁国瑞为主导的天津医药研究会与《大公报》冲突事件。这次事件冲突的双方是，以丁国瑞组织倡导的医药研究会为组织的天津中医界和以新学派自居的《大公报》。冲突的导火线是1911年1月17日，《大公报》在本埠新闻栏内刊载中医路某误治事件并在报道中以评论形式映射中医全体。失实的报道丑化了中医整体的形象，双方久已积蓄的矛盾由此激化。冲突以笔战的方式进行，双方多次往来的函件被刊登在《大公报》、《正宗爱国报》、《醒华日报》上，这意味着冲突的公开化。

以丁国瑞为代表的天津中医一方以主动姿态，向《大公报》逐层提出三重辩诬：一是为被侮蔑为庸医的中医路子华辩诬，要求澄清事实，为其恢复名誉；二是为被诋毁的中医全体辩诬，要求对《大公报》频频刊登的若干针对中医的讽刺批评言论作出解释，为中医恢复名誉。第三则是为中医学辩诬，天津中医认为，《大公报》一贯鄙夷中医，数典忘祖，中医要为自己，为中医学讨说法。丁国瑞试图通过三重辩诬，试图争取在社会、学界以及人们心目中维持原有地位，这也是感受到存亡危机气息的清末中医界的第一次剧烈反应。

---

①丁国瑞.防疫感言.正宗爱国报，宣统三年二月初三
②来稿.我也论考试医生.大公报，宣统二年八月二十七

天津中医与《大公报》的冲突有多个发展方向。笔战的形式并没有使中医一方感受到心理上和实际上的优势,遂要求同英敛之当面谈判,在被拒绝后,他们又曾两次试图诉诸法律,以昭示己方的正义,并期待官方能在这场冲突中,对作为国粹的中医作出公正的裁决。《大公报》一方则希望用事实说话,用激将法让中医赴重疫区东三省,以验证其能治鼠疫是否空谈,这就演变出《大公报》主笔英敛之与天津医药研究会会长丁国瑞的打赌事件。

进入打赌阶段后,双方的冲突带有明显的意气用事色彩,毁誉之争,意气之争在防阻鼠疫南下之时不利于大局,因此,以刘孟扬为首的和事人居间调停,双方搁笔息战,打赌的事情也不了了之。以丁国瑞为代表的天津中医与《大公报》的笔战实际是民国时期中西医大论争的序曲,就整个事件来看,中西医各方都不能否认对方存在的价值,都不是胜利者。这次冲突,不仅仅关涉的是个人的毁誉和价值观,还关系到丁国瑞对于中医发展、中国社会发展方向、道路的思考。

三、关于通过规范考试发展中医的认识

正如前面所述,晚清庸医现象严重与民间程度不齐的医生任意行医有关。丁国瑞写道:"医之一道,本与人之生命有极大的关系,各国无不重视,惟独我们毫无限制,皆以小道视之,所以凡有志向的人全不屑于焉,直弄成了一个无业游民的出路啦,凡是略微识几个字的,没有营业干,几本医书就能行医。在药铺做过二年同事的,失了业也行医,反正治死人不偿命咧,把医界闹得极其黑暗。"①相对于西医,未得到执业许可任意行医的中医整体上被新学派视为没有"医格"。早在清初,徐大椿就已提出应对民间医生进行考核甄选。

---

① 丁国瑞.藉资研究.天津白话报,宣统二年七月二十一

晚清,中国各地推行中医执业资格考试,被认为是借鉴了西方的医事制度。

京津地区大规模推行医生考试应是 1909 年 2 月之后,民政部再次饬令内外城总厅将各该地面目前挂牌行医者详细调查列表,注明该医年貌、籍贯、行医年限,曾否入过学堂,造册报部。① 考试医生的具体步骤是,首先打算行医的人根据所属区域向内外城总厅进行考试申请,定期赴县署考试。主要是根据所申请科目,考察对相关病症、病因、治法以及治法出处等。② 考试结果不仅"通饬各区",而且在报纸公示,为民众慎重择医提供了信息。如果第一次考试暂列中等,尚可造就,便还有一次考试机会来获得执业资格。

开考之初进展并不顺利,照旧私自行医的大有人在。值得一提的是,晚清京师取得医学堂文凭者仍须参加执业资格考试,文凭并不能保证医疗水平和医疗质量,持有医学堂文凭的修业生高应选就未能顺利通过考试。丁国瑞借《梦境寓言》对此进行过揭露,"西医与医院的学生,被病鬼追的望影而逃,背上背着一块黄布,搪砖头子,布上写着'新学新法新政'六个字,仿佛咒语似的,布上还粘着一张毕业文凭,病死鬼不管不顾,仍是往下追,大喊陪命"。③ 造成早期医学教育者不为信赖的原因被认为是"无如朝廷不察,视毕业如等闲,业此者亦不察,视医科如小技"。④ 另外,上述医生执业资格考试针对的仅是中国民间医生,对在京城行医的外洋医生尚无相应的规范和管理,这在一定程度上加速了民国西医庸医问题的凸显。

丁国瑞两度担任天津医药研究会会长一职,对天津中医的现状和命运尤为关注,就考试医生问题,其指出的若干难点值得我们思

---

①北京.部饬调查医生.大公报,宣统元年二月十二
②各衙门批示.京津时报,宣统二年八月二十
③丁国瑞.梦境寓言.竹园丛话(第 12 集),128
④名医广告.京报,光绪三十三年六月二十七

考。对于解决庸医问题，丁国瑞不赞成草率地考试医生，解决庸医问题的途径，必须是"避免冒然，出以和平，且无流弊，即使病人实受其益，又使医药渐进精良，简而易行，无纷扰与扞格之弊"①的方式，其在《创议医学研究会章程》中，曾展望"将来本会，或为医学堂之基础，或广设分会，凡非在会研究若干年，确有成绩可观者，不准行医，庶中国医道日彰，于漫无限制之中，稍示限制，亦未始非病人之福也"。②

　　丁国瑞认为天津要考试医生，必须首先解决以下十五个问题：一、警务公所既有卫生科，巡警道又职掌全省警务，卫生局考试医生，是否与卫生科同处共考，抑系各办各事，若卫生科也考医生，卫生局也考医生，事出两歧，将以谁考的为定？二、卫生管理医药，系职任份内之事，是否专考中医，抑系无论中医、东医、西医一并考试？三、考试系以中医学理命题，抑系以西医学理命题？四、考试时，系考以学理之论说，抑系考以病症之实验？五、医与药，本相维相系，既考医生，是否并考药铺，考察药铺之人，是否精通药学，确能辨别真伪。六、既考中国药铺，然西药最通行者，难免间有掺杂吗啡、薄荷冰、种种害人之毒药者，是否一律禁止？七、官立医若系免考，能否折服中医之心？八、假使东西洋医，概不听命，将用何法对待？九、东西洋医，以及各医院，也常有草菅人命，误治误杀人之事，应如何取缔？十、已考合格之医生，应有何项奖励，不合格者，应有何项处置？十一、不赴考之中西医生，是否仍准其行医，抑系不准其行医。十二、若不准其行医，则病家又有信用已著者，甚愿延此医生，是否听凭病家自便延请，抑用强权禁止？十三、主试之人，是否具备中西医药之学问，临症有无经验，被考之人，对于主试官有无质问请

①丁国瑞.论考试医生.竹园丛话(第 18 集),68
②创议中医研究会章程.竹园丛话(第 8 集),139

教之权？十四、考试之后，官难久任，再换新官，是否永不再考，抑系一任一考，行之既久，保无请托索贿诸弊乎？十五、影射行医者，将以何法对待，平日知医之人，给自家病人治病开方，准药铺卖与否。

其所列难点集中在考试机构、考试对象、考试内容、考核结果、考官、医生权利等几个方面，其中以下几个方面尤为重要：

1. 执行考试的机构：丁国瑞认为要考试医生，统一事权是必然的。但究竟应该由什么机构主持，当时尚无定制。针对天津事权不一的情况，丁国瑞似乎倾向于由卫生局进行考试，"卫生管理医药，系职任份内之事"。①

2. 考试对象：对于民间行医者，丁国瑞实际希望能够中外医生并考，其在创办医药研究会时，就曾提到"案泰西各国，凡甲国之医，欲至乙国行医者，必须两国订有专约，且须由乙国之官，验看文凭，并考验其药，并无妨碍，方准行医"，中国最初由于不明国际法，更由于国家落败，才导致对来华行医的外国人不敢过问，而实际东西洋医生同样良莠不齐，草菅人命者也大有人在，所以"待国家主权伸张后，我中国政府，可按照公法，对于外人医药入境一事，或能稍示限制"。② 丁国瑞认为中西医应并考，这在前述其对西医误治的批评中有所体现。丁国瑞对官医院医生并不报信任态度，实际上官医院医生误毙人命的个案不少。如《大公报》曾报道京师某医局腐败情形："南局各医士们日日到局甚迟，散局甚早。凡来求诊者并不诊视，但略给丸药而已。西局内科医生某于医理并不通晓，至有误坠人胎等事，外科医生某则并不按时到局，治病尤属敷衍。"③

3. 考试内容：鉴于"现在北方医界中人，研究西医的很少，尚在

---

① 创议中医研究会章程.竹园丛话(第8集)，139页
② 同上
③ 医局情形姑志.大公报，光绪三十一年二月初二

中西竞争之际,未到中西混合时代",丁国瑞建议取长补短改良中医。

4. 考官人选:丁国瑞担心考试作为地方行政,会因官员变更不能持续,同时,希望能有一定的规范和监督使主考官在知识和品德上让考生信服。

5. 医生权利:丁国瑞认为医疗事故未必都是医生的责任,所以对于有影射行医的,应该如何保障医生的权利,保护医生的名誉的问题应该注意。

四、关于用法律手段规范中医环境的认识

面对治死人不偿命,国家对误治的惩罚仅是杖责、物质赔偿,严重的取消行医资格,而在治病不治命观念影响下,事故双方多以物质赔偿方式私下了结,庸医得以照旧行业的现状。由于报刊的广泛传播,大量庸医事件被曝,时人注意到"京自设立各级审判厅以来,每日所售状纸日益发达",[1]其中应有一部分是医疗事故诉讼,民众的观念在悄然发生变化。

丁国瑞认为,应当用法律制度来规范中医环境。其讲到:"中国医学之精妙,实不在西学之下,其所以败坏之原因,只以国家无法律之限制,无教育之培养。"[2]清代无专门医事法令,很多事情是居中调停,而报道者认为"庸医杀人,虽载于法律,而国家无专条以取结医生,此为医者所以充仞于世也。虽有研究会,其如无强制力何?"[3]最根本的还是要立法和严格执法。中医界也要求完善相应立法,1909 年 3 月 13 日《中外实报》刊登"近日屡有庸医误事并药铺抓药错误等情,现经医药研究会为整顿医药两界起见,拟以方案

---

[1] 北京.状纸畅销.中外实报,宣统元年三月十二日
[2] 附录.中医研究会章程.竹园丛话(第 6 集),135
[3] 求医宜慎.醒俗画报(第三册),光绪三十三年二月,第四百四十号

纸为取缔规则,昨赴议事会恳请核议云"。①

丁国瑞希望政府把医疗事故放在法律层面考虑,而 3 月 19 日该报专件内刊载核议结果为,"医药研究会医生丁子良、药商程联仲等说贴,为整顿医药两届拟以方案纸为取缔规则,恳请议准提倡赞成,俾克实行事,议覆说贴阅悉,贵绅关心医药,慎重人命,实征热心公益,钦佩殊深,惟所拟办法禀官惩罚各条,皆不在本会权限之内,碍难核议,此覆",②制定法律不在自治范围内,此事因之作罢。但是丁国瑞主张用法律手段规范中医市场的建议,有着积极的意义,由于晚清的漠视,所以该建议不了了之,没有得到当局的采纳。

第三节　发展中医思想的实践

一、救死扶伤的行医生涯

据《京城国医谱》记载,丁国瑞其叔丁德恩是北京较早的著名外科医师,"崇尚医道,医术精湛,医德高尚"。③ 古人云:"人生一世,不为良相,即为良医。"丁国瑞天资聪敏,酷爱医学,在其叔的耳濡目染下,秉承家学,悬壶济世,年仅 21 岁时就开始独立应诊,逐渐成为京津有名的医生。1895 年,丁国瑞 25 岁携带家眷定居天津,创办"敬慎医室",以"审慎敬业"自勉,开始天津的医师生涯。

天津敬慎医室位于天津西北城角文昌宫西大马路南,主要以内科、妇科、小儿科为主。门诊脉金分为几种情况:"一般情况是大银元一元,无力者六角五角均可,再无力者,仍可酌减,量力而为,悉听

---

① 天津.整顿医药两届.中外实报,宣统元年三月十三
② 专件.天津县议事会议覆公布.中外实报,宣统元年三月十九
③ 京城国医谱.北京:中国医药科技出版社,2000,卷 1

尊便。凡素通往来之亲友,及附近街邻,皆不拘上例。"①丁国瑞为了治病也常常出诊。

　　作为医师,他本着人道主义的初衷和高尚的医德,治病救人。他深知,"贫者无衣无食,有病惟听天由命,无钱讲卫生",②不少中下层劳动人民都到他的诊所看病。他深入社会,充分了解民间疾苦,将诊金一减再减,直至免费。丁国瑞以其高尚的医德和精湛的医术,深得人们赞誉。

二、研习中医的著文活动

　　丁国瑞治病救人,救死扶伤,深得人们的尊重。他认识到不仅需要为广大民众治疗疾病,而且还需要特别关注民众的健康问题,提倡向广大民众宣传卫生常识,普及医药知识。针对国民文化水平低下,他积极著文立说,发表白话演说,把卫生常识传播于社会大众当中。丁国瑞提倡"各医师应该编写卫生白话,或者医学中浅近之论说,或抄录先贤有益实用之格言论说,登报发表,使民众耳濡目染,受益于无形之中。这样将会使社会风气大开,妇孺皆知卫生道理,没有病的时候可以使预防,有病后也不至于因无知而耽误病情。"③他身体力行,先后在《竹园白话报》、《北京正宗爱国报》、《大公报》、《天津商报》、《民兴报》等刊物上发表《卫生浅说》、《论考试医生》、《病家跟医家赛浑》、《用药服药皆宜慎重》、《与医学相关之工商宜急速整顿策》、《中国医学问答外篇》、《防疫之一助》、《说疫自序》、《卫生》、《生化汤》、《饮食卫生》、《病后谈》、《论清洁的益处》、《霍乱病》、《夏令卫生杂说》、《胖人预防痰火症之方法》、《医

---

①敬慎医室启示.《竹园丛话》第 1 集,4-6

②丁宏.丁国瑞与《竹园丛话》.回族研究,1991,(4)

③丁国瑞.中国医学问答外篇——论兴医学相关切者有数事宜一律整顿.竹园丛话(第 10 集),111-124

书不可不看》等文来阐述自己的思想。

这些论说内容丰富,涉及医药常识、卫生知识、大众保健、日常生活习惯等诸多方面,帮助人们纠正不良的卫生习惯,培养科学的生命观和生活态度,是我们研究丁国瑞医学思想的宝贵资料。

尤其针对宣统鼠疫,①丁国瑞在《防疫之一助》中专门刊登常见简单的偏方,如刮痧、放血,要求人们讲究卫生、免疫消毒。同时,撰写《说疫》,从当时流行的瘟疫的病源、细菌、防疫、治疗、处方等几个方面,进行了深入系统的分析与研究,在当时产生了重大的社会影响。他指出:"防疫,善政也,办理不得法,扰民而已,于防何有?治疫者,仍不废防也,治之得法,死中求生也,亦医学进步之当然也。"②

针对当时流行的霍乱等流行疾病,丁国瑞还专门开辟《济世良方》专栏,刊登治疗日常疾病的简单有效方子,为百姓提供方便。其著《说疫》、《痢疾捷药》、《增补瘟疫》等书,在京津地区享有很高声誉。

丁国瑞一边发表演说,一边进行医术研究。经其多年精研中医,配制出"丁制坤顺丹"、"舒肝平安丸"、"滋液润肠丸"、"九转地黄丸"、"消核膏"、"古玉生香露"、"红色蜜药"等数十种中成药。针对夏季暑热,在报刊上刊登银翘散方,辛凉平剂和桑菊饮方,辛凉轻剂等偏方。

其好友刘趾云先生赞道:"吾三十年来之老友丁君子良,学识兼全人也。赋性和蔼,立志高尚,不为良相,乃为良医,施治于贫连困苦,赐诊于亲戚知交,疏财好义,令人钦佩深之……先生之瘟疫论,

---

①宣统鼠疫:清末发生在东三省的鼠疫,长达半年之久,是 20 世纪发生的世界最大的鼠疫灾害,1910 年 12 月开始蔓延到天津。
②张巨龄.绿苑钩沉——张巨龄回族史论选.北京:民族出版社,2001,46

说疫,治痢,各有专书,著作精详,已脍炙人口。"①

三、昌明中医的教育理念

丁国瑞认为"治事必先明理,明理必先读书"。他极力倡导发展教育,提高国民素质,普及民众医药卫生知识。当时民众文化水平低下,"国民读书识字者仅仅十见其一,至于女子妇人识字者更不多见"。② 在他看来,在这样的一种社会状况下,要普及卫生常识,讲求卫生习惯是不现实的。就算有人在平日饮食起居中稍知一二,亦由天性使然,或者是由风俗习惯沿袭而来,并非是由"积学明理"得来。所以没病则好,有病则易成痼疾。就算医生诊断得当,治病无误,而修养恢复之事也不可能一一监护。况且医师不一定人人都具有仁心,都具有学问阅历,所以造成"糊涂人得上糊涂病,糊涂人延请糊涂医,因此枉死者,不知几万人矣。这岂可归于岐黄之道不精湛,抑亦教育之未备耳"。③

针对这种社会事实,丁国瑞认为补救的办法就是大力发展教育,普及卫生学知识教育。他建议在"大学堂"、"中学堂"、"小学堂"设置卫生学。其课本不可全部抄袭西方学说,应该参考"中西成法",根据本国的风俗人情,循序渐进,因势利导。在讲解中,一边讲解公共卫生学(即基础的生理卫生常识);一边要讲解地方性卫生学知识。根据不同的地理环境,因地施教,选择地方知识精英对本地的民众进行讲解。

在他看来,普及卫生常识,是强族强国的大事,其讲到:"只有普及卫生知识,医道才有昌明的时候;只有大力发展教育,卫生常识才

---

① 刘趾云序.竹园丛话(第24集),8
② 丁国瑞.中国医学问答外篇——论兴医学相关切者有数事宜一律整顿.竹园丛话(第10集),111-124
③ 同上

可以讲解。执政当局,应该设法引导,竭力扶植,对民众进行熏陶感染,使其成为一种风俗习惯。这样国民疾病减少,精神振作,身体强壮,志气奋发,是强种族的壮举,岂可忽视哉?"①针对人们把"聋哑残疾贫弱"群体归咎于中医治疗不力的问题,丁国瑞建议学习欧美国家的经验,应该设立"贫病工艺院"培养教育"聋哑残疾贫弱"人群。他提到在欧美国家,街市上很少有"哑佝偻野少菜色饿殍",而中国则刚好相反,街上到处是饿殍乞丐,而且归于中医不精不善。事实上,"聋哑佝偻疯哑"等病,有些是可以治疗的,有些则是不可治疗的。西方国家将"残废笃疾人群"进行集中教育,使其学习一技之长,维持生活。所以在西方国家,这些人群大多数有工作,而中国残废穷人,大多沿街乞讨。这并不是说西医强于中医,实际上是西方国家的政治制度强于中国。所以这种政治上的缺陷,不能尽归于中医的不利,而应该让执政当局为民办事。

四、振兴中医的社会活动

中医历史悠久,源远流长,"天下医药之学,以中国开创为最先;内科外科之治法,以中法为最稳;论阴阳升降,气化功用,天人契合之理,尤以中说最为最精最微。"②但是到了近代,为什么"自神农至今,垂数千年,其道日传日晦,反居人下者何也。岂神农岐轩之道,不足传欤"?③

由此可见,中医有其悠久的历史文化,曾在国民心中有着极高的地位。到了近代社会,中医受到了西医的巨大挑战,人们开始探索中医的发展方向,以及如何挽回中医在人们心中的地位。目睹西医的侵入,中医的发展江河日下,丁国瑞身体力行,认识到研究中

①丁国瑞.中国医学问答外篇——论兴医学相关切者有数事宜一律整顿.竹园丛话(第10集),111-124
②同上
③同上

医,发扬中医精华是挽救中医生存发展之路,积极倡导通过组织医学研究会,从而提高从医者的技术素养才是中医发展的根本所在。丁国瑞认识到:"以视西国之医,解剖有学,组织有学,生理有学,细菌有学,药物诊断有学,儿科产科有学,及其他耳病,眼病皮肤病花柳病精深病等,各有专门之学,其优劣可不待辨而名也。"①

由此可见,中国医学亟宜从根本上加以改良。丁国瑞提倡民间创办医药团体,改良中医。丁国瑞讲到:"整顿医学应从国家与医士中关心此事者办起,国家为官办,医士为私办,二者并行,官办者规模宏大,调理宜精,约以十年见效,私办者须随时随地剖析发明,须词达理显,期月见功。"②在他的构想中,研究会可由地方医士办理,发挥地方医士的优势。丁国瑞认为:"然吾中国之医学,江河日下者何哉,一由于国家不重视此道,二由于政府不加以辅助提倡奖励,三由于无学校以造就通才,故此人自为师,家自为教,甚至不读书不识字不通文理者,皆可随便行医,而中医之声誉价值,扫地以尽也。究其实,中国医药之学,并不坏,而行医者实太滥,非但无进步,而且渐失真传,不行医者,不读医书,犹可说也,不在其位不谋其政也,而业医者,竟有不懂医书者,其事大可痛也矣。"③

在丁国瑞看来,创办改良中国医学的民间团体是发展中医的重要手段。医术的改良首应精研其意,丁国瑞指出:"求精之道维何,亦惟社会研究而已,盖三人同行,必有我师,一人之见闻有限,众人之见闻无穷,古籍陈言,未可墨守尽拘,而衣钵之学,亦每多临于固陋,闭户读书,终不如群聚研究之为得也,鄙人识短学疏,滥竽斯道,悯夭扎之日众,负愧滋深,悲圣道之将亡,挽救乏术,爰约同治,设会

---

① 丁国瑞.论中国医学亟宜改良.中外实报,光绪三十四年正月初八
② 丁国瑞.中国医学问答外篇(续昨稿).大公报,光绪三十年八月三十一
③ 丁国瑞.个人防疫法.竹园丛话(第6集),128

研究,倘诸大君子,热心赞成,不吝教诲,于互相切磋,磨砺几学问,不但歧黄之道统,继续绵长,而此后之亿万病人,将必粘实惠而同登寿域矣。"①在丁国瑞看来,一人闭门读书只能增加一人智慧,大家相互交流讨论,集思广益,对于医学的进步将更有裨益。当时丁国瑞已意识到,整顿医学在私人来讲应"各省府县城镇之医士须不时聚会讨论"。②1906年6月,他同刘毓琛等共同发起创办天津最早的医学研究组织——医药研究会。

研究会的目的有如下几个:如何采用西洋医学的长处来发展中国医学、消除中医与药业之间的障碍、改编古医书并编辑新医书、除掉医药界的各种恶习、为贫民医治、普及卫生观念。从中看出,医药研究会改革的目标显然是"中体西用",对待中医和西医是扬弃的态度。为实现这些目标,研究会积极展开各种研究及教育活动。研究会定期召开"集会"。"集会"上进行各种研究活动,包括"演说"、"实地研究"、"讨论治法"及"分科研究"四种。为了研究方便,研究会总部内还设置了医学图书室。为了宣传研究会成果以及恢复民众对中医学界的信赖,天津医药研究会将研究成果发表于《天津商报》、《竹园白话报》、《民兴报》等报纸上。虽然在医药研究会成立之前,丁国瑞就常在报上发表意见,进行启蒙活动,但就涉猎范围和质量而言,研究会的集体报告中丁国瑞个人研究报告的分量居多。

除上述活动之外,研究会也制定发展规划,实施中医资格考试就是其中之一。1906年6月24日《天津商报》登载了以下记事。"本会果能日求精进,则在会者必有特别之技能。而社会中信仰利赖之感情,亦必日见加增。本会之名誉,亦日见广大。则将来本会,或为医学堂之基础,或广设分会。凡非在会研究若干年,确有成绩

①丁国瑞.创议中医研究会启.竹园丛话(第5集),120
②来稿.中国医学问答外篇(续昨稿).大公报,光绪三十年八月三十一

可观者,不准行医。庶中国医道日彰,于漫无限制之中,稍示限制,亦未始非病人之福也。"①天津医药研究会借助演说形式确实能使听者增长知识,正如丁国瑞所说"研究虽属空谈,然究胜于从前之概不讲究也"。② 从演说内容看,医药研究会实际是参合中西,改良中医。在新法未经,土法见废,青黄不接的过渡时代,"破坏其所固有,良不如修改其所本能也,吾会友有怵于此时代至恶之果,而预种以至善之因,医粹保全,不为盲进,不为顽守,热心公益,宗旨在焉",改良之法就是藉西补中,"取彼长,益我短,取彼所特有,益我所本无,用使我所本长本有者力求进步,毋任失传,拙者巧之,粗者精之,愈改愈良,必登斯民于无病之域而后已"。③

天津医药研究会以改良中医,推动地方卫生事业为己任,而"本郡诸巨绅、诸大善士们,又都见义勇为,当仁不让,也是竭力的热心维持,足见我们这会暗含着有地方自治的精神,将来是无可限量的"。④

当瘟疫发生时,研讨对策也是该会的主要内容。1910 年东路医药研究对南河、独流瘟疫,西路医药研究对杨柳青镇喉症防治发挥了重要作用。1911 年为阻止东三省鼠疫南传,又斟酌方药,施治病人。施诊既是善举又能实地研究,所以西路研究会从光绪二十三(1907 年)起几乎每期会议都为贫病者义诊,一般每期施诊三人,众会友实地,和主治医生一同研讨治疗之方。宣统元(1909 年)五月起,西路医药研究会又于每早专门开展施诊活动,被誉为"穷黎蒙福"。⑤ 为避免施诊中的医疗事故,医药研究会的施医章程规定,

①医药研究会现行诊病章程.竹园丛话(第 14 集),101
②医药研究会现行诊病章程.竹园丛话(第 14 集),103
③选录.医药研究会之宗旨.竹园丛话(第 14 集),109
④丁国瑞.在医药研究会上第三次演说.竹园丛话(第 13 集),61
⑤穷黎蒙福.中外实报,宣统元年五月二十九

"唯以施医时限太促,(病人又多)深恐忙中有错,议定,每日轮流公举庶务长一位,审酌药方,兼照料一切,以昭慎重"。至年(1910年)二月,"男女就医者仍不绝于途"。① 同时,丁国瑞在诊病章程中专门声明:"会友在外为人治病,皆系由病家自行延请者,其学问之深浅、技术之巧拙病家自必深知,治病好坏,与会中毫不相干。"②

1912年5月,西路研究会因楼下某铺失火被殃及,宣告解散。而此前医药研究会实际已陷入经济困难,1908年以后专赖施诊号金维持,经济问题往往成为民间团体发展的瓶颈。另外人员组织上也有潜在问题。丁国瑞记述到:"开办以后,入会的不及少一半,不入会的总在多一半,入会而能讲解演说的,十位之中,不过三四位,不入会而能讲解演说的也就不问可知了。至于那挑眼派、瞎搅派、胡闹派,入会的也有,不入会的也有,鄙人一见这种情况,不由的心灰意冷了。"③

综上所述,我们可以了解到丁国瑞主持下的医药研究会活动的广泛性和多样性。从这些活动当中,我们可以了解到20世纪20年代后期的中医面临的困境,丁国瑞为挽救中医、捍卫中医的地位进行着积极的努力,其精神难能可贵。

第四节　关于丁国瑞发展中医思想的认识

如前所述,晚清京津地区中医衰落问题实际存在两个层面:一是,由于医生行业的开放性,医生中庸劣之辈增多,医疗事故因之更常发生;问题的另一面是,庸医问题远没有媒体所宣扬、时人所认为

---

①丁国瑞.医药研究会寂无声响.中外实报,宣统二年二月初四
②附录.医药研究会现行治病章程.竹园丛话(第14集),104-105
③丁国瑞.论考试医生.竹园丛话(第18集),68

的那么严重。换言之,庸医杀人成为一个严重的社会问题更多的是时人的想象,是遭遇西医冲击后,集体反思下的一种认识现象,是近代传播方式的产物。

在晚清,医药问题已超出医学本身,同国族种族相关联。丁国瑞认为:"五六十年前,外人在我国内地设医院,纯系慈善性质,今则医药之权,已成外交上一种政策矣。医药权之附属品,即生命权也,奇才异能之俊士,热血爱国之男儿,生之杀之,操纵自如也。防疫权之附属品,即警察权也,自己不能消患于未萌,又焉怪人之推波而助澜也。伟人志士,大梦未醒,趋时之流,更以排斥中医,废弃汉药为媚外之上策,岂悟此中尚有偌大之关系哉。"①

落后的中国因推崇西方文明从而迷信西医,只有打破对西医西药的新迷信,才能保国保种保中医。丁国瑞感叹某些国人"见西洋的医书,或报纸,肆口谩骂中医,他也不想想人家骂,有人家的心思,他不管好歹二三,也就随着一骂",在一片骂声中,庸医由个体变为华医群体的象征,又由对华医的失望演化为对中国医学、中国传统文化的否定,时代特点使得中医问题超出医学本身,国人在探讨危亡国情及救亡之策时常以庸医问题譬喻,赋予其新的内涵。医国和医人融合一体,而中医、中医学的命运在社会变迁文化变迁的潮流中沉浮。丁国瑞讲到:"民众的身体是种类繁衍、国族存在的基础,前几年有人约略说过,中国人四万万内,男女平均约略二万万,每年所生的人口约有八千万,但是死亡的总有六千万还多,发疾的也在八千万以上,自然是有不治之症,那被庸医杀了的也不计其数了,从这里若不想一个卫生的好法子,中国的人种那还容易保得住吗……(长春设立了医学研究所),将来把医学研究好了,庸医杀人的事没

①丁国瑞.个人防疫法.竹园丛话(第6集),128

有了,人民繁殖,国家强盛,也全在这医学大兴的时候了。"①

中国之病在贫在弱在麻木不仁,医学本身仅可保种可使民康壮,治疗身体疾病的医生同时也希望成为治疗心灵"愚昧"的"医生"。丁国瑞认为要解决社会问题,主要责任还是在于官员,"欧美各货市无聋瞽佝偻,野少菜色饿殍,中国则反是,于是尽归咎于中医不精,夫聋瞽佝偻疯哑等疾,有不可治者,其已成残废笃疾者,西医虽殚竭心力终亦无可如何,然医士虽不能治而国家能将此项残废笃疾之人各置一院,教而养之,使习一技以度生活,故西国残废之贫民多在院工作……此非西医之术神于中医,实西国政治家之设施胜于中国也。此政治之缺陷,未可尽归咎于中医也。"②

国家的身体的譬喻在晚清也非常普遍,晚清中国形同病夫,医国者也多为庸劣。就官员整体而言,晚清官员和医生被一同讽刺:"官遇重案,有罪者若以多金贿赂,必设法以求其生,医凡遇重症,受病者若以多金包医,亦必尽法以救其生。官出而治民,自谓具有父母心,医出而济世,亦自谓具有父母心。官结好于绅缙,必有人送牌匾以颂其功德,医结好于绅矜,亦必有人送医匾,以颂其功德。做官者抱一金钱主义,行医者亦惟抱一金钱主义,"③官员腐败庸碌,没有仁心道德,就会误国误民,"国家牧民之官长犹之医人也,能胜其任则灾害不生,番庶可保矣。如其不然,量力而进,负乘致寇鼎折覆易之所戒也。"④

就中央而言,"良相治国,就如良医治病一理,一则研究药性,一则也得审清病源,若要不察病的冷热,不考身体虚实,就要按着成方

---

①丁国瑞.论医学研究所之缘起.正宗爱国报,宣统元年三月二十

②丁国瑞.中国医学问答外篇.大公报,光绪三十年八月初四

③杂俎.官与医之比较.中外实报,宣统元年五月十一

④医药说.时报,光绪十二年八月初二

儿用药,那便叫做草菅人命"。① 新政是疗救东亚病夫的一剂洋药,在丁国瑞看来:"近十年来,(东亚病夫的)病是屡屡加重,开的药方子也比从前大变格了,方子极好,就是不见效。病状就按着治国说罢,可实在无处下手了。浮肿,就好比地面空大,没有主权。自汗发热,就好比边防不固,浮莠未靖。饮食不下,就好比实业不行,财源日竭。大便泄泻,就好比日处漏卮,利权外溢。谵语,言不由衷。昏睡,心神散乱。四肢瘦疢,举动乖常。肌肉青色,血脉已死。遍体生疮,疮疮有孔,孔孔流脓,脓带血水,好比遍地游民,失于教养,坐耗财力,扰乱治安。咽喉膝肘皆有铁甲尖啄虫,吮吸精血,蚀筋露骨,就好比险要尽失,劲敌在塌。与血混合之虫就好比世宦盘踞,剥削民脂。"②

丁国瑞分析了东亚病夫的症况,丁国瑞讽刺新政,在寓言中说,吴大夫保留原药,将熬药之方略作改变:"立线(一百条,要真要新);兴学草(一棵,要有根有本有果);李材木(一根,要开源节流河岸所生者,搜净根,少带花);练冰(五十团,要坚厚清洁者);实叶(不拘分两,用求精助销合扮);巡井水(一盅,要清洁温馥者);铁甲(四十片,要经火煅不融,刀砍不折者),以上十味,用认真水,一饭锅,武火熬至半锅,去净渣,再熬至一碗,温服下。"③结果因为东亚病夫的仆人不愿意在情面水方面的投资有所损失,不愿意自己的饭锅带有药的苦味,该开方医生就被赶了出门。新政改革如同治病,丁国瑞如此评价道:"凡立一法,即有一法之弊,不过高明杰士,能够防患于未明,次一等的呢,一见弊病将生,快快当当的除掉,再遇一

---

① 丁国瑞.喇飞咽.正宗爱国报,宣统元年十月初十
② 丁国瑞.东方病夫之病况.竹园丛话(第7集),109—110
③ 同上

种庸愚之辈,不是因循苟且,就是因噎废食了。"①

　　新政虽好,实施下来民众没有什么幸福,实际上并不是新政的错,丁国瑞认为:"没有良心怎么能有良法呢","神农氏留下的药材,全能治病,要是遇见不懂什么叫虚实寒热君臣佐使的糊涂医生,给一胡鼓捣,乱开方子,治病的药材就变了戕生害命的药材了,大概我们中国这几年所仿行的新政,不要合庸医治病界上,竟图骗人点脉礼,可不管病人的死活一样罢,"②所以"有治法还得有治人,官要有爱民济世之心才行"。正如杨念群认为,晚清中医衰落的景象,也是一种政治上的隐喻,"现代中国传统的形成不但与西方对清代帝国的想象有关,而且与中国人自身对这种想象的再利用密不可分"③,中医问题的政治隐喻里有着对官方、对中国文化、对中国社会的改良由期望到失望。社会和文化变迁的趋势左右着中医学的命运,像轰然倒下的满清王朝一样,传统医学在民国元年即被教育部直接从学校教育中取消,中医遭遇了断然的抛弃,为文化存亡进行的奋争在西学已占据学术优势和政治优势的情况下艰难异常,这也与晚清王朝的没落形成了一个对照。

　　综上所述,通过一窥丁国瑞的医生生涯的回顾,我们可以看出,春江水暖鸭先知。近代先进知识分子觉醒是民族精神的中流砥柱,"以济天下为己任",在诸多领域发挥重要作用。丁国瑞身为医师,既是回族社会优秀知识分子的代表,也是中国近代社会先进知识分子的代表。他恪守职业道德,"以医济人",关注民众健康,积极参加社会活动,发扬中医之优长。丁国瑞从点滴做起,认为中医:"既是

---

①丁国瑞.良药苦口.正宗爱国报,宣统元年三月初三
②丁国瑞.没有良心怎么能有良法呢.中外实报(附张),宣统元年十月初十
③杨念群.再造病人——中西医冲突下的空间政治.北京:中国人民大学出版社,2006,425

利民利家的小事,也是关乎民众素质,增强国民体质的大事。"①应该说他在中国近代回族史上留下了浓墨重彩的一笔,是近代回族先进人士的典型代表,是值得人们追忆的先进楷模。

---

① 丁国瑞.中国医学问答外篇——论兴医学相关切者有数事宜一律整顿.竹园丛话(第 10
　集),111-124

第六章　丁国瑞的禁烟思想

　　自英国以鸦片为由发动两次鸦片战争之后,鸦片开始在中国泛滥。为了在鸦片市场方面争夺利权,清廷采纳了有关大臣所谓的"鸦片救国"理论,鼓励国内罂粟的种植。在内外环境的催生下,鸦片便大肆泛滥开来。鸦片数量大增,导致民间吸食鸦片的风气极为普遍,吸食者遍及了社会的各个阶层。然而,禁烟的呼声在中国从未停止过。到 20 世纪初,经历一系列的变革之后,中国社会发生很大的变化,激发了中华民族的危亡意识。当时,爱国志士纷纷以报刊杂志为宣传阵地,宣传禁烟思想,并且成立禁烟团体,加强宣传禁烟的力度。丁国瑞作为回族社会禁烟运动的活动家,针对清末禁烟运动发表言论、设立社团、宣传禁烟思想,并且进京请愿,主张政府禁烟。他的禁烟思想内涵丰富,方法灵活,具有许多独到之处,不少禁烟思想观念对当时的戒烟运动具有一定的影响,至今仍然值得我们深入探讨。

第一节　禁烟思想形成的历史条件

一、良好的国内禁烟环境

（一）政府禁烟运动的推动

鸦片烟毒之祸国殃民,甚于洪水猛兽。对鸦片的危害,国人早有认识,雍正初年,闽粤沿海地区有以鸦片拌入烟丝吸食之风,当时就有人上奏指陈:"初吸之时,晕迷似醉,身体颇健……迨至年深日久,血枯肉脱,纵自知鸦片所害,急欲止之则百病丛生,或腹痛而脱肛,或头晕而迷乱,或咳嗽而呕吐。一吸此烟则诸病立愈,精神百倍,虽苟延一息,然死期日迫。"耽食鸦片,伤身破财,害己祸人,"及至家业荡尽,称贷无门,即相率为盗",滋扰社会,朝廷应谕令禁烟,"庶民命拯而盗源息矣"。①

1909 年 2 月 26 日,万国禁烟会召开了第十四会议。会议讨论内容包括鸦片的产量、吸食人数、售卖制度、贩运情况、财政税收、政府相关政策等。综合对比这些报告,毫无疑问,没有一个国家像中国一样遭遇如此巨大的鸦片灾难。在中国的鸦片调查报告中统计了 1906 年中国部分地区瘾君子所占人口的比例。云南、安徽两省吸食鸦片者竟然占据了人口的一半,四川为 34%,山西、甘肃、贵州均为 20%。当时的重要通商口岸,烟台为 33%,汕头为 25~30%,厦门为 25%,上海为 20%。全国的瘾君子为约 1350 万,占人口的 30%还要多,也就是说当时,大概三个人中间,就有一个是鸦片鬼。这些鸦片鬼 1906 年共消耗了 6000 多万斤生鸦片。鸦片之外,大量的吗啡被走私进中国,许多鸦片鬼又转而被更厉害的吗啡瘾俘虏。被日本占领的台湾地区,调查数据显示,1897—1906 年十年间,瘾君子的平均死亡率约为 52%,1906 年因鸦片犯罪的案件达到 2096 起。②

为了挽救中华民族危亡,面对日益严重的烟毒,国内不少仁人志士奔走呼号,或呼吁清政府明令禁烟,或身体力行,创办禁烟会社,逐渐掀起了禁烟热潮。在国内外舆论的压力下,也为了树立锐

①广东碣石总兵苏明良奏陈严禁贩卖鸦片以拯民生折.马模贞主编.中国禁毒史资料.天津:天津人民出版社,1998,4

②苏智良.全球禁毒的开端-上海万国禁烟会.上海:上海三联书店,2009,45

意图强的形象,清政府于 1906 年 9 月 20 日(光绪三十二年八月初三日)颁布了禁烟谕令,"著定限十年以内,将洋土药之害一律革除净尽"①,拉开了清末禁烟运动的序幕。

对于这次禁烟,清政府十分重视,除连连颁布谕令,要求各省督抚、将军严厉禁烟外,还制定了各项法律、法规,将禁烟方法、措施具体化。1906 年 11 月 30 日,会议政务处拟定《禁烟章程》十条,对禁吸、禁种、禁运各项作了概括性规定,勾画出这次禁烟运动所涉内容的大体轮廓。1908 年 5 月 23 日,民政部会同度支部又拟定《禁烟稽核章程》23 条,实是对《禁烟章程》的具体化。1908 年 4 月 7 日,清政府谕令恭亲王溥伟等 4 人为禁烟大臣,并于京师设立禁烟公所,成立了中央的禁烟机构。同年 6 月 8 日,禁烟大臣拟定《禁烟查验章程》10 条;8 月 20 日,吏部奏定《严定禁烟考成议叙议处》6 条,将禁烟成绩作为地方官考成的重要依据之一,这对促成官方的禁烟热情无疑是一个保证。1909 年 4 月 14 日奏定《续拟禁烟办法》10 条。1910 年 1 月 28 日,宪政编查馆奏拟《禁烟条例》,使禁烟有了法律保障。1911 年 4 月 20 日又奏定《续拟严定禁烟查验章程》10 条,成为调研官员是否吸食鸦片的主要依据。

此外,清政府还完善了禁烟执行机构,除民政部、度支部、各省督抚等负有禁烟之责外,还建立了从中央到地方,从官方到民间的一整套专门禁烟机构,使各项禁烟法律、法规得到了有效执行。

这样,清政府的禁烟新政由于符合历史发展的潮流,并得到了人民群众的支持,在中央与地方、官方与民间的共同努力下,展开了轰轰烈烈的禁烟运动。清政府的禁烟运动对当时的社会产生了巨大的影响,同时在民间激起了相应的行动,广大民众加入了禁烟的

---

① 朱寿朋编.光绪朝东华录(第五册).北京:中华书局,1984,5570

行列。丁国瑞作为禁烟活动家,积极响应政府的禁烟运动,发表演说,组织社团,参与民间社会活动,为政府的戒烟献言献策,形成了自己独特的禁烟思想和独到的禁烟方法。

(二)国内历代有识之士呼吁禁止鸦片

鸦片的输入加重了国民的灾难,由于鸦片的泛滥,吞噬了市场的活力,使中国社会陷入了一种无力自拔的状态。唐国安在万国禁烟会上无情地揭露英国从事鸦片贸易的罪恶行径:"在她(英国伊丽莎白女王)派遣她的船队出发时,她优美地说为了增进友爱和贸易。但是,如果你在贸易中注入了某些东西,它使得贸易不成为一种天赐,而成为一种天罚,它使得贸易散布的是贫穷,而不是富庶,那么你不但对贸易本身进行了抑制,而且造成了无穷的误解和偏见。"① 孔子曰:"己所不欲,勿施于人",《圣经》中也讲:"爱你的邻人,如爱自己一样"。但是罪恶的鸦片贸易,造成了中国近代社会深重灾难。从林则徐开始,一批又一批有识之士曾强烈呼吁禁止鸦片烟毒,非常重视禁烟问题。

1838 年 8 月,林则徐上奏道光,指出鸦片流毒天下,"若犹泄泄视之,是使数十年后,中原几无可以御敌之兵,且无可以充饷之银"。② 这就触及到了清朝统治的要害,令皇帝不寒而栗,为了维护封建政权的根基,道光皇帝在连续八次召见林则徐之后,于 1838 年 12 月 31 日任命林则徐为钦差大臣,"驰驿前往广东,查办海口事件"③办理禁烟事宜。林则徐作为清政府特派的第一位专办禁烟的钦差大臣,揭开了中国近代历史的序幕。林则徐长期任地方官,深

---

① 苏智良.全球禁毒的开端－上海万国禁烟会.上海:上海三联书店,2009,134
② 钱票无甚关碍宜重禁吃烟以杜弊源片.中山大学历史系编.林则徐集(中).北京:中华书局,1965,601
③ 著颁给林则徐钦差大臣关防驰赴广东查办海口事件事上谕.中国第一历史档案馆编.鸦片战争档案史料(第一册).上海:上海人民出版社,1987,424

知鸦片对人民的身心健康和社会经济所造成的危害,因此,一贯主张严禁鸦片。林则徐被派到广州后,立即表示自己查禁鸦片的决心:"若鸦片一日未绝,本大臣一日不回,誓与此事相始终,断无中止之理。"①经过两个多月的严查密访和与鸦片贩子的紧张斗争,林则徐共缴获外国鸦片237万多斤,于1839年6月3日至25日在虎门海滩全部当众销毁。

在外国鸦片如潮水般涌进中国之际,农民革命的领袖人物洪秀全也极力反对吸食鸦片和鸦片贸易。洪秀全告诫人们远离鸦片烟,他要求人们做正人,禁绝吸食鸦片。他把吸鸦片视为犯"天条",主张"斩杀不留"。建都天京之后,洪秀全还颁发了《劝人戒鸦片烟诏》。在太平天国初期,在严厉的禁烟令下,不仅太平军中无人吸鸦片,而且严禁百姓吸食,鸦片一度几乎禁绝。

中国近代第一位驻外使臣郭嵩焘则主张用"疏通民气"的方法禁止鸦片。他认为,禁止鸦片要正本清源,必须先禁止吸食,把鸦片列为首禁,纂入《学政全书》,以保证从学校培养出来的官员不再吸鸦片。鉴于下层胥吏收受陋规和包庇行为,郭嵩焘主张应选派公正绅员负责禁烟。同时明定章程,对种植、贩卖鸦片者予以严惩。左宗棠也主张用"加价减瘾"的方法禁止鸦片。他认为,对洋土药加价以后,"瘾轻者必戒,瘾重者必减,由减吸以至断瘾",②还是有希望的。李鸿章则主张"以土抵洋",即以发展土药生产来抑制洋药进口。他认为,暂弛罂粟之禁,既可夺洋商利权,又可增加税收,等到"洋商无利可图,洋药渐不来华"时再严禁土药,也不算晚。③

以康有为和梁启超为首的维新派在呼吁变法维新的同时,也极

---

①林则徐集.北京:中华书局,1965,60

②(清)朱寿朋编.张静庐等校点.光绪朝东华录(一).北京:中华书局,1965,1095

③(清)李鸿章撰.顾廷龙、戴逸主编.李文忠公全书(第24卷).安徽教育出版社,第24卷,2007,21

力针砭鸦片陋习,自发地禁吸鸦片。康有为指出,中国人"褴褛相望,加复鸦片熏缠",被外国人"讥为野蛮久矣"。严复认为,吸食鸦片致使中国"种以之弱,国以之贫,兵以之窳"。他主张禁烟应改过去的严刑峻法,而由皇帝责成清廉官吏专门负责禁烟:"天子察二品以上近臣大吏,必其不沾者而后用之",再由这些近臣大吏察其近属,然后再定相坐之法。他认为先禁官兵士子,再令民间禁吸,30年之内便可使鸦片之害尽绝于天下。维新派的骨干徐勤在《戒鸦片烟会序》①中指出了鸦片"伤于身"、"害于家"、"损于国"、"弱于教"的危害。他认为禁烟是维新的基础,因而自发地组织戒鸦片烟会,以互相诫勉。

通过历代有识之士的奔走呼吁,禁烟思想逐渐深入人民大众。到晚清,在政府倡导下,国际环境的影响下,人民群众越来越认识到鸦片的危害,禁烟的思潮空前膨胀,自发的组织掀起了禁烟的高潮。在先进人物的影响下,丁国瑞首当其冲,身体力行,积极发表言论,组织社团,是近代禁烟运动中杰出的活动家。

二、有利的国际禁烟环境

(一)上海万国禁烟会的推动作用

自鸦片开始成为贸易商品始,它已不仅是一国事情,而是重要的国际事件。尤其是鸦片泛滥,英美等国国内的鸦片问题逐渐成为重大社会问题之一。除此之外,大量的华工纷纷踏上赴美、英等国的船只,为华工而设的烟馆数量急剧增长,进一步恶化了当地的社会问题。鸦片问题开始成为国际上亟须解决的问题之一。

1909 年,在美国政府的倡议下,受鸦片毒害最深的中国作为东道主,在上海召开了世界历史上首次国际禁毒会议,史称"1909 年

---

①丁国瑞.戒鸦片烟会序.竹园丛话(第 20 集),104

上海万国禁烟会"。万国禁烟会的召开标志全球禁毒的开端,对清末禁烟运动起了积极的推动作用。

在会议期间,各国代表就禁止鸦片问题进行了交流,讨论了鸦片禁种、禁运、禁吸等问题,最后通过了九项议案。在中国国内,禁烟运动再度高涨,吸食鸦片这一行为被人们所唾弃。大多地方官吏颇能将禁烟政策付诸实践。知识界充当了宣传禁烟的急先锋,他们以报纸为宣传阵地,或撰写禁烟小说或禁烟诗歌,甚至将禁烟小说改编成形象生动的戏剧,搬上舞台,以扩大禁烟的影响力。除此之外,民间的禁烟团体如雨后春笋般纷纷设立,社会各界的名人志士积极参与,扩大了团体宣传禁烟的号召力度,并借助报纸刊登禁烟广告,为世人禁烟提供了颇为宝贵的信息资源,在宣传禁烟思想方面起到了不可替代的作用。万国禁烟会的召开极大地鼓舞了中国人民禁烟的信心,在政府和民众的一致努力下,中国在禁烟方面取得了显著的成效。

在国际上,中国在禁烟上的举措和成绩得到国际社会的普遍认可,在 1907 年时,中英就禁烟问题达成协议,试行三年,试中国禁烟成绩如何,再续订禁烟协议。到 1910 年,中国试行禁烟的三年期限满,中国的禁烟成绩已是世人瞩目。万国禁烟会议之后,禁烟已成为国际多数国家的口号,迫于国际舆论的压力,1911 年 5 月,英国政府与中国政府续订禁烟条件。

1909 年上海万国禁烟会是人类历史上第一次多边性的国际反毒禁毒会议,它第一次确认鸦片等毒品必须在世界范围内禁止的国际共识,第一次唤起了各国政府对毒品的关注。良好的国际禁烟环境,不仅推动了清政府禁烟运动的进程,而且也鼓舞了民间有识之士对禁烟运动的认识,大家纷纷为禁烟献言献策。

(二)传教士的推动作用

传教士是近代史一个特殊的群体,是西方列强侵略中国的伴生物,国内在对这一群体的评价上,基本上以否定为主,但是在禁烟方面,鲜有人注意到传教士所起的积极作用。传教士是同鸦片一起进入中国的,传教士来华的主要任务是传播"福音",其教规中也有规定,不允许有瘾之人入教,因此在华传教士的传教事业大大受挫,在传教的过程中,他们亲眼目睹了鸦片给中国人民带来的危害,他们反对罪恶的鸦片贸易,并为此做出了不懈的努力,他们或撰写文章,或召开禁烟会议,或设立戒烟所,宣传禁烟思想,并向人们发放戒烟药丸,帮助中国政府和中国人民铲除毒患。

1871 年,传教士于当时的杭州设立第一家戒烟所,到 20 世纪初,全国已到百余所。传教士不仅尽可能地利用民间力量进行禁烟,还就禁烟问题向清廷积极谏言,如 1906 年全国 1333 名传教士联名向中国皇帝呈递请愿书,请求中国政府实行彻底禁烟的政策,这对后来清政府于 1906 年颁布著名的禁烟法令产生了较大的影响。同年,驻菲律宾的美国主教勃伦脱(Bishop Brent)致信美国总统罗斯福,请求他关注远东的毒品问题,并协助中国召开一次国际性的禁烟会议。因此,在禁烟问题上,传教士是中国禁烟运动的有力推动力量之一。

在众多的传教士中,其中丁义华①最具有代表性,他来华传教数十年,与孙中山等政府政要,以及丁国瑞、张伯苓等社会名流联系密切,在他们的支持下,不遗余力地为中国社会的改良奔走宣传鼓呼。在清末禁烟运动中,丁国瑞深受丁义华的影响,在某种角度可以说,丁义华的积极活动,间接地推动了丁国瑞禁烟思想的形成和发展。

---

①丁义华(Edward Waite Thwing)是美国基督教北长老会的牧师,1868 年生于波士顿,1887 年
来华传教。

三、独特的个体信仰因素

丁国瑞不仅是中华民族的优秀儿女,也是回族社会的积极分子。他深知毒品是当时社会的一大公害,禁毒已是举世瞩目的大事,也是每位穆斯林义不容辞的责任。在这样的情势下,他奋笔疾书,力主禁烟。

首先,作为一个医学工作者,深知鸦片对人体的危害。从卫生学的角度,向人们揭示了鸦片对人体的危害。他在《卫生浅说》当中讲到:"鸦片的毒,比烟酒大几十倍,故此为害最烈。最容易见的有六样:一、坏脑髓;二、坏五脏;三、坏胃中津液,故喜食水果与糖类;四、血质变坏,故面目青黑,口中臭味熏人;五、大便团结,肠内吸液管吸粪内的流质,故周身含有烟臭;六、食物较少,故此体瘦如柴,皮燥筋松,全无人形。吸鸦片成瘾的人,性情颠倒,志气消磨。"①

其次,作为回族穆斯林,能够恪守教律,劝诫戒烟。

丁国瑞从小接受了良好的宗教教育,是一个虔诚的穆斯林。作为一个真正的信士,必须遵守《古兰经》的教诲,才能获得坚定的信仰,坚决遵行圣先知传达给我们必须完成的任务,坚决戒除一切不良的行迹、有害的饮食、非法的营谋;只有坚持"命人行善,止人干歹"的宗旨,并造福于人类,才符合一个纯真穆斯林的要求。

伊斯兰教的教规是,凡是对人有害的,都是非法的。毒品可以使人丧失意志,使人精神崩溃,直到肉体消亡。所以贩卖毒品是不拿屠刀的杀人犯,而吸毒是慢性自杀,是自取灭亡。穆圣教导人们:"谁使用非法的食物,哪怕是一口,真主不准承他四十天的善功。"由此可知,一切善功均以合法的饮食,合法的钱财为首要条件。所以穆斯林应该远离毒品,珍爱生命。

①丁国瑞.卫生浅说.竹园丛话(第6集),503

弘扬伊斯兰教,远离毒品是穆斯林的责任和义务。穆圣说:"凡是麻醉品无论多少都是非法。"穆圣也说:"谁见到一件恶事,就应该亲手制止,若做不到,则用口舌批评他,再做不到,则用心去痛恨他。"伊斯兰教认为毒品是恶魔,吸毒是自杀,贩毒是杀人,危害民族、危害社会。真主说:"众人啊,你们可以吃大地上所有合法而且佳美的食物,你们不要跟随恶魔的步伐。他确是你们的明敌。"①伊斯兰教的戒律有着约束人们行为的作用,作为穆斯林,要听穆圣言,遵穆圣行,做与毒品斗争的勇士。

从一个穆斯林的角度出发,丁国瑞特殊的民族信仰,令其对鸦片的危害比一般认识更加深刻。其认识到毒品的危害性,知其是背离教规、毁灭自己、祸及家庭、危害社会的事情。他不仅自己杜绝鸦片,而且劝说阻止别人吸食鸦片。

总而言之,正是国内外禁烟运动高涨的良好大环境催生了丁国瑞禁烟思想的形成。同时,丁国瑞的禁烟思想也代表了民间的声音,是对中国近代禁烟思想的一个有力补充,有必要对其禁烟思想进行挖掘梳理。

第二节　禁烟思想的主要内容

随着国内禁烟运动的发展,全国各地自发组织了许许多多的禁烟团体。在全民力争禁烟的大潮中,丁国瑞针对清末政府禁烟运动发出了自己独特的见解。其中在《禁烟的办法》中开宗明义特别强调到:"资政院注意、各省咨议局注意、国民禁烟会注意、禁烟王大臣更宜注意。"②在他看来,禁烟是一件系统的,关系重大的事情,提出

①马坚译.古兰经(2:169).北京:中国社会科学出版社,1981,18
②丁国瑞.禁烟的办法、竹园丛话(第11集),26

了相关的禁烟思想。丁国瑞禁烟思想主要表现为对内对外两个方面:对外就是力争废约;对内就是速行禁种、禁运、禁卖、禁吸。我们主要从以下两个方面来论述其戒烟思想。

一、关于废约的思想

针对英国强卖鸦片给中国,不仅仅激起了国内有识之士的痛恨,而且"英国上等体面人,引以深耻,所以教会中的人,学界中的人,以及政界中的慈善人,或运动政府,或联络同志,到处立会演说,痛陈鸦片的毒害"。① 在国际舆论的压力下,英国不得不与中国订立禁烟条约。

1910 年 9 月 22 日,英国召开"鸦片专约五十年国耻纪念会"。② 该会不但力主禁绝鸦片烟,并力争在当年海牙和平会议上,联合大众,恳求英政府,废除从前与中国所订立的鸦片专约,允许中国禁烟自由,"以洗英国五十年来,强用毒物害人之大耻"。③

同时美国传教士丁义华先生与杜竹轩先生不仅作演说登报要求禁烟,而且邀请丁国瑞作关于禁烟的演说。在丁国瑞看来,外国人都对中国受鸦片之害的事情"尚且如此的关切,我们中国人岂有置身事外的道理呢"?④ 如果在以前,禁烟的问题是无人敢提议的事情。目下既有国际社会这样好机会,也有友好人士这样好臂助,所谓"虽有智慧,不如乘势"。丁国瑞感慨道:"我们中国人,果能同心合力的一振奋,未尚不是拨云见日转弱为强的一个大转机呀!"⑤

---

① 丁国瑞.禁烟的办法.竹园丛话(第 11 集),26
② 50 年前的当天,英国因为强卖鸦片,联合法军,挑起了第二次鸦片战争,战胜中国,开始了与中国鸦片贸易合法化的罪恶贸易。使英国上等社会,至今引为国耻,英国为世界文明先进最先之国,不应有此不文明之举动。在历史上,有关英国全国之名誉,故此立会纪念,是纪念英国之国耻,并愿将此国耻,从速剔除,不留余踪
③ 丁国瑞.禁烟的办法.竹园丛话(第 11 集),18
④ 同上
⑤ 丁国瑞.禁烟的办法.竹园丛话(第 11 集),22

在全国人民同心协力禁烟的大潮中,在他看来首先应当从废约这事办起,丁国瑞认识到:"条约一废,我们禁烟可以自由,主权既伸,自无旁人掣肘,其中的利害,一言难尽,此时亦不便全说明了。然而若没有这个好机会,专凭我们中国人,硬说废约,亦怕是梦中说梦。所以我说,时不可失,万勿失此好机会。"①关于废约的办法,他在报纸上先后进行不断论说,1910 年 9 月在《民兴报》上曾经刊登《鸦片废约议》,就如何争取废约问题,进行了专门的论说。

在他看来,废约问题不能仅仅是空谈鸦片废约议的演说,这是与废约空谈无补的事情,应该表现在实际行动中来。他明确指出,"大家认定了这个宗旨,急速组织机关,先由顺直咨议局发起,联合各省咨议局,全体上书于资政院,资政院从速议决入奏,由外部速派废约专员,驰赴海牙,专任办理此事。"②丁国瑞倡导积极组织民间力量,发动人民群众参与到国家事务,具体办法是由各省咨议局,公选四位合格的议员,作为国民代表,同赴海牙,联络英美各国热心赞成禁烟的诸士绅,共谋废约的办法。这样不仅可以辅助政府所派的委员,密商一切。关于一切费用的问题,官由官筹,民由民办,民款不足,再请官辅助。这是一个千载难逢的时机,要有不达目的不罢休的心态。

在他看来废约这件事情是与中英两国全有益处的,所以是应该能办成的事情。关于废约的益处,主要从以下几个方面来进行分析。

首先,有利于英国政府名誉的恢复,无损其在华利益所在。丁国瑞认识到废约可以给英国的历史增加无限的光荣,而相对于其权利来说毫无损失。在他看来:"英政府亦必赞成废约,以恢复名誉,

①丁国瑞.禁烟的办法.竹园丛话(第 11 集),23
②丁国瑞.鸦片废约议.竹园丛话(第 9 集),20

所不便者,只是享贩卖鸦片利益的人。英政府既得中英两国国民之请求,岂有不顺水放舟之理,且鸦片之利益,已成弩末。"①

第二,有利于中英两国关系发展。丁国瑞认为如果中英两国能够签订废约条约,那么中英两国之邦交,从此益见敦睦。他发表演说:"如果英政府果允废约,则中国人必将从前强卖鸦片之恶感情,弃于九霄云外,不留芥蒂之嫌,从此中英两国的人,软件亲睦,彼此推诚,英国在中国的商务,还有不蒸蒸日上的吗?"②

第三,有利于中国自由戒烟。这是显而易见的事情,如果废约签订之后,中国则有自由禁烟之完全主权,将再不受第二国从旁掣肘,这样就可以尽快消除鸦片的危害。他倡议到:"鸦片之毒流,不三四年,可使全国肃清。即使英国得一实仁慈之美名,且使中国国民永脱於无边之苦海,更使万国禁烟大会之诸善士,得一圆满愉快之结果。世界文明进化,未有重于此举者,愿我国诸同志,起而图之。"③

1911年2月海牙和平会召开,丁国瑞发表演说倡导官民团结起来,选举代表,借着万国禁烟会和英国国耻纪念大会的机会,力争废约。他发表演说写道:"我们中国的官绅庶民,结起大团体来,举代表,赴海牙,借着万国禁烟会与英国国耻纪念会的大善士的热心鼎力,共同维持,向英政府请公法,说公理,力争废约。一面由我们资政院的诸大议员,请政府与禁烟王大臣以及外务部大臣,向英政府力争废约。"④

以上是丁国瑞对于对外废约的分析,他从中国现实的历史环境出发,希望借助良好的国内国际环境,发动人民大众,官民联合,力

①丁国瑞.禁烟的办法.竹园丛话(第11集),25
②同上
③丁国瑞.禁烟的办法.竹园丛话(第11集),27
④丁国瑞.鸦片废约议.竹园丛话(第9集),20

争禁烟条约的签订。在其中,我们可以看出其理想化的色彩,英国在与中国鸦片贸易中获取了丰厚的利润,让其轻易放弃鸦片贸易的合法化,让英国允许中国有禁烟自由权,是一个艰难的过程,仅仅凭着个人愿望是无法实现的。但是,在其中,难能可贵的是丁国瑞看到了人民的力量,把人民大众发动到禁烟运动中来,这是其思想中积极进步的地方。

二、关于禁烟的思想

在国内外禁烟的呼声召唤下,民间禁烟团体不断发起,在北京成立了"中国国民禁烟总会",天津也成立了"中国国民禁烟顺直分会"。然而以上这些民间组织,对于如何进行禁烟,如何进行管理、设立机关,从何处下手,尚未成熟的想法和规章制度。针对民间禁烟社团的这种现状,丁国瑞提出了自己的禁烟办法。丁国瑞自称:"鄙人不揣攘陋,略陈管见,望热心此事的诸君,加以研究:这可是我个人的意见,并不是国民禁烟会的公布。"①鉴于以上情况的考虑,丁国瑞于宣统二年十月二十七日在《民兴报》刊登《禁烟的办法》,明确提出一些建议,集中阐发自己的禁烟思想。

(一)建议快速组织禁烟机关

当时的禁烟会大多是民间组织,只能起到监督禁烟的作用,并非行政上的执行机关,所以没有惩罚奖赏的权利。禁烟会一般是以著论登报、编撰白话,起着鼓动精神,以联合大众、催促官府、设局戒烟等作用,是一个广征良法、博采众论的民间机构。而对于禁烟来说,专凭民间禁烟会劝导,那是没有力度的。在他看来,对于禁烟而言,不可不快速组织设立禁烟机关。

丁国瑞将禁烟的机关分为官办的机关和民办的机关两种。其

①丁国瑞.禁烟的办法.竹园丛话(第11集),21

中官办机关和民办机关,各有所长,应该各尽其职。

首先,设立官办机关。主要以禁烟大臣为首,各省由督抚担其责任,每省设立禁烟总局,按照资政院议案,以藩司巡警道为总办。同时,督抚为一省禁烟总办,直截了当;各分巡道,各府在其辖境内,皆有禁烟总办之责;州县官、巡警长官,在其管理地面,皆有禁烟总办之职责。对于禁烟不力,按照各辖境,凡有责任者,皆从重惩罚。

其次,设立民办机关。民办机关应该设立分会,要求协助官办机关,是官办机关的有力补充和保障。民办机关总会设于北京,即由总会请资政院诸议员,分函各省成立一分会。再由省分会,联合该省咨议局议员,每县设立一支会,每镇乡再立一小支会。各按自治区域,有本乡镇会员,调查劝导。以禁烟会为主体,各镇乡成立分会后,即造册列表报知该县支会。

丁国瑞认为如果组织了官办机关和民办机关,那么机关既立,各地皆有办事人,民办机关可以就近调查劝导稽查,收效极易。譬如各省份可以印刷劝导白话,分交各州县分会,各县分会,再按照该县所有若干镇乡村庄,照印若干张,分交各镇乡会。也可以在镇乡会,就本地约请几位热心公益之人,沿街宣讲劝戒鸦片。如此办理,不要旅费,而且无语言障碍,洞悉乡情,可以就地取材,收效一定良好。另外,省分会分派人员调查督催,暗察其成绩,进行奖励处罚。

在他看来,官办机关和民办机关组织起来,就形成了一个周密的系统,一定可以起到积极的禁烟效果。他曾撰文写道:"机关既立,且有统系,如周身之脉络通灵,臂使手,手使指,牵一发则全身知觉,禁烟的功效,还不是指日可待的吗?"[1]丁国瑞在全局的眼光下,应用系统的理念,来为禁烟献言献策,具有很强的可行性,但是在清

---

[1]丁国瑞.禁烟的办法.竹园丛话(第11集),29

政府腐朽的统治下,很难执行。

(二)主张再次缩短禁烟期限

首先,主张缩短禁烟期限。禁烟期限问题是禁烟运动中一个至关重要的问题,对此,众说纷纭,当时国民的意见不一。如:顺直咨议局所提议案,建议以宣统三年十二月底为断绝期,而且措辞极斩截;资政院众议员,大多主张宣统三年年底为断绝期;也有主张宣统四年十二月。在丁国瑞看来宜再次缩短禁烟期限,因为"盖吸烟人之性情,类多因循萎靡,予限半年,一横心,足可断净。若宽以年限,再不横心,虽十年亦难断净"。①

针对资政院以宣统四年十二月为禁烟最终之期限问题,丁国瑞提出了质疑,而且发表了自己的看法。丁国瑞认为资政院的提案,不但措辞含混,而且与禁烟前途无利,况且该院之议案,语多矛盾。丁国瑞提议以宣统三年年底为禁绝期。在他看来,如果从当下算起,尚有十四个月的工夫。他认为:"若各省普设戒烟局,广传良方。由明年正月起,将购烟执照逐月过减分量。严降谕旨,多出白话告示。决定以宣统三年年底为禁绝期,这十四个月里,足可办到,何必多展一年呢?"②

资政院的议案中讲到:"凡在六十岁以下者,限宣统三年十一月,一律戒断;在六十岁以上者,限宣统四年六月,一律戒除。即于四年六月后,由地方官会同自治员,挨户调查,区内共有吸烟者若干,责成区长,仅六个月内,勒令就戒,至宣统五年,尚未戒断者,经人举发,调查属实,照律惩办云云。"③针对资政院的议案,丁国瑞对其进行了评议,对资政院的禁烟期限提出了质疑,他写道:"愚按该

---

①丁国瑞.禁烟的办法.竹园丛话(第11集),28
②丁国瑞.禁烟的办法.竹园丛话(第11集),30
③丁国瑞.禁烟的办法.竹园丛话(第11集),32

院所云之宣统三年十一月,与宣统四年六月,一律戒断之句,揣其语气,是此两日期乃始行戒烟之第一日,非已竟戒断之末一日也。是六十岁以下者,在宣统三年十一月以前,尚难随便吸烟也。六十岁以上者,在宣统四年六月以前,尚准随便吸烟也。试问诸议员,特留此一年至一年半之吸烟期限,有何理由?"①面对当局的犹豫不决,他建议应该:"骤下禁令,恐吸烟者不能依限戒净,然由今年年前,组织戒烟局,广传戒烟方,急降严旨,通电各省,限宣统三年年底一律戒净。时间不为不长,办法不为不宽,何必由宣统四年六月,始行调查勒戒也。"②

其次,缩短禁烟条件已经成熟。针对禁绝的期限缩短问题,丁国瑞认为中国已经具备缩短戒烟的条件,主要从以下几个方面来分析。首先,禁烟期限问题是我们的内政,英国干预不上。其次,无论从条约和公法而论,我们都有充足的理由缩短期限。第三,各省禁种鸦片,已收大效。第四,吸烟人无团体,断不致有变,即或稍有骚扰,亦属利大害小。况且中国受鸦片之毒害已五六十年,在五六十年中金钱外溢,损失巨大。如果能趁海牙会议这个好机会,决意主张宣统三年年底断净,一鼓作气,条约一定可废,而内地也足可禁绝。

丁国瑞对于政府外部诸大老,以及各省督抚,不赞成从速禁绝,多数儿赞成宣统四年,不赞成宣统三年为断绝期的议案,一针见血地指出,这是因为统治阶级"纯系顾一己之利,不顾国家大计"。③丁国瑞认为禁烟期限关系禁烟全局,关系中国强弱之全局,且关系"国民禁烟会"成败之全局,是千载一时的机会,所以丁国瑞希望引起国民的注意。

①丁国瑞.禁烟的办法.竹园丛话(第11集),31
②丁国瑞.禁烟的办法.竹园丛话(第11集),33
③丁国瑞.禁烟的办法.竹园丛话(第11集),35

（三）制定统一的惩罚奖励条例

"不教而杀谓之虐,不戒视成谓之暴"。丁国瑞建议政府制定具体的法律法规,使禁烟有法可依,能够依法办事。丁国瑞说:"惩罚违禁,宜速订简明划一之条例,宣示普告,以资遵守也。……必须预先宣布极简极明之法律,使穷乡僻壤,皆家喻户晓,不但执法者有所依据,即吸烟者亦知所惊惧。"①

具体做法是,制定准确的禁绝期限。如果禁绝年限定准,那也就算有了法律根据。按照禁绝最终期,主要分为期前和期后两种办法。

（四）取缔戒烟丸、纸烟、吗啡等替代物

鸦片是一种让人上瘾的麻醉剂,一旦上瘾很难戒掉。戒烟也就成了一件艰难的事情,很多人就寻找相应的替代品来顶瘾,配合着戒烟。但是配合戒烟的戒烟丸,大多是上瘾的毒药。其中,对人体毒害最大者莫过于吗啡。一旦吸食吗啡过量,就会出现头痛、咳嗽、气喘、痰中带血、心里发烧、眼花、健忘等症状。丁国瑞认识到吗啡是一种能够损耗人脑髓和肺液,能使周身血液干涸的麻醉剂。面对吗啡大量进口,大宗销售,逐渐成了鸦片的替代品,丁国瑞提出真正有效的斩草除根之办法,就是不许吗啡进口。

丁国瑞提出具体的办法:首先,在鸦片禁绝前期,严行考查化验替代品,如果验出毒质,从重惩罚。第二,化验人在化验后,需要出具化验证明。如果查办出化验人员作弊,将与犯人同科治罪。第三,由宣统三年七月初一日起,即一律不准售卖戒烟药丸,这将是全国的公益。第四,凡戒烟者,或者归戒烟局,或者按照公布之良方,自行制药戒烟。

同时,社会上还出现了另外一种现象,就是吸食纸烟已经开始

---

①丁国瑞.禁烟的办法.竹园丛话(第11集),35

盛行。丁国瑞担心将来纸烟之内，掺合鸦片、吗啡，认为纸烟也应该早点提防。禁止的方法是：首先，严行检查纸烟。丁国瑞建议："从宣统三年正月起，无论本国外国之纸烟，有掺合顶瘾之毒物者，查出重罚。如果仍进行营业与贩运，地方官失查者，应该处罚。"①其次，推广种植关东烟叶与易州烟叶，建议各地劝业道提倡各省种植烟叶，抵制外国烟叶进口。

总之丁国瑞看来就是先禁有毒的烟，后禁无毒的烟；先禁外国入口的毒烟，后禁本国人民造的烟。丁国瑞呼吁道："鸦片之害未铲除，纸烟之害已勃起，愿吾热心爱国之士，速醒而挽救之。"②

（五）主张在租界禁烟

租界内禁烟不如内地好查，但是此弊不除，终是禁烟的余害，丁国瑞建议："应请由禁烟王大臣，会同外部，照请各国公使，转知各租界领事，一体维持。……由各省督抚绅民，交涉使海关道等，公请租界领事翻译工巡头目人等，面商禁绝之法。共同议定后，即登报宣布，凡在租界内犯禁者，皆加倍罚钱，四份分之，以一份归该租界工部局办公，以一份归该租界巡捕均分，以一份归告发送信指导人，以一份归中国禁烟局之巡役。如此办理，未有不成者。"③

（六）宜速规范国民禁烟总会及各省分会活动

丁国瑞从不同的角度对如何规范禁烟活动提出相应的建议。丁国瑞讲到事无大小，必须有一定之方针，虽是众志成城，亦须各有责任，方不致紊乱误事，提出了关于禁烟会应当注意的相关内容，希望当局能够采纳。首先，忌讳争名夺利的心理。丁国瑞讲到："同为国民，同办公益。办上事，务必各尽心力，任劳任怨，以期于成。办有成效，

①丁国瑞.国人速醒.社会教育星期报,中华民国十一年一月一日
②丁国瑞.禁烟的办法.竹园丛话(第11集),34
③丁国瑞.禁烟的办法.竹园丛话(第11集),35

为全国之光;办无成效,为全国之耻。县会亦不小,分会亦不小,总会亦不大,不过和衷共济的办这一件事,万不可稍存争名的心。"①第二,将会中应办之各项事件具函,宜分投担任,宜速进行。第三,宜爱惜捐款,不可浪掷靡费,致难以为继。第四,须时常聚会,以免懈怠。

(七)预拟将来之纪念物,以鼓众志

丁国瑞考虑到两年后,如果禁烟成功,应该对这次全民的禁烟运动进行历史的记载。丁国瑞建议各镇乡、各州县、各省分会应该为这次禁烟的成功,进行物质性的记忆。具体的措施有,例如:成立戒烟纪念馆,馆内陈设一切有关鸦片之历史、文件、奏议、约章、著作、章程、文告。此外,陈列由道光年至当时,在禁烟运动中做出贡献的中外官绅、士民肖像。最后,再将烟土、烟膏、罂粟花标本、烟枪、烟盘、烟灯、烟锅及一切大小烟具,无论贵贱,一切吸烟、熬药、烧烟之模型,统统陈列收藏起来,"以作千百年后之纪念"。

丁国瑞认为,还应该在每年的春秋,开会两次,请赞成禁烟的人士一律到会,或演说既往,或警告将来,任人入览旁听,以资观感。丁国瑞认为如果全国人民能够"众志成城,坚韧前进",戒烟的事情一定能够成功。如果半途而废,那将前功尽弃,"可就给世界上留下纪念话柄儿了"。②

以上是丁国瑞戒烟思想的主要内容,既涉及相关的理论分析,又涉及具体的方法,可以说是一个完备的理论方法体系。其思想是清末禁烟运动的产物,不仅反映了民间社会对清末禁烟的积极关注,也是全国的禁烟中的一个重要组成部分,为雪洗鸦片战争以来毒品为中华民族带来的灾难与耻辱做出了不可磨灭的积极的贡献。清末禁烟运动中,丁国瑞认识到人民大众的力量,建议唤起民众的

①丁国瑞.禁烟的办法.竹园丛话(第11集),36
②丁国瑞.禁烟的办法.竹园丛话(第11集),33

禁烟意识,采取多种方法发动群众,调动群众的禁毒积极性,从而使运动取得更好的成效。

第三节 禁烟思想的实践

近代中国深受鸦片祸害,蒙受多年羞辱。为了国家的强盛和人民的健康,中国各阶层的志士仁人,以及广大的社会民众,曾经为彻底禁烟,废除列强强加于中国头上的不平条约付出血的代价,涌现了可歌可泣的人物。1906年9月,清廷颁布所谓"上谕",而以此为标志开展起来的清末民初禁烟运动,则是近代禁烟史一件重大的历史事件。在这次禁烟运动中,以回族人士丁国瑞为中坚力量,主持成立"恢复禁烟主权会"和"国民求废烟约会",进京献言献策,组织活动,发表言论,在运动开始和运动全过程中,都做出了世人瞩目的贡献。丁国瑞作为中华民族的一员,在这场禁烟运动中,起过骨干的作用,乃至领导的作用,是禁烟运动中杰出的活动家。

一、激扬文字唤醒民众禁烟

如前所述,清末民初的禁烟运动,是一场自上而下发动起来的全民运动。这是一场在全国民众的呼声,以及在中国的外国友好人士和国际大气候的良好支持下展开的轰轰烈烈的禁烟运动。

自从鸦片进入中国以来,中国人民的反倾销斗争就没有停止过。国内的有识之士就在一些报刊等出版物,如《东方杂志》、《时报》、《警钟报》、《京华日报》不断刊出有关禁烟的言论。

在这样的情势下,丁国瑞作为回族社会的先进知识分子,奋笔疾书,力主禁烟。从1897年发表白话言论以来,就在不同的报刊,如:《正宗爱国报》、《竹园白话报》、《民兴报》、《爱国白话报》等,不断刊出评论、消息,以及有关禁烟戒毒的通俗歌谣等文艺作品。丁国瑞通过演说,一方面向人们揭示鸦片对个人、家庭、社会,以及国家、民族的危害;一方面呼吁清朝当权者,加速禁烟。与此相应的是,全国各地的报刊都在频繁地发表有关禁烟的言论和消息。

根据笔者对《正宗爱国报》、《竹园丛话》的整理,可以确认丁国瑞曾经为禁烟撰写过的文章就有十多篇,其中《为禁烟者传方》、《肉捡痛处割》、《禁烟的办法》、《鸦片废约议》、《戒烟会书后》、《鸦片废约续议》、《国民求废烟约会记》、《敬问中国全国之大官绅》、《禁鸦片烟纸上谈兵》、《敬告我外部诸公》、《卫生浅说·饮食》等文最为值得研究。

如前所述,早在1901年丁国瑞就以一个医学工作者,从卫生学的角度,向人们揭示了鸦片对人体的危害。在《卫生浅说》当中他讲到:"鸦片的毒,比烟酒大几十倍,故此为害最烈。最容易见的有六样:一、坏脑髓;二、坏五脏;三、坏胃中津液,故喜食水果与糖类;四、血质变坏,故面目青黑,口中臭味熏人;五、大便团结,肠内吸液管吸粪内的流质,故周身含有烟臭;六、食物较少,故此体瘦如柴,皮燥筋松,全无人形。吸鸦片成瘾的人,性情颠倒,志气消磨。"[1]他还呼吁当局,特别是担负培养人才重任的学界,要向西方国家如美国、瑞士、日本等国学习,设置法律,禁止年轻人吸食鸦片。对当局对年轻人毫无纪律约束,不把国民向道德上引导,而任凭其随性而成,染上一身不良习气表示谴责。[2]

在1905年11月出版的《敝帚千金》中,他建议道:"自学部堂司各官,以至于各省各学堂监学、教员、总办、学生、堂役人等,鸦片烟作为厉禁,概不通融。"[3]

---

①丁国瑞.卫生浅说.竹园丛话(第5集),103
②丁国瑞.戒烟会书后.竹园丛话(第9集),18
③敝帚千金(第8册),1905年11月

1906 年 9 月,清廷颁布所谓禁烟"上谕"。这对于丁国瑞来说,无疑是一种巨大的鼓励,它使其积蓄心中许久的禁烟戒毒热情,一下子更加急促地迸发出来。在"上谕"颁布后的第 17 天,丁国瑞的又一篇为《戒烟会书后》的文章,在《天津商报》上刊出。丁国瑞紧扣"上谕",条陈了关于如何执行"上谕",最终实现鸦片"革除尽净"的设想,其对于禁烟作了分段设计,他写道:

第一期办法:自奉旨戒烟的日子起,算到光绪三十四年八月底为第一期。一、在会的人,全有劝人戒烟的责任。二、请巡警总局派员调查。自三十四年九月初一日起,至三十六年八月底为第二期。官场、学堂、商地、各土庄、烟茶楼、烟馆,共有若干家,以后许减不许添。烟茶楼、烟馆的房屋,不准再扩张。三、劝在理会多设戒烟公所。四、调查戒烟药,有无吗啡。五、鸦片的害没除,烟卷儿的害又添上了,就别等十年后,又另下谕旨了,索性一齐想妙法子,将烟卷亦渐渐的禁除。六、劝四乡的农家,明年不许再种鸦片。

第二期办法:自光绪帝,不论资格深浅,凡吸烟的,一律由在上劝他于两年内断净。再上新执事,须先问吸烟否? 吸者不要。二、酌加膏捐、灯捐。三、订烟具专卖权。四、土庄、烟茶楼、烟馆改主改字号,酌收挂号更名税。五、设法稽查入口的洋药,有无影射? 六、设法将租界内,办到同守禁令。

第三期办法:自光绪三十六年九月初一至三十八年八月底为第三期。一、官场中五十岁以内的人,仍吸烟者,停委停升停保。二、学堂军队铺户,凡黏在五十岁以内,仍吸烟的,请出。铺长及五十岁以外的,勒限二年断净,否则编入烟籍。三、酌加膏捐。四、种鸦片之地亩,酌罚若干。五、严办进口影射,及内地勾串。六、住户、铺户、饭馆、妓馆,有红白事之家,一律开烟灯税,漏报重罚。

第四期办法:自光绪三十八年九月初至四十年八月底为第四

期。一、五十岁以内的人,仍吸烟者,即编入烟籍。二、有女之家,不许将女许与吸烟之男子,男子亦不许聘定吸烟之女。已定妥者,准不吸烟者罢婚。三、五十岁以内仍吸烟者,既列烟籍,在官者原品休致,学界、工商界的请出。徇纵者罚其长上,多至百元,少至三十元。四、再酌加膏捐。

第五期办法:自光绪四十年九月初至四十二年八月底为第五期。一、官场在六十岁以内仍吸烟的,编入烟籍,学界、工商界六十岁以内仍吸的,亦编入烟籍。二、种鸦片之地充公。三、铺户、住户、饭馆,有红白事之家,一律不准设烟具。违者罚,无力者改罚苦工半年。四、入烟籍者将来不准选为议员,终身不选举之权利。

自光绪四十二年九月初一日后,谕旨的限期已满,以后为永远禁戒期。一、官员在六十五岁以内仍吸烟者革职,仍编入烟籍。二、士农工商六十五岁以内仍吸烟者,监禁一年,仍勒令断净。三、不准种植及售卖,违者全产充公。四、徇纵与犯者同科。五、烟官有敢奏请展限弛禁者,革职查抄。

丁国瑞讲到:"以上是鄙人仓猝之间,想的大概办法,至于土膏专由官卖一节,章程可得要订好了,不然流弊可就多了,谕旨也成了具文了。禁的反不如不禁了。洋药进口影射,租界内的禁令行不行,要是办不到,专禁内地自种,是又给洋二大爷添进项。既重抽土膏捐,就得限止铺户、住户、饭馆、妓馆安烟灯,不然是净收拾穷烟鬼,烟还是禁不净,而且大家的心气亦不平,总而言之,大家通力合作,万别歇心,这是一件图存免亡的大好事呀。"①从以上资料分析,我们可以看出其条款内容逐年严格,执法力度逐年加强,这不啻为一个具有循序渐进特点的十年远景规划设计。回族人丁国瑞在禁

---

① 丁国瑞.戒烟会书后.竹园丛话(第9集),15

烟活动中积极奉献自己的聪明才智,显示了他高度的责任感,对国家和人民的前途、命运怀着满腔的忧患意识。正如他自己指出,禁烟之事要"大家通力合作,万别歇心",因为"这是一件图存免亡的大好事",他号召大家都要做到:"我尽我的爱国心,不计成败,不管旁人"。他表示,只要"无论富贵贫贱,人人如此想,如此作","中国的大局……还是有挽回的那一天"。①

在清末民初禁烟运动的起始,丁国瑞就是这样一位高扬远瞩的先进人士,他的眼光向人们昭示了他本人,同时也是回族人民那种为成就事业而义无反顾的精神与性格。通过禁烟来救国的思想跃跃纸上,表达了其"图存免亡"的爱国意识。这是他本人,也是回族先进分子,乃至中华民族先进人物在这场运动中中坚力量的思想基石。

二、组织社团力争禁烟主权

诚然,丁国瑞的这份《戒烟会书后》中的设想还带有某种过于灿烂的、理想化的色彩。罪恶的鸦片贸易在中国获取了大量的利润,英国政府并不会轻易让出其在中国的利益,也不会轻易让中国顺利禁烟的。英国政府一面表面上愿意协助中国禁烟,一面又强调不同意中国自己限制进口;一面答应中国派员到鸦片出口地调查人口情况,一面又反对中国提高关税,并在1907年12月与中国订立《中英禁烟协议》时,无视中国主权,声言禁烟之事(十年期)先试办三年,届期若土药不能按比例减种,英方有权废止条约。总之,英政府想方设法把中国禁烟的主权操在了他们的手中。对此,清政府不仅未进行据理力争,反而在翌年3月的又一份上谕中说:"现经英国政府允许分年减运……相约试行三年……我若不如期禁查……何以答

---

① 丁国瑞.戒烟会书后.竹园丛话(第9集),17

友邦政府之美意?"①

清政府的软弱无能,英政府的强权无理要求,引起了全国民众的公愤。曾以鸦片毒害和掠夺中国人民,如今又强理操纵中国禁烟主权,英国政府竟然成为"友邦"之"政府"。面对腐败无能,昏迷不醒的政府,丁国瑞认为有必要发表言论,组织社团,以期唤醒民众,让人们认识到禁烟的重要性。

为此,丁国瑞与刘孟扬、张伯苓和杜竹轩等社会名流不断在宣讲所②发表言论,揭示鸦片的危害,而且共同发动成立了中国历史上第一个"恢复禁烟主权会"和"国民求废烟约会"的社会民间团体组织。

"恢复禁烟主权会"于 1910 年 11 月 8 日成立,该会以"废弃中英鸦片条约,恢复禁烟主权"为宗旨,拟定了以编辑书刊、发表论文、联合各界、组织海外通信、争取国际声援、并上书清廷有关部门等为主要内容的章程。正是在该会的带动下,推动了"中国国民禁烟会"于 1910 年 11 月 13 日成立。丁国瑞的好友丁义华曾如实记录了事情的原委:"前者在天津有人提倡恢复禁烟主权一事,同志赞成的人,就聚于南开私立第一中学堂,开会研究,暂时定名为'恢复禁烟主权会',后鄙人同吴子舟君,去北京访胡玉荪先生(系资政院顺直

---

① 张巨龄.回族与清末民初的禁烟运动.西北第二民族学院学报,1998,(4)
② 宣讲所."宣讲所,传新法,各样人等去拍瓜。"这是《天津地理买卖杂字》中记述的一句话。它反映了清末民初,为"开通民智"建立的宣讲所,宣传方方面面的新思想、新事物,改良社会风尚,吸引了各阶层市民去听讲,受到民众欢迎而"拍瓜"(即鼓掌)的场景。天津的宣讲所是 1905 年至 1906 年,经学务处的推动,由热心社会教育的林墨青(1862-1933)等人创办,号称"天、西、地、甘"4 个宣讲所,即东马路的天齐庙,西马路的城隍庙,河东的地藏庵,北大关的甘露寺,借着"废庙兴学"之风,利用原有庙宇建立起来的。它的历史大背景是,晚清历经甲午、庚子,国力更见衰败,有见识的知识分子认识到,中国要走上近代文明、富民强国之路,必须"开通民智",而欲开民智,"舍教育而外无他法"。时有废科举,兴学堂"新政"的推行,但又面临财政困难,更有大量不识字或识字不多,又超过学龄的民众,要他们接受新思想、新知识,在当年通讯工具十分落后的情况下,唯有用口头语言,进行面对面地宣讲,才是最好也是最可行的办法。

民选议员），后由胡玉荪介绍许多资政院的议员……都是品敦学优，雄心热肠……并于禁烟一事，俱有热诚卓识……于本月十二日下午，约集资政院及学绅报各界六十余人，聚会于西城口袋胡同中等商业学堂，研究讨论，商酌办法……'中国国民禁烟总会'之基础，于是乎立亦……又于此星期内，天津的'恢复禁烟主权会'诸公，也开会集议，改为'中国国民禁烟会顺直分会'。"①从丁国瑞组织的禁烟会中，我们可以看出在清末民初禁烟运动特定的历史条件下，人民大众逐渐地觉醒和成熟，积极地加入到国家的大事件中来，显示了民众积极的参与意识。在关系国家存亡、民族兴亡的禁烟运动中，人民走在了前列，民主自觉意识提高。丁国瑞是人民大众的先锋队成员，在这场运动中起着领导作用。

1912 年 1 月在海牙举行第二次国际禁烟会议。由丁国瑞、顾叔度、李镇桐、丁义华、杜清廉、刘孟扬以及国际友好人士，俄国领事克理斯替君、奥国领事戈布尔、奥国副领事德复、牧师海理君、改良会丁义华君、并北京龙泉孤儿院道兴和尚等为发起人，组织"国民求废烟约会"。该会公告讲到："不禁洋烟之输入，则不能禁烟；不废中英之旧约，则不能禁输入，此中外洞悉斯事者所公认。今者六个月改约机会仅余旬日，虽经顺直禁烟会举代表赴京，请求废约，至今未见外部发出正式公文，时机已迫，无容稍缓。鄙人等，有鉴于此，恳请中外官绅士夫，关心斯事者，于月之十日下午二钟，假座商会，开临时大会，当场公举代表进京，晋谒外部，请发禁入鸦片正式公文，以使早除烟害，届时务望中外热心志士，早临为盼！"②

1911 年 3 月 10 日，"国民求废烟约会"召开会议，到会者有绅、商、工、自治各界百数十人，其中还有美、俄、奥、等国领事，以及宗教

---

① 丁国瑞.禁烟的办法.竹园丛话(第 11 集),22
② 丁国瑞.禁烟的办法.竹园丛话(第 11 集),23

界人士。大家公推丁国瑞为临时会长,作相关烟约历史的报告。同时,公举丁国瑞、李玉孙、李子久、杜竹轩、刘伯年不日进京向外务部力争废约之事。

1911年3月13日,请愿代表进京请求外务部出正式公文与英国商议废鸦片条约。同时,丁国瑞拜访资政院议员禁烟总会会员于邦华,建议该会开会上书,请求废约,以厚势力。在丁国瑞等代表的努力下,资政院也给外务部上书请求废约,两书齐上,加强了请求力度。1911年3月19日丁国瑞等代表上书外务部,强调废约之事关系紧要,痛陈此事将来之利害,以及提出关于禁烟的种种办法。

1911年3月24日的《民兴报》登载《诸代表不负委托》,载道:"诸代表不负委托……最终解决,外部许以将与英使现定之约文,宣布全国,如有不满国民意时,准国民向该部力争,此即代表所争取有效力之点也。""国民求废烟约会"从发起至解散仅仅存在了半个月的时间。

与此同时,丁国瑞还撰写论文,阐述要议。丁国瑞撰文直接对当权者予以质问:"我今敬请问我外部诸公,所有近月以来,中西各种报纸,凡与禁烟废约有关系的著作与纪载译稿,诸公见了未见,美国丁义华先生所著许多的禁绝鸦片的议论,登之京津各报,诸公见了未见,京津各处绅民现在组织的恢复禁烟主权会,诸公知道不知道?……诸公若说一概未见,一概不知,请于诸公余之暇,急速检查各报,详细翻阅,请低头细想,贵部对于此等重大问题,有无责任?若已竟见过报,已知这回事……既有这样中外同心合力的好机会,诸公何不因人成事,以光国数十年来之外交史,盖诸公应当尽的责任呢?"[1]他在文章中督促这些有钱有势的人,要"关心鸦片问题",

---

[1]丁国瑞.禁烟的办法.竹园丛话(第11集),26

"合力与英政府力争废约"。他告诫外部诸公,以及各省士绅:"愿我外部诸公,以及各省士绅,认清此中曲折,辨明此约之性质,坚定废约之宗旨,壮起胆量,抖起精神,奋勇前进,不废不止,庶全球同登寿域,世界共进文明,中国之大幸,抑亦英国之大幸也!"①

丁国瑞作为普通百姓中的一员,作为回族知识分子的先进代表,在公众媒体上,对当权政府以及官员敢于积极发表其看法,表现了其卓越的胆识和气魄。作为一个爱国人士,其心系祖国危亡,人民健康于己身的精神品格,得到了充分的体现。

丁国瑞作为回族先进分子的代表,积极发起禁烟戒毒的运动,大力宣传鸦片流毒的危害,揭示英国政府与中国强行签订的关于鸦片贸易条约的危害性,在清末民初的禁烟运动中形成了坚强的舆论氛围,与清末民初的禁烟运动相得益彰,形成了一股强大的民间力量。在全民禁烟的宏观大气候中,在清末民初的禁烟运动中形成了一支雄浑有力的力量。

第四节　关于丁国瑞禁烟思想的认识

随着鸦片危害的日益加剧,晚清政府对禁烟也有了新的认识,在良好的国际国内环境的影响下,晚清禁烟运动取得了国际公认的成就。这是一场自上而下的全国的禁烟运动,民间禁烟运动起了极大的作用。丁国瑞所倡导的禁烟思想和活动正是民间禁烟运动的典型性代表。在这场运动中,丁国瑞激扬文字,痛斥鸦片,唤醒民众禁烟,发表着自己独特的禁烟思想。同时,其身体力行,组织社团,力争禁烟主权,为全国民众的禁烟事业奔走呼告。通过丁国瑞的活

---

①丁国瑞.禁烟的办法.竹园丛话(第11集),17

动,我们不仅可以一窥在这场禁烟运动中民间社会的声音和活动,而且也认识到在晚清禁烟运动中,民间社会在悄然间发生着由传统向现代的转变。

为了研究方法上的方便,希冀在相互比较中认识清末禁烟运动中民间禁烟思想和活动发生的转变。我们有必要对晚清早期民间禁烟思想和实践进行回顾。

一、晚清早期民间禁烟思想和组织特点

现在所知的较早民间禁烟组织是郭嵩焘于光绪五年(1879)联合乡中同好设立的禁烟公社。禁烟公社的成员都为取得功名之人,即属传统意义上的士绅阶层。从地域上来看,公社成员大多以湘阴和长沙两地为多。湘阴为郭嵩焘的家乡,而长沙则为郭氏晚年寓居之地。显然,从成员身份及关系上来看,禁烟公社是一个以郭嵩焘为核心,以血缘、地缘关系为纽带,建立在初级群体基础上的士绅阶层的民间组织。[1]

从禁烟公社成立的宗旨来看,公社虽托名禁烟,然禁烟实非公社成立的目的。教化转移,改良人心风俗才是"本原",禁烟只不过是达到这一"本原"的手段而已。郭嵩焘曾多次强调"设立此会之旨,原重在人心风俗"。[2] 在郭氏看来,鸦片流毒是人心风俗败坏的直接原因,欲人心风俗归于纯实,唯有禁烟一途。如果不能挽回人心风俗,即使禁烟也毫无用处。因此,禁烟公社虽有过一些禁烟举措,如调查族内烟民,施舍戒烟药品等,但关注更多的是对于人心风俗的教化劝导。这种坐而论道的空谈式禁烟,显然难收禁烟实效,即使对其所追求的人心风俗的改良也未必有益。郭氏后来也承认,禁烟公社成立"至今五年,人事之迁流运会,风尚之日趋于污下,但

---

①许顺富.论郭嵩焘与思贤讲舍和禁烟公社.船山学刊,2002,(4)
②郭嵩焘日记(第4卷).长沙:湖南人民出版社,1983,23—24

见有坏处,并不见有好处"。①

通过以上分析可以看出,我国最早的民间禁烟组织——禁烟公社由传统士绅组成,以教化为目的,以坐而论道为活动方式,这无一不透露出禁烟公社的传统性特征。禁烟公社虽未能摆脱传统会社的窠臼,但它的成立仍有其积极意义,毕竟它是民间禁烟由意识走向行动,由个人走向群体的一个标志。

二、关于丁国瑞禁烟思想和团体的认识

(一)体现了民众的民主参政意识

从政治学的角度看,在民族情绪的驱动下,在民族独立、平等和共同繁荣的指导下,有组织、有目的以民族为单位的大规模群众运动就会自然而然产生。② 在晚清社会没落政治统治之下,在列强入侵和鸦片毒害的双重危机面前,禁烟已经成为一种社会共识。在这种共识的指引下,在清末禁烟这一大的历史背景之中,民间禁烟运动的出现成为了一种现实的可能和必需。

如果说较早出现的民间禁烟组织,仍带有传统社会的气息,禁烟也只是其维护人心风俗,维护传统的道德观念和社会秩序的手段。清政府在推动禁烟时,仍倚重于士绅阶层,因而,清廷有意识地鼓动民间创办禁烟组织。然而,在现代化的进程中,国家权威衰落、政府弱化,"全能全控"的国家格局已被打破,而晚清民众不同于传统社会中对统治者具有强烈依赖性的士绅。

晚清禁烟运动中,民众表现出了积极地参政的意识,政治敏感度提高,具备了现代国民参政议政的素质,是国民意识从传统向现代的一个巨大转变。在近代民族主义和现代国家观念的影响下,广大民众觉醒,认识到了禁烟是事关全局的大事,积极地参与进来。

---

①郭嵩焘日记(第4卷).长沙:湖南人民出版社,1983,502-504
②(英)厄内斯特·盖尔纳.民族与民族主义.北京:中央编译出版社,2002,1

尤其是知识界充当了宣传禁烟的急先锋，他们以报纸为宣传阵地，发表言论，唤醒民众，监督政府，以扩大禁烟的影响力。除此之外，以"恢复禁烟主权会"为先河，随后不同的民间禁烟团体如雨后春笋般纷纷设立，社会各界的名人志士积极参与，扩大了团体宣传禁烟的号召力度，并借助于多家报纸刊登戒烟广告，为世人戒烟提供了颇为宝贵的信息资源。在宣传禁烟思想方面，民间力量起到了不可替代的作用，成了晚清禁烟的重要力量。

（二）打破了传统国家与社会的格局

传统中国是中央集权的君主专制国家。君主为维护其万世一系的专制统治，采取一系列措施对社会进行控制，从而造成了"强国家、弱社会"的国家与社会关系。在这种社会关系形态下，除秘密会社外，只有那些以"群体不伤'王道'，也就是说群体的存在应以对君主统治不构成威胁为前提"的社团才能得以存在。[①]

从恢复禁烟主权会和国民求废烟约会的组织活动来看，显然以丁国瑞为代表的民间禁烟活动组织超越了传统王权对民间社团的规定，其倡导成立的恢复禁烟主权会和国民求废烟约会，突破了清廷规定的只准"劝导"、"转移习俗"、"专办戒烟"，而不许"议论时政、地方治权及他项无关戒烟事务"的界限。"恢复禁烟主权会"和"国民求废烟约会"关心的已不再是一乡一县或是一城一省之中烟民个体的戒烟问题，而是属于政府外交治权的废约问题，孜孜以求的是国家主权的恢复。较早期禁烟事关人心风俗教化，事关王朝统治的认识，这种观念已经出现了质的飞跃。在近代思潮的影响下，民众具备了近代国家主权观，并且与民间禁烟意识开始融合。

从"恢复禁烟主权会"和"国民求废烟约会"人员构成来看，已

---

①陈宝良.中国的社与会.杭州:浙江人民出版社,1996,456

经由传统的士绅阶层转变为新兴知识分子、地方绅商以及国际友好人士。同时,"恢复禁烟主权会"和"国民求废烟约会"的组织结构的层级特点更为明显,民主气氛也更为浓烈。以"恢复禁烟主权会"和"国民求废烟约会"的成立为标志,中国民间禁烟组织基本完成了由传统向近代的转变,而更为重要的是,它揭开了近代中国民间禁烟运动的序幕。

从"恢复禁烟主权会"和"国民求废烟约会"的社会影响来看,已不再是"官督民辅"模式下,官方禁烟政策的执行者,不再是弥补政府统治力不足的工具。它明确地提出了自己的主张,要求取消不平等条约,恢复中国的禁烟主权。"国民求废烟约会"进京请愿,向清政府陈述自己的主张,迫其就范。在恢复禁烟主权运动的压力下,清政府不得不与英国政府迅速达成新的禁烟协议,以"隐拒"民意。更为重要的是,"恢复禁烟主权会"和"国民求废烟约会"的出现及恢复禁烟主权运动的开展,向人们展示了一个不同于往日的国家与社会关系,政府对于民间组织的掌控越来越力不从心,而民间组织与国家的疏离倾向则逐渐增强,"全能全控"的国家与社会关系出现了二元对立、社会制衡国家的迹象。

综上所述,晚清中国处于从传统走向现代的大变革时期,资本主义经济获得一定发展。经济基础的变动引发了上层领域的一系列变革。社会领域也在渐起变化,由传统的"单质同一性"社会向"异质多元性"社会过渡。这一过渡的重要表现就是"全能全控"国家的国家统治模式逐渐衰微,出现了社会"自由流动资源"的增多和"自由活动空间"的出现与拓展。伴随着这一社会变革同步进行的,是近代中国民间禁烟组织和民间禁烟运动的产生和发展,是对国家与社会关系的重新调整,也是中国从传统走向现代的一个过渡缩影。

第七章　丁国瑞的其他主要思想

如前所述,丁国瑞思想以救国爱国为主线,以追求国家进步富强为主旨,其涉及民族、国家、宗教、办报、禁烟、发展中医、实业、教育、军事、扶贫等诸多领域,是一个包罗万象的思想体系。通过对其资料的梳理,前五章对其民族宗教思想、爱国救国思想、办报思想、发展中医思想、禁烟思想等五个方面进行了专题研究,这里笔者将对丁国瑞的其他主要思想进行研究,主要是教育救国思想和实业救国思想两个方面。在近代社会实业救国和教育救国社会思潮的影响下,丁国瑞对此问题也进行了个体的思考,形成了自己独特的认识,我们有必要对其实业思想和教育思想进行研究。

第一节　丁国瑞的实业思想

清末民初的实业救国思想是中国近代进步的社会思潮之一,它随着中华民族危机的加深而产生、扩大,又随着中国资产阶级革命运动的高涨而发展、深入人心。丁国瑞作为这个时代先进的知识分子,深受实业救国社会思潮的影响,也提出了自己独特的实业思想。

一、实业思想的提出

丁国瑞实业思想的提出并非偶然。首先,深重灾难的民族危机是清末民初实业救国思想兴起的外在压力。从鸦片战争开始,一系列对外战争的失败,清王朝"天朝大国"的地位一落千丈,受到了前所未有的挑战和冲击,民族危机的加深,使一批维新人士陷入沉思,中国之所以落后,西方之所以先进,最直观的感觉就是西方以工商兴国,国富民强,战无不胜,要捍卫国家主权,抵御外来侵略,必须学习西方,振兴实业。如果说这种民族危机只有少数人感受得到的话,甲午战争,八国联军的侵华战争,使中国几近瓜分,民族危机达到了空前的地步,更多的爱国志士投入到救亡运动中,"欲制西人以制强,莫如振兴商务",成为人们的共识,实业救国无疑是爱国救亡的重要组成部分,是试图通过经济上使国家富强,阻止中国沦为殖民地的一种比较现实的救国思想和方案。在民族危机的影响下,呼吁振兴民族工商业,与外来势力竞争的呼声持续高涨。其次,丁国瑞实业救国思想的形成与民族资产阶级及其知识分子队伍的壮大和群体意识的形成是分不开的。当少数先进的中国人开始意识到西方之强,源于工商之时,中国近代民族资产阶级及其知识分子群体尚未形成,隐隐约约表达的一些"通商致富"的设想和愿望,多是早期民族资产阶级知识分子的个人微弱呼声,尽管也反映了早期民族资产阶级实业救国的某些意愿,但毕竟尚未形成一种群体意识。世纪末年,在民族危机的刺激和西方资本主义的影响下,中国近代民族资本主义有了较快发展,民族资产阶级及其知识分子队伍迅速壮大,群体意识逐渐形成,实业救国由个人呼声变成一种思想潮流。广大知识分子群以报刊,以知识分子特有的思维和方式,以世界发展的大势和忧国忧民的情怀,大力宣传实业救国。再次,清末民初实业救国思潮的兴起,还与清末民初政府和官员鼓励发展实业的政策有关。甲午战争前,洋务派官员即认识到工商立国,振兴商务,先富而后强的重要性,极大地推动了实业救国思潮的高涨。

在近代实业救国思潮的影响下,丁国瑞针对实业救国思潮提出了自己的独到看法,形成个体独特的实业思想。研究丁国瑞的实业思想,不但可以使我们对辛亥前后十余年间中国经济发展和社会进步有全面认识,而且对中国近代资产阶级的社会政治思潮和经济学说的深入研究也有一定意义。

二、实业思想的主要内容

丁国瑞的实业思想涉及的范围是广泛的,主要有以下几个方面:

(一)论述了振兴实业在富民强国、拯救民族危机、维护社会稳定、促进社会进步中的重要性

①庚子之乱以后,外有列强的进一步瓜分掠夺,内有政府实行清末新政,故此庚子以后,捐税日益加重,出现了物价飞涨,洋货通行,土货滞销的局面。经济上的贫困致使百姓生齿日繁,谋生无路,软弱的半成饿殍,强暴的流为盗贼,狡黠的撞骗招摇,社会动荡不安。丁国瑞倡导政府当局应当注重实业,生利救贫,拯救民族危机、维护社会稳定、促进社会进步。

同时,丁国瑞认为执政者应当大力助销国货,抵制洋货,保护发展民族实业。丁国瑞讲到"中国人生计日穷,除去奖励实业,助销华货之外,别无救贫之策"。其讲到:"多销一两银子的国货,就少销一两银子的洋货;少销一两银子的洋货,咱们中国地面上,就多有一两银子周流。百姓生计日宽,自然内乱就少了,兴学罢、练兵罢、筹款也就不难了。"②关于如何提倡实业,丁国瑞讲到无论是农务、实业、还是工艺制造,所办都应当与民间的生计相关,有济于贫穷,不能成为筹款病民,沽名钓誉的事情。

丁国瑞在甲午战争前就发表文章,写道"中与西通商,不独西商

①丁国瑞.救贫急策.天津商报,光绪三十二年闰四月十七日
②同上

与西国人民得益也,即西国之君亦均得其益。西与中通商,不独中商与中国人民得益也,即中国之君,亦大得其益"。① 初步认识到通商与致富的关系。甲午战争后,"实业为救国之先务"得到越来越多的人所认同。丁国瑞把实业看成不仅是国家富强的根本,也是教育和练兵的基础,他说"日本人能窥知西洋富强之由来,竭全力以振兴工业。中国但知西洋有坚甲利兵,而竭全力以练兵。舍本求末,故至今犹陷于困境也"。② 总之丁国瑞实业救国思想把振兴实业放在救国救民的首要地位,认为只有振兴实业,才能谈得上教育、整军、国家稳定,社会进步才有可靠的保证。

(二)提出了发展和振兴中国实业的基本思路和经营管理方针

丁国瑞曾对"实业"作过这样的解释:"实业者,西人赅农工商之名。"③由此可见,丁国瑞认为实业之范围甚广,农、工、商、矿皆是实业范畴。关于如何振兴中国实业,以及三者的关系如何,丁国瑞对此也作了探讨。丁国瑞认为欲兴实业,农、工、商三者必相提并进,同步发展。丁国瑞讲到:"凡已国自兴其实业,必先着手农业,次工,次商,征之各国皆然。"④丁国瑞认为其他如水利、电、铁路、汽车也是大兴实业的重要因素。丁国瑞实业救国思想大致反映了近代实业救国论者从传统的"农为国本"转向"商为国本"的实业振兴道路。工业化为近代中国民族工商业发展的基本方向无疑是基本正确的,在工业化中以轻工业、纺织和化学工业为先导,大致也符合近代中国民穷国敝,资金匮乏的基本国情。

为了确保资金来源和便于管理,丁国瑞还提出了公司立法的主张,他说:"无公司法,则无以集厚资,而巨业为之不举无破产法,则

---

① 丁国瑞.说实业.竹园丛话(第4集),68-73
② 同上
③ 丁国瑞.说实业.竹园丛话(第4集),69
④ 丁国瑞.说实业.竹园丛话(第4集),70

无以维信用,而私权于重丧,此尤其显著奢。"①在具体经营管理上,丁国瑞还就如何改良工艺,降低产品的成本,提高产品的质量市场调查,合理布局吸引人才,赏罚分明实行公司制度,合理分成,调动股东的积极性等进行充分的探讨。

(三)要求政府为民族工商业的发展创造有利的政治和社会环境

丁国瑞在《说中国的商务》一文中,具体分析了中国创办实业的阻力主要有以下几个方面:首先,是国家内政不修,不重视实业,历来不懂得保护实业家的利益,反而是敲诈勒索压制实业的发展,所以说缺乏发展实业的政治和社会的环境,因而要求政治改良。丁国瑞认为,中国商务之所以不能振兴,其原因"上在官而下在商。官不能护商,而仅能病商",②并提出了革除这一弊政的具体办法。尤其是对清政府过多的捐税和过重的厘金税率尤为不满,发表演说斥责,认为捐税之重成为举办实业的障碍,他说"各省农工商诸事创办之始,率以重税困之,虽商民之破家堕业,而有所不顾,致令民间动色相戒,视国家兴利之说为陷井之尤。"③其次,是教育未进行推广,国民没有受过义务教育,所以创办实业时大多是不学无术,思想保守,眼光短小,保守本分,限制了实业的发展。丁国瑞提议政府实事求是,发展实业教育和普通教育。第三,是中国外交频频失利,对外交事务不懂,或者软弱退让,致使洋商勇往直前,迅猛发展,而华商大多裹足不前,致使中国的实业发展受到了列强的强烈冲击。丁国瑞希望当局能够保护本国实业家的利益,力争保护本国民族产业的发展。第四,在中国缺乏统一的度量衡,制度未能划一,严重阻碍了商业的流通,也阻碍了实业的有序正常发展。第五,传统的重农抑商观念积习太深。本质上,

----

①丁国瑞.说实业.竹园丛话(第4集),73
②丁国瑞.说中国的商务.竹园丛话(第9集),45
③丁国瑞.说中国的商务.竹园丛话(第9集),46

"利生于农,成于工,通于商",①各个环节都是缺一不可的,可见实业的发展是各个领域协调一致发展的过程。丁国瑞倡导人们解放思想,改变观念,投入到正常的实业发展中来。无论是官,是商,是儒,是民都应当积极加入发展实业中来。在他看来,只有实业珍惜,才能国富民强,呼吁人们抛弃贱视工商的观念。

丁国瑞希望政府能够重视实业的发展,为实业的发展创造良好的社会环境。其讲到:"商部通饬各省,普立商会,行行立分会,划一权衡度量币制。伸商力,通商情,体恤商艰,严除商害,禁止造伪,禁止说谎价,严办故意坑骗,商务中遇见交涉,也是据理力争,商务必日见振兴。"②另外,在《隔靴搔痒谈》中,丁国瑞呼吁"惟望政治改良,官制订妥之后,分利的日见其少,实业家的负担自然日见其轻。更盼望政府以实业为政策,真心实力的维持保护,绝不再贱视农工商,不苛待农工商,不剥削农工商。人民皆以实业为命脉,为立家立国之元素……立公司,开工厂,劳力的劳力,出钱的出钱……全国齐心用本国货,高低不教银钱向海外流,力行十年,中国一定富强。"③

三、关于实业思想的思考

由于中国近代国情和社会发展规律的影响,丁国瑞实业思想所体现的时代特点也是明显的。爱国进步始终是其思想的主旋律,在清末民初民族危亡之日,丁国瑞主张振兴工商,讲求工艺正是出于对国家热爱和追求进步,赶上世界潮流的雄心壮志。

首先,丁国瑞的实业思想既是一种抵御外来侵略、挽救民族危亡的社会政治思潮,又是一种发展经济、探索中国现代化建设的经济学说。丁国瑞从救亡图存出发,主张效法西方,兴办实业,富民强

---

① 丁国瑞.说中国的商务.竹园丛话(第9集),52
② 丁国瑞.说中国的商务.竹园丛话(第9集),51
③ 丁国瑞.隔靴搔痒谈.竹园丛话(第19集),57

国,使中国赶上西方资本主义国家。丁国瑞认识到实业是经济基础,只有实业发展了,才能为教育事业的发展和国防建设提供物质基础,教育事业发展了才能为立宪政治和政治改良提供人才基础。其主张实业救国是因为中国的经济落后,国家贫穷。而根本的原因是缺乏现代工商业,传统自然经济无法使国家立于现代民族之林,兴实业实际就是振兴工商业,以工商为立国之本。因而,丁国瑞的实业救国思想无疑是一种进步的社会政治思潮和经济主张,丰富了中国近代资产阶级的社会政治思想和经济学说。

其次,丁国瑞的实业思想所体现的时代特点也是明显的。第一,爱国进步始终是清末民初实业救国思潮的主旋律。丁国瑞提倡实业救国思想之时,正是民族危亡之日,以丁国瑞为典型先进的知识分子不甘沉沦,纷纷起来寻找救亡之路、兴邦之策,他们敢于在人们已习惯于以农为本、以耕为务的中国主张振兴工商,讲求工艺正是出于对国家热爱和追求进步,赶上世界潮流的雄心壮志。第二,丁国瑞对中国经济发展认识的不断深化。"重农抑商"观念在中国有着深刻的影响,丁国瑞提出振兴实业,振兴商务,这种认识应该说比过去较为科学和全面,并且还提出了具体的经济发展思路和集股商办公司、改进工艺、提高产品质量等一系列经营管理方针。第三,融合中西是丁国瑞实业救国思想的时代特色。丁国瑞认为发展实业应该成为全社会的共同愿望,上自政府官员,下至黎民百姓对振兴实业,发展经济都应关注。

第二节　丁国瑞的教育思想

教育救国思潮是近代具有先进思想的社会阶层为挽救民族危亡而提出的一种改革主张。19 世纪末 20 世纪初形成一股强大的社会思潮,引起社会的各方面变化。它所体现出来的社会功能和个人价值取向对于整个中华民族素质的提高具有深远的历史意义。在这场历史性大变革的思潮中,丁国瑞也在阐释着自己独特的教育思想。

一、教育思想的提出

"教育救国"是近代中国出现的一批具有先进思想的社会阶层人士为了加强民族主义、提高全体国民素质和挽救民族危亡而提出的一种社会思潮,也是民族危机和忧患意识的共同产物。在放眼世界、中西比较的深层思考中,在探究中国积贫积弱、落后挨打的原因何在时,一批先进的知识分子意识到,中西文明之间的巨大落差,是中国民族危机的根源之一,而解决这种落差的最佳方式莫过于教育。甲午战败,民族危机日趋严重,"教育救国"形成一股强大的社会思潮,成为先进知识分子救国方略的重要手段之一。

丁国瑞在《敬告学界诸君》一文中具体阐释了教育的重要性,提出了开启民智,富国强民的教育思想。他阐述到:"世界上强存弱亡的理是人所共知的,然而这强与弱从何而来呢? ……智则强,愚则弱。明白的必强,糊涂的必弱,强与弱既然不是无因而来的,这智与弱也不是无因而生的。智与愚,又是从何处生出来的呢? 学则智,不学则愚。天下惟有有智的人,始肯勤学,故此越学越智;惟愚人不肯勤学……故此越不学越愚。"①同时丁国瑞进一步讲到:"世界上不论古今,也不论中外,一种族罢,一国家罢,一社会罢,其中的人,未必全智,也未必全愚。愚的既不知道什么叫学,或不肯学,也惟有是仰赖本族本国本社会之中的智者设法开导提倡了。倘他那本种本国有智的人,不设法开导提倡,这有智的人,就算枉有智了,那愚

---

① 丁国瑞.敬告学界诸君.敝帚千金,光绪三十一年十一月

的可就永久愚下去了。永久愚昧无知,这种人,还有不贫不弱不亡的吗? 倘若有智的肯开导提倡,他那一种一国一社会之中,必然智者一天比一天多,愚人一天比一天少。那种人,还有不富不强不存立的吗?"①在丁国瑞看来教育是强国的根本。其讲到:"教育得法,民智开,国也就强起来了。教育不得法,与没有教育一样,民智终不开,国可就糟了。"②

二、教育思想的主要内容

(一)因事立学的实用主义教育思想

近代中国社会学术思想深受西方实用主义思想的影响,如何救亡图存,追求国家民主富强成了人们的迫切需求。在实用主义思潮的影响下,丁国瑞认为:"无论德育罢、智育罢、体育罢,总要教他越教越富,越教越强,越教越明白,越教国基越巩固,国势强大,这才算是教育的结果呢! 要是越教越穷,越教越弱,越教越糊涂,越教越空谈,那可糟了糕了。故此,这教育的宗旨,不可不认定,教育的法子,也不可不认真哪!"③丁国瑞倡导热心教育的学界诸公和社会团体,要爱惜大众的财力,爱惜学生的精力与光阴,以一种实用的心态和实践进行教育。在实用主义观点的指导下,提倡"因事立学"的实用主义原则,并且提出了十条建议,具体如下:

1. 立蒙小学堂与半日学堂,颁发划一的课本章程,听民自立,不必专仰官款。

2. 蒙小学宜注意伦理与国文。蒙小学虽是普通的课本,要紧要紧的多讲国文,其余是闲文,文理一通看别的教科书,也就容易解悟了。总而言之,无关紧要的普通学略略的一讲就得,匀出精神与光

①丁国瑞.敬告学界诸君.敝帚千金,光绪三十一年十一月
②同上
③同上

阴来,教他们早通文理是最要紧的。

3. 中学作为实学专门,不必全带学外国文。把外国文作为专门学,不可列入普通学,学外国文的不准太多,可要求精求深。中国文理不精通的,也不准学外国文,人数越少越好,学问越精越好。一卒业,就有用,就有安置。

4. 不论蒙小学、中学、大学,一切课本,全要自编才好。中国人译的课本,多有不可用的,名词生硬艰涩,极不雅驯,不但费解,而且难记。所谓欲明反晦,求精反粗,道在迩,求诸远,事在易,求诸难。中了新毒的人,偏偏的津津乐道,其实是无裨实用,徒耗心思,白耽误了工夫,这种弊病,惟心理学与生理学二种最烈害。所有各学堂宜将这两种书暂停讲解,由学部慎选通儒另编善本,再通各省各学堂一律遵行。

5. 学部宜设编译处。将翰林院伟人,学部参办编译的事,所有通国的教科书非经学部审订,不准讲解通行,学部收版权利作为本部的津贴。

6. 严禁学界吸食鸦片烟。自学部堂司各官,以至各省各学堂监学、教员、总办、学生、堂役人等,鸦片烟作为厉禁,概不通融,官员吸洋烟者不准管理学务,学生吸洋烟者立时逐出学堂(纸烟有害卫生,亦应设法禁止,惟示罚须较鸦片稍轻)。

7. 北京设立造纸工厂。以后凡学堂所用之课本、图画、报纸、信笺,概不准购买洋纸,造纸厂采洋法不用洋匠,购机器不购材料(能自造者另论,非购不可的另论)。

8. 通饬各省各学堂,上自学部堂司各官,以至各省学堂学生,凡一入学界所有日用一切什物,皆须购本国货以固生计而挽利权。事事从爱众上做起,才能收合众的实效呢!

9. 通颁各省,每县推选二三位学董,专任提倡本县的学务,由本县官保护,归本省学务处节制。

10. 出洋留学的学生,以及游离去的官员与学生,非选了又选的人,万不可轻动官款,此举与中国学界的前途有关系,与中国财政上也有极大的关系。

丁国瑞讲到:"以上十条,不免挂一漏万,这也不过是偶尔心有所感,随便一说。想泰山不劝微尘,江河不择细流,集思广益,愚者岂无一得呢? 在下有句话要言,诸位千万请记,学问贵精而有用,不可精而无用,能认定这个宗旨办去,我们中国的局势,数年后必然另是一个样儿了。"①

(二)重视家庭教育的作用和功能

丁国瑞比喻到教育子女亦如培养禾苗一样,最要紧的是要从小开始。其讲到:"不教子以德,犹养贼也;不教子以艺,是弃之也……父母的言行,即儿童的模子,好就印个好,坏就印个坏。"②其强调为人父母者应当以身作则,教育子弟。丁国瑞提醒父母不可溺爱子女,在《儿女不可溺爱》一文中论述了这个问题。其认为人人有父母,人人有儿女,父母与子女之间的这种爱是天然的爱,但是爱可是当爱,万不可溺爱。在他看来,如果父母不能够很好的教育子女,娇生惯养,将来儿女长大后将毫无建树。尤其是女子教育尤其重要,不仅是关系一身的成败,而且关系一家的兴衰。

在他看来,家庭教育需要注意以下几个方面。首先,就是父母要根据孩子的性格来因人而异的进行教育。一般而言,孩子在幼小时就可以看出他的性格来。为人父母者,应当留意孩子的性格,调和孩子的性格,根据孩子的性格进行教育培养。其次,在孩子的衣食方面要加强教育,丁国瑞认为父母对于儿女衣食要有节制。丁国

---

① 丁国瑞.敬告学界诸君.敝帚千金,光绪三十一年十一月
② 丁国瑞.儿女不可溺爱.竹园白话报,光绪三十四年七月三十日

瑞讲到:"衣饰不可太华丽,不可暴殄天物;饮食不可太浓厚,防他生病。于爱护之中,总要有一分节制的意思,这才算真正的爱。"第三,就是要关注孩子的学校教育。丁国瑞讲到无论男孩女孩,该上学的时候务必让孩子上学,不可延误,尤其是男孩尤其要紧。在他看来金钱是可以赚得来,而耽误一个好子弟的前途则是无价。第四,就是父母要安置好孩子的生计出路。丁国瑞讲到:"将儿女安置一个正经道路上,这是父母对于儿女最大的责任。"[①]丁国瑞倡导应当根据孩子的学识和性格,量才位置,因为一个人的事业关系到一个人一辈子的成败。

(三)快速普及教育

清末预备立宪,但是由于民众的知识水平普通低下,病根子太深,丁国瑞认为没有进行预备立宪的社会环境,丁国瑞提出了快速普及教育的理念。丁国瑞讲到:"极阔的住户铺户不念书不看报,中等手艺人、买卖人,以及下等苦汉简直是不识字,对于时事全是丝毫不知。上边宦途未清,多是些敷衍塞责漠不关心的官;下边民智未开,多是些怀疑观望不打不走的民;中间是绅士虽极贤极能,实心办事,亦是孤立无助。若再假公济私,使顽固人有所借口,国事还有转危为安的希望吗?"[②]

至于如何解决这种社会矛盾,丁国瑞提出了加快普及教育的思想。丁国瑞讲到:"没有普及好的教育,断不能出好国民;没有好国民,断不能出好绅士;没有好绅士,断不能出好官长。国家的大根本,全在培养好国民,有了好国民,国家没有个不强。我故此说,普及教育是一定不可缓的。"[③]总之,丁国瑞看来"教育乃立宪之根本,选举乃立宪之始

①丁国瑞.家庭新教育.竹园丛话(第20集),122-123
②丁国瑞.普及教育之不可缓.竹园丛话(第7集),4-10
③同上

基。空谈立宪，不注重普及教育，宪政必无根基；空谈教育，不慎选绅士，教育仍难起色。"一言以蔽之，普及教育是当务之急。

同时，丁国瑞在《教育家注意》一文中讲到教育问题是关系到其自身、乃至一家一国的社会大事。其讲到："我们中国的国势衰弱，实由于多数儿的国民程度太低。补救挽回，全在培植青年，况且目下正预备立宪，对于普及教育更当注意。对于他一身一家有关系，对于一国亦有关系，有教民之责的，不可不注意。"①丁国瑞提倡全民重视教育问题，具体的方法是多立识字义塾、半日学堂、宣讲所，希望通过全民的不断努力，逐渐普及教育，提高国民素质。

三、关于教育思想的思考

以维新图强为目标，以培养国民资格、实现救亡图存为根本任务，这是丁国瑞教育思想的主要反映。从当时情形看，这一主张具有一定的可行性和合理性。首先，清政府对教育改革持支持态度。清政府在遭受八国联军重创之后，进行了深刻地反省，痛下决心实施"新政"。1905 年 12 月，清政府颁布上谕，为"振兴学务，广育人才"，批准设立学部。其次，从世界各国现代化的里程显示看，各国实施现代化有先后之别。一般认为，现代化发生较早的英美国家，其现代化的启动和实现是生产力和生产关系发展到一定程度的必然结果，具有开放性和主动性。广大的发展中国家在实施现代化过程中的作用主要表现在教育方面，即是以体制改革为手段推动教育的普及。最后，从教育的社会功能看，教育是国家人才的保证，人才是国家现代化的根本，以丁国瑞个体为代表的教育思想体现了近代先进知识分子寻求救国方法的理念，在挽救民族危亡的过程中所起的作用是毋庸置疑的。

---

① 丁国瑞.教育家注意.天津白话报,宣统元年十二月初十日

第八章　丁国瑞思想的特点及影响

　　以上各章中,我们对丁国瑞的民族宗教思想、爱国救国思想、办报思想、医学思想、戒烟思想等的来源、产生的背景及主要内容作了较为全面的梳理和考察,并对其思想特点进行了必要的分析。可以说,通过这些讨论,我们对丁国瑞思想有了一定的认识。那么究竟应当如何看待和评价丁国瑞的思想呢? 丁国瑞思想又有什么特点呢? 用历史的观点审视,其思想在近代回族社会,乃至中国社会有哪些积极意义? 对回族传统文化的继承和发展又有什么弘扬和补益的地方? 他们对当今回族社会与回族穆斯林的个体生活和行为又有什么指导意义和价值? 作为本文的终结,笔者打算就这些问题略作述说和分析。

第一节　丁国瑞思想的特点

　　关于丁国瑞思想的特点,实际上在前面各章的具体讨论过程中已有涉及。为了避免不必要的重复,笔者在这里只是打算从理论上作些总结性的概括,而不再对其内容一一展开。需要说明的是丁国瑞思想作为近代回族社会"新文化运动"的一个重要组成部分,其与近代回族社会"新文化运动"的主流思想文化有着诸多的相似之处。因此,总结和概括丁国瑞思想的特点,也有助于我们把握近代回族社会的主流文化意识发展形态。

如前所述,丁国瑞思想的形成和发展深受近代中国社会和回族社会的双重影响,因而,其思想既有近代社会救亡图存思想的特点,又有回族社会民族生存与发展思想的特点,爱国救族成了其思想的主流精神。丁国瑞生活于京津地区,帝国主义列强疯狂侵略我国,中华民族尤其是回回民族面临危机,资产阶级革命运动蓬勃发展。丁国瑞不仅撰写演说,而且创办《竹园白话报》以抑恶扬善,为民请命,爱国爱教等时评、论说,以及寓言故事等佳作,深受广大读者欢迎,是近代回族社会知识分子中的杰出代表人物。其思想丰富,涉及社会的诸多方面。因此从这点上讲,通过对丁国瑞思想的研究能够较全面地反映近代回族资产阶级知识分子的思想特征。通过对丁国瑞思想的研究,笔者认为这些思想特征主要表现在以下五个方面。

一、继承发展了回族传统爱国主义精神

当回族最早的先民刚踏上东方这块大地的时候,尽管他们的祖国远在千里之外,但他们已有了热爱中华的思想基础。从唐代至元代,许多回族的先民都在中华的历史上发挥了应有的作用,做出了杰出的贡献。当他们与中国本土的民族互通婚姻、繁衍生息之后,以一个新的民族共同体屹立于中华民族之林时,回族人便深深眷恋上了这块养育了自己的土地,爱国主义的热血便从此没有停止过沸腾。虽然回族人民在历史上遭受过巨大的灾难,但大量的史实证明,这种强烈的爱国主义精神仍然是回族人民族心理、民族意识、民族感情的重要组成部分。

鸦片战争以后,随着帝国主义的疯狂入侵,中华民族面临着列强瓜分的危险,回族也和其他兄弟民族一起共同担负起挽救民族危亡的历史使命,作为一种新兴的社会政治力量的先进代表,丁国瑞

同样继承了本民族传统的爱国主义精神,以一种强烈的忧患意识反思祖国的苦难和屈辱。

丁国瑞认识到近代中国社会的落后,首先是封建专制下的腐朽统治。丁国瑞反对专制制度下的腐朽统治,其讲到这种专制制度已经延续千百年:"朝廷只知有神圣不可侵犯之尊严,而不知大局之安危,万姓之苦乐;大臣只知希荣固宠,以保个人之禄位,得乐且乐,亦无暇虑及后来群僚百官;又无不以大臣迎合朝廷之术,以迎合上司,而为自私自利之计。分言之,是万人万心,各部相顾。合言之,不过就是朝堂之上有喜怒有爱恶,社会间无公理,无是非而已。……以数千万有知识有性命的活人,竟被缚于数十贵人之手,天下最惨最苦的境遇,莫过于专制国的国民哎。鄙人痛大陆之将沉,拼一死以敬告大众,行与不行,非我所能强为了。"①丁国瑞不顾自己的身家性命,用自己的笔在黑暗的世界里,喊出了时代的最强音。他的呐喊,如"惊世之木铎",震撼着"沉睡的大地"。其言辞和一些观点在今天看虽激烈,却是一片爱国真情。

面对强大的外国列强和水深火热中的祖国,丁国瑞大声疾呼列强的侵略瓜分是:"大兼小,强灭弱,按门面说话,叫做公演公例,若按实情真理说,简直就是成群结伙有团体的损人利己。"②对西方列强的侵略,进行了无情的鞭打。在《爱国质言》中丁国瑞谈到了国家与人民休戚相关的关系,谈到:"从古至今,若无国的保障,人民必涣散,事体必杂乱。立了国,可以约束这群人,教化这群人。故此,人民不可无国,没了国,就如同鱼离了水一般,一刻也不能生活……国家保护人民,如同屋宇覆庇人一样,人若离了房屋,必然受风吹日晒

---

①丁国瑞·恭读〈谨注〉·正宗爱国报,宣统元年六月十九日
②同上

雨淋之苦,人民爱护国家,如同修理宅子一样,越修理越整齐。"①

丁国瑞正确阐述了人民与国家关系,对近代回族进行反帝反封建爱国斗争显然有着启发和引导作用。丁国瑞这种强烈的爱国主义精神在其大量的演说中得到了系统、完整的表述。丁国瑞深深地认识到近代社会的腐朽和没落,发表大量演说,希望通过个体的力量来不断地唤醒人民挽救危亡,提出反帝反封建思想、宗教救国、民族自强爱国救国、白话办报救国、发展中医救国、禁烟救国等多种救国思想。这是丁国瑞在新的时代下对回族爱国精神的继承和发展,在今天看来,仍然有着积极的意义。

二、在历史反思中加强民族团结的意识

丁国瑞所处的时代是中华民族面临列强入侵,有志之士图求强国的时代,他亲眼目睹了清王朝的腐败无能,目睹了帝国主义对中国的肆意宰割,从中国是一个多民族的国家现状出发,提出了各民族团结一致,共赴国难的强烈愿望。丁国瑞认识到民族团结,共赴国难的重要性。为使广大回族人民认识到这一观点。他在历史反思中指出:"我们中国的时局,说到目下,总算危险到极处了,外人谋算我们,是一扣紧急一扣,咱们中国全国的人,若是同心合力的想法子抵制,还不算迟。要是七股子八份,各分异见,各立门户,我想亡国之惨,不乏三五年,到那时,再想合力同心的抵御外辱,可就来不及了。"②

同时,进一步呼吁民族团结,化除畛域,丁国瑞写道:"最要紧的,是先要化除界限,不必分满汉,亦不必分回汉,只要是中国的人,你就算沾中国的水土之恩,就应当掏出忠心来,保卫国家,若是各分

---

①丁国瑞.爱国质言.正宗爱国报,光绪三十二年七月十一日
②丁国瑞.化除畛域.民兴报,宣统三年八月二十一日

畛域,岂不是自灭势力吗?"①丁国瑞主张全国人民应该同舟共济,不分彼此,共同保卫国家,以免赴蹈覆灭之祸。

同时,丁国瑞鼓舞"清真教人宜速奋起":"我再忠告清真教的诸君,时时刻刻,不要忘了国家的深恩厚泽。我们既是中国的国民,就当舍死忘生的,给本国出力,保国即是保教。"②近代中国螺旋式发展的沉痛的现实,更强化了丁国瑞的民族团结的意识,在历史的反思中,充分认识到了中华民族为一体的重要性。辛亥革命推翻了延续千年的封建专制,丁国瑞指出:"目下,国基初定,外患频来,凡我清真教人,宜速联络,或投身军界,或捐助军饷,为国家出力边疆,折冲御辱。保国即是保教,爱国即是爱身。"③

这种民族团结的意识是以爱国为基础的,充分表现了丁国瑞的宽广胸怀,表现出他不拘泥于民族与宗教的狭隘偏见,而是以国家利益为己任的高尚情操。应当说,对当时整个回族来讲,民族团结不仅包括回族与中国其他兄弟民族的团结,而且包括回族自身内部的团结。由此可见,回族是一个具有韧性和刚性的民族,尽管在清朝就遭受过无数次的大屠杀,但丁国瑞这种既重视族内团结,又特别重视族与族之间团结的思想,充分显示了其以大局为重,忍辱卫国的思想境界,这也正是回族人民可贵的精神品质。

三、促进宗教改良和教育发展观念的形成

从丁国瑞的大量演说来看,其大多数内容都涉及宗教改良的思想,这就说明他在文化构成上所受的教育已不仅仅是回族传统的经堂教育的内容,更多的是学习和接触了大量的现代教育,能够与社会时代发展相适应。尤其是西方的社会思潮大量涌入国内,当时正

---

① 丁国瑞.化除畛域.民兴报,宣统三年八月二十一日
② 同上
③ 丁国瑞.清真教人宜速奋起.正宗爱国报,中华民国元年十二月十四日

是戊戌变法运动已在知识界引起巨大震动之后，变法图强成为一种新的潮流。西方资产阶级的进化论、天赋人权论，法国的资产阶级大革命，美国的独立战争，日本的明治维新等，都成为了学习效法的榜样。再加上当时的中国资产阶级革命活动的兴起，各种以救国为目的的社团纷纷成立，在这种大的时代背景下，丁国瑞本身除具有中国民族资产阶级共同的特点外，还具有自身的独特性，这就是回回的民族性。由于伊斯兰教始终伴随回族的历史发展，是维系回族人民心理素质的准绳，因此，如何在新的历史潮流中看待宗教问题成了丁国瑞思考的重要内容。由于他知识面广、博学广闻、思想敏锐、富有创造性，视野开阔，为促成其宗教改良观念的形成打下了基础。

首先，丁国瑞认识到回族社会民生凋敝，文化落后的原因在于宗教上的落后，丁国瑞讲到："因为宗教的范围太严，于生计上很受影响。所以受病太深，一年不如一年。这几年，教民的生齿日繁，而生计更窄，若再不打正经主意，早晚是耗干了才算完"。[1]

于是就此，他提出了宗教改良的必要性，提出了具体的措施："补救之法，唯有多立小学堂，半日学堂。因陋就简，越省钱越好，不怕穷凑，亦要设法使教民子弟强迫着读书，念书的一多，自然就容易筹生计了。学堂之外，多立工厂，全体助销国货，生计还能不宽吗？"[2]

丁国瑞还进一步提出："念书最能兴扬教门，不念书最能败坏教门。"他因此主张"唯多立小学"，甚至"不怕穷凑，亦要设法使教民子弟强迫着念书；念书的一多，自然就容易筹生计了。"又讲到："教

---

① 丁国瑞.敬劝清真教的苦教友.正宗爱国报,中华民国二年八月初一
② 丁国瑞.回民生计.正宗爱国报,宣统三年九月十一日

育与实业日见发达,宗教就自然的光荣了。"①

丁国瑞对寺内和寺外的整顿办法进行了论说,提倡普及教育、改良宗教,发展实业,振兴民族的思想。丁国瑞提醒到:"清真教中的诸君呢,以后务必多多的提倡教育,提倡实业,但求教育与实业日见发达,宗教亦就自然的光荣了。无论哪一教,既是中国民,就当同心努力地维持我们国家大事,没了国,还能保得住教吗?"②

丁国瑞正确地认识到教育、实业与宗教三者相互的关系,希望通过宗教改良、发展教育走上民族发展的道路。由此可见丁国瑞把宗教改良提到了振兴民族,振兴国家的高度,从中可见资产阶级民主革命的影响,从而才提出了改良伊斯兰教的意见和许多具体办法。这是在当时流行的教育救国、实业救国思想的表达,是丁国瑞为回族大众寻求发展出路的良方。

四、具有振兴民族的强烈愿望和使命感

如何振兴回族是近代回族资产阶级知识分子思考最多的问题,也是丁国瑞探讨的中心。回族资产阶级知识分子之所以具有振兴民族的强烈愿望和历史使命感,首先在于他们热爱自己的民族,有民族自豪感。丁国瑞发表了大量的文章来论述伊斯兰教,其中《阿拉伯》、《清真教之美俗》、《论宗教》是其中的代表性演说,从伊斯兰教兴起的阿拉伯地区,伊斯兰教的优良特点,以及宗教的作用等方面进行了论述。

丁国瑞认为伊斯兰教能在中国历经千年依然常年不衰,正是由于其的"精奥"所至。在丁国瑞看来伊斯兰教有着"尽善尽美"的宗教教育、良好的卫生习惯、独特的婚姻制度、丧葬祭礼、严格的男女防闲、伊斯兰教团体团结等方面。

---

①丁国瑞.回民生计.正宗爱国报,宣统三年九月十一日
②同上

在丁国瑞看来："盖寡嗜好则必早起,能耐劳苦,饮食洁,则血气清明,信仰心专,志向坚定,则无非分之妄想妄贪。得失皆归之于主之前定,无太过之怨尤,此皆有益于身心者也。"①这种强烈的民族自豪感是振兴回族的前提。

其次,丁国瑞能够正视民族的现实,具有清醒的反思意识。认识到当时回族社会的保守封闭,丁国瑞讲到:"皆因教中诸事受病太深,而且是有病不准人治,谁要发热心,有远虑,打算整顿整顿教中的事情,谁就落个异端。轻者诅咒四起,怨声载道,重者就须挨一顿嘴巴拳头。地球上的各宗教,都能变通改良,惟独清真教,丝毫不能挪移,准要按照经本儿上的教条,一条一条的实行,亦倒罢了,其实是任其消灭败坏,亦不准力谋进行(讳疾忌医)。"②

丁国瑞认识到回族社会的贫困,"回族要乜帖的男女老幼,成群结伙,足有几百几千,招摇过市,恬不为耻,仿佛是应当的大典似的"。③ 同时也针对宗教上的落后保守,回族社会"顽固阿衡"和"混师傅越来越多",而"有实业的越来越少"的社会现实,进行尖锐地剖析,毫不隐讳地指出回族贫穷落后的症结,就其本身来讲,在于:"头一个病原,是念书的太少,寺中的掌教阿衡,念书的尤少。回民受穷,皆在于此。……第二个病原,是念经的太多,教民的负担太重。"④

正是由于长期以来,回族社会在经济上落后、政治上受压迫、文化和宗教上保守落后,特别是清朝时期的民族压迫和民族歧视,严重摧残了回族的整体力量。丁国瑞主张邀请"经书皆通,有教门,有学问,有阅历经验"的宗教人士,振兴发展宗教,反对那些"固执成

---

① 丁国瑞.论宗教.竹园白话报,光绪三十四年七月十六日
② 丁国瑞.敬告回教俱进会.正宗爱国报,民国二年七月二十一日
③ 丁国瑞.回民生计.正宗爱国报,宣统三年九月十一日
④ 丁国瑞.回民生计.正宗爱国报,宣统三年九月十一日

见,不明外边大局的人,或是死行教门的大乡老",支持宗教事务。

丁国瑞作为近代回族资产阶级知识分子的典型代表,其振兴民族的强烈愿望和历史使命感洋溢于其演说的始终,也正是基于这种思想认识,才使他积极奔走于社会,努力倡导宗教改良,希图民族的强盛,时刻不忘回回民族的未来,并积极思考,献计献策。

第二节 丁国瑞思想的影响

毫无疑问,丁国瑞是我国回族近代史上一位很有影响的人物,其思想在近代回族新文化运动中占有重要的地位,他的贡献主要表现在以下几个方面:

一、爱国救国思想丰富了回族爱国主义思想的内容

爱国主义思想在回族社会发展中起到了至关重要的作用,具有丰富的内容。从一开始,热爱中华的优良品质就融入了他的民族性格,成为民族意识,民族心理,民族情感的重要组成部分。回族勤劳勇敢,刚强坚毅,奋发图强,与其他民族一样成为中华民族大家庭中的一员。尤其是处于清末民初的回族社会,回族的爱国主义思想经历了一个长期的炼狱与重生的过程,民族情感饱受磨难,在困顿与激情的交织当中发展,逐步走向成熟。

丁国瑞作为回族社会知识分子的典型代表,其爱国思想十分丰富,从反帝反封建、民族自强救国、发展中医救国、禁烟救国、办报救国等不同的角度来阐述爱国主义思想。其中,丁国瑞提出的"保国即是保教,爱国即是爱身"的口号最具有影响力,成为近代回族社会爱国行为的精辟表达,正确地处理了民族与国家的关系,在近代回族界的救族救国运动中起着极大的鼓舞作用。

更是难能可得的,丁国瑞提出民族自强救国的思想,希望回归

中国传统文化,汲取孔孟文化中的优秀成分,主张发扬民本主义、民生主义思想,来关注民族的发展。进而丁国瑞提出了大同主义学说治理国家的观念和思想。

正是在这个意义上,我们说丁国瑞的爱国思想占有比较重要的地位,一方面他本身就是回族爱国思想发展的产物,另一方面,他以个人的创造性贡献直接或间接地推动了近代回族爱国思想的发展,从而推动了整个回族爱国主义思想的发展。

二、民族宗教思想开创了回族近代史研究的先河

回族是一个人口众多,分布广泛的少数民族。回族研究对于多民族,多宗教的中国来说,是极为重要的一项事业。而对于回族研究来说,却是一门年轻的学科。历史上虽有各种文献对回族社会活动和文化生活进行了记载。但是,人们对回族的研究,总的来说几乎是一片空白。众所周知,明末清初以来的、王岱舆、刘智、马注和马德新等一批回族穆斯林学者,为适应当时中国伊斯兰教发展的需要,将伊斯兰教文化与中国传统文化相结合,翻译经典,著述立说,推动了伊斯兰教的"中国化"进程。然而,这种译著活动是一种"在教言教"的研究。加上这个时期人们对民族与宗教认识的不同,不能严格区分民族与宗教的关系,因此这个时期的研究不能称作为对回族人的研究。

19世纪末20世纪初中国社会大变革时期,回族民众逐渐觉醒、反思,走上了文化自觉的道路。丁国瑞就是这场变革中产生的知识分子,在错综复杂的时空背景下,他突破封建封闭的沉闷空气,提出"宗教改良"、"发展教育"、"兴办实业"、发扬伊斯兰教的优良传统,振兴伊斯兰教,振兴民族。丁国瑞怀着"真理救国"、"教育救国"的热情,积极从事早期的新闻事业,以报刊为媒介投入到社会中,已经认识到民族与国家,民族与宗教的重要性,开始寻找回族的发展道路。

丁国瑞的民族宗教思想丰富多样,涉及以下几个方面:在民族关系上,主张民族与宗教问题上必须"化除畛域";在辱教事件上,认识到是由于统治者的偏见和伊斯兰教本身的封闭所造成;在宗教信仰上,丁国瑞主张宗教信仰自由,而且提出了宗教进化的观点;在对伊斯兰教的认识上,分析了伊斯兰教在华千年来盛传不朽的原因,在于伊斯兰教"至善至美"的美俗;在对阿拉伯的认识上,丁国瑞采用东西方不同著作进行介绍。尤其是其演说《回教回族辨》、《阿拉伯》等演说,展开了对回族与伊斯兰教关系的论述,在近代回族社会掀起回教回族辨的开端。由此可见,关于回教回族辨的问题,是在清末民初,早于大多数学者认同的三十年代。

丁国瑞关于民族与宗教问题的认识,反映了近代回族知识分子开始了探索本民族发展之路的新认识,对回族问题进行的探索已初见端倪。丁国瑞为代表的回族先进知识分子对回族发展的探讨,开创了回族研究的先河,"在近代回族文化的原野上燃起了第一堆篝火"。①

三、白话办报思想推动了近代白话报刊的发展

清末民初,白话文还只是局限在很小的范围之内,仍然不能改变文言文独尊的局面,文言文仍是通用的书面语。文言文的霸权地位,深刻地影响着近代思想的传播,从某种角度上来说,是社会进步发展的一个隐形阻力。所以,在清末,提倡白话文也是一种反封建的活动,是在文化领域进行的反封建斗争。

白话文是一种简洁、方便表达思想的工具,可以使文章变得通俗易懂。白话文作为一种新的传播媒介,可以促进报刊更加贴近民

---

①马通.回族近现代史研究.兰州:甘肃民族出版社,1992,120

众。同时,丁国瑞认识到中国国民文化水平落后,尤其是妇孺小孩识字的更少,认识到宣扬爱国,开通民智,要用白话文,提出了白话办报的思想。丁国瑞讲到:"开导下等社会,非用白话报纸不可,非出白话告示不可。"

他充分利用"文人多不屑看"的市民阶层语言,赋予它们以新的内容,使之为反帝反封建的政治内容服务。他的文章不拘一格,只求明白清楚,以通俗的文字、犀利的言辞指陈时弊,向人民群众宣传救国救民的真理。

如果说"五四"文学革命和白话文运动使"白话取代了僵化的文言已成事情",那么世纪末和世纪初对白话的提倡及白话文"由渐而兴"的历史则是白话文发展的一个重要阶段。正如"五四"以后胡适在他的《白话文学史·引子》中所说的那样:"白话文学不是这三四年来几个人凭空捏造出来的,我要大家知道白话文学是有历史的,是有很长很光荣的历史。……若不是历史进化的结果,这几年来的运动绝不会有那样的容易,决不能在那么短的时期内变成一种全国的运动,决不能在三五年内引起那么多人的响应与赞助。"①丁国瑞为提倡和使用白话文所做的努力是值得肯定的,是新文化运动中提倡白话文的先驱者之一。

应当看到,白话办报思想对当时中国的社会底层人民来说,是一种很好的宣传理念,丁国瑞也成了近代回族社会早期优秀的报人。从历史发展的长河来看,其白话办报思想是具有进步性的,不难看出他已具有了近代资产阶级民主革命的思想觉悟和认识水平,并走在了中国民族资产阶级队伍的前列。时隔多年后,丁国瑞在友人穆云谷先生的劝说下,将自己多年撰写的演说,丛印成册,这就是

---

①胡适.白话文学史.北京:百花文艺出版社,2002,3

流传至今的《竹园丛话》，成为我们研究清末民初回族社会，乃至中国社会的珍贵资料。从新闻学的角度来看，《竹园丛话》也是我们研究清末民初白话文运动过程的重要资料，丁国瑞也是近代新闻界杰出的白话报家。

四、发展中医思想为捍卫中医地位作出积极努力

清末民初，中国社会面临西医的巨大冲击，中医的发展受到了强大的影响，尤其是开放度比较大的京津地区，受到的冲击更大。面对中医受到的挑战，丁国瑞作为回族医生的先进人物，一边救死扶伤，一边积极参加社会活动，创办组织中医研究会，大力发扬中医精髓，探讨中西医之间的相互关系，为捍卫中医在人们心中的地位作出了积极的努力。

丁国瑞反思中医本身存在的问题，认识到中医的不足，指出庸医问题是导致中医威望降低的主要原因。丁国瑞不仅发表演说来论说中医的发展问题，而且认识到中医与西医是各有所长，应该相互补充，这样才能够为民造福。对于如何发展中医，丁国瑞提出了诸多的意见。其中，丁国瑞组织成立的医药研究会最有代表性，主要是希望采用西医的长处来发展中医，消除中医和医药之间的障碍，除掉医药界的各种恶习，为贫民医治病，进而普及卫生。从医药研究会改革的目标来看，丁国瑞显然采用的是"中体西用"的思想，对待中医和西医是扬弃的态度。医药研究会为了研究方便，还设置了图书馆；为了将研究成果公布于社会以及恢复民众对中医的信赖，还将研究成果公布于京津各大报纸。医药研究会也有着自己的远景规划，是一个比较完备的集思广益的民间社团，在当时的天津有着一定的影响。后来，医药研究会不幸在天津发生的金融危机中，在一场大火的沉重打击下，结束了其长达七年的活动。

丁国瑞组织倡导的医药研究会虽然停止了活动，但是其影响却

比较大。据资料记载,继医药研究会组织倡议后,北京的常相臣和营口的张子岐先后于 1906 年 11 月和 1907 年 4 月在各自地区倡导成立"医药研究会",其一切规模均仿照天津丁国瑞的办法。

由此可见,丁国瑞作为医师,恪守职业道德,"以医济人",关注民众健康,积极参加社会活动。虽然传统医学在民国元年遭到了教育部直接从学校教育中取消的事实,中医遭到了断然的抛弃,但是丁国瑞呼吁中医并非是迂腐之学,为拯救中医,发扬中医的这种精神,难能可贵。从近代中医发展的历史开看,丁国瑞振兴中医的精神在今天仍然有着积极的意义。

五、禁烟思想推动了清末民初民间禁烟运动的发展

自从鸦片战争以来,中国人民就深受鸦片之苦,禁烟的呼声就没有停止过。清末民初,经历了一系列的变革之后,近代社会的民族觉醒和民族危亡意识加强,在国内外良好戒烟环境的影响下,1906 年清政府颁布了禁烟谕令,一场自上而下的禁烟运动拉开了序幕。丁国瑞作为回族社会禁烟运动的典型代表,针对禁烟问题,积极发表言论、提供戒烟药方、设立社团、进京请愿、主张政府禁烟。

尤其是由丁国瑞、刘孟扬等社会名流共同发起成立的中国近代史上第一个"恢复禁烟主权会"和"国民求废烟约会",在全民禁烟的宏大气候中,为清末民初的禁烟运动创造了一个雄浑有力的开端。从"恢复禁烟主权会"和"国民求废烟约会"的社会影响来看,已不再是"官督民辅"模式下,官方禁烟政策的执行者,不再是弥补政府统治力不足的工具。它明确地提出了自己的主张,要求取消不平等条约,恢复中国的禁烟主权。"国民求废烟约会"进京请愿,向清政府陈述自己的主张,迫其就范。在恢复禁烟主权运动的压力下,清政府不得不与英国政府迅速达成新的禁烟协议,以"隐拒"民意。更为重要的是,"恢复禁烟主权会"和"国民求废烟约会"的出

现及恢复禁烟主权运动的开展,向人们展示了一个不同于往日的国家与社会关系,政府对于民间组织的掌控越来越力不从心,而民间组织与国家的疏离倾向则逐渐增强,"全能全控"的国家与社会关系出现了二元对立、社会制衡国家的迹象。

总而言之,丁国瑞是近代回族社会杰出的爱国知识分子代表,其一生以爱国救国为思想主线,追求民族国家独立、进步、民主、富强为社会责任。丁国瑞作为中国民族资产阶级知识分子的典型代表,在历史上起过进步的思想启蒙作用,但由于资产阶级知识分子先天的软弱性,又长期受传统的封建汉文化的熏陶,深受当时社会发展的制约,其思想带有一定的理想色彩。通过对其思想特点和影响的分析,我们可以说其代表了近代回族资产阶级知识分子的思想观念,也反映了近代回族知识分子认识的真正觉醒。

结　语　近代回族知识分子及其
回族社会走向

20 世纪前期,是中国社会处于纷繁变换的大变革时期,在复杂而曲折的历史进程中,回族社会同样发生着重大的变迁。随着近代以来中国社会的巨大历史变迁,回族社会深深地卷入了社会大变革之中,救亡图存、改良与革命同样是回族社会与文化变迁的时代主题。特别是在国内外多种因素的影响与刺激下,回族社会的知识分子,成为社会变革的开拓者和领导者,他们充当着回族的"精神大脑",承担着更多的社会责任和义务,他们是新文化的呐喊者、创造者,是传统文化的继承者和改良者,他们分布在宗教、教育、学术文化、社会团体各个领域,掀起来轰轰烈烈的回族新文化运动,指引回族社会走上新的发展道路。

一、回族宗教界开明人士的宗教改良运动

近代回族社会的变革与发展,首先是从回族宗教界开明人士倡导的宗教文化革新运动开始的,回族宗教人士开展的以正本清源、返本开新为主旨的新兴教派的复兴运动,开启了回族新文化运动的先声。有学者指出,近代回族社会文化变迁之所以能够兴起、发展的根本力量首先在于这一群体的文化自觉。正如赵振武所言:"近代中国回教文化之倡兴、教势之复振,阿訇领导之力也。"[1]在西北

---

[1]赵振武,三十年来之中国回教文化概括,载《禹贡》第 5 卷第 11 期

回族穆斯林聚居地区,这场以宗教人士所领导的宗教维新思潮的复兴运动,开启了近现代回族社会维新思潮的大门,对近代回族新文化运动产生了深远的影响。例如,在西北回族穆斯林最集中的地区,马万福开展的以正本清源、返本开新为主旨的新兴教派的复兴运动,开启了回族新文化运动的先声。

在回族的文化觉醒中,首先兴起的是一场顺应时代,掀起于民间的自觉的文化复兴运动—伊赫瓦尼运动。伊赫瓦尼运动(伊赫瓦尼是阿拉伯语"兄弟"之意)倡导朴素务实的生活方式,批判苏非门宦中盛行的独善其身的出世思想,倡导积极入世的人生态度,旗帜鲜明地反对儒佛化了的铺张浪费的宗教仪式和封建化的礼仪礼俗,因此,掀起了一场规模巨大的回族伊斯兰教的复兴和文化启蒙运动。马万福阿訇以一介布衣"应时而出","不避嫌怨,不畏斧钱"首倡了这场文化复兴运动。

伊赫瓦尼运动所宣传的"回到古兰中去"的返本开新的主张和重视教乘功修的原则,实际上还原了伊斯兰教积极入世的元典精神,起到了促使回族穆斯林社会从消极遁世,脱离红尘的悲观厌世的自我封闭状态向两世并重,面向现实社会,放眼世界的穆斯林社会的生存和发展注入了新的活力。这一时期有许多伊赫瓦尼教派的大阿訇学者翻译的伊斯兰教经典及其汉文著述出版发行,客观上促进了回族穆斯林的文化运动,推动了回族翻译出版事业的发展。20世纪二三十年代出现的回族翻译出版事业的繁荣局面,也是伊赫瓦尼维新运动倡导之功。

在宏观意义上,这场极为民间化的解放思想的运动实质上为20世纪前叶的回族穆斯林社会和新文化运动的复兴和发展做了思想铺垫和精神准备。在这种积极入世思想的鼓励下,出现了一批具有开明进步思想的大学者大阿訇,王静斋、萧德珍、虎嵩山等阿訇提出了重视穆斯林现代科学文化教育，吸收现代科技文明成果，提倡爱国救亡思想等更为深广的改良思想。并且奔走呐喊，付诸行动，改革传统的经堂教育，在全国穆斯林聚居地兴办现代新式回民学校，不仅培养了一大批穆斯林人才，而且意义更为深远的是他们用实践探索了回族教育模式。大胆的实践，宝贵的经验，对于今天当代的回族教育仍有着暮鼓晨钟般的巨大启迪意义。

伊赫瓦尼维新运动由西北发端进而影响全国，推动了近代回族社会由传统社会向现代社会的转型。如果没有这场运动的思想启迪，很难有以后的兴办现代新式学校、改革经堂教育等一系列文化运动的兴起。事实上，也正是在这场运动中诞生了一批杰出的阿訇，是他们肩负起宗教与时代赋予他们的使命，承前启后，领导了这场文化运动。

二、回族教育界先进人士倡导的教育革新运动

鸦片战争以来，中国社会一步步陷入了半殖民地半封建的时代，社会经济衰退，民生凋敝不堪，人民生活日益疾苦。回族作为中华民族的重要组成部分，在这样的社会背景下，遭受同样的灾难与困苦。赵振武在《三十年来之中国回教文化概况》中所说的"乃变其积极态度而为消极，退居寺内，谨守拜功"。马松亭先生在《中国回教与成达师范学校》一文中写得更为确切："回民为保存本身的生命起见，由自立求进的状态，变成消极自守、不干外事的状态，放弃社会上的一切权利，专求宗教本身的推延，驯至养成回民仅富于宗教意识，而薄于国家意识。"因而 20 世纪前夕回族的社会文化教育几近空白，"阿衡之所倡，民教之所由，厥为寺之教育而已"。

整个中国社会不断地在思考中探索着如何摆脱国家与民族发展的困境，如何走向现代化的道路，成为世纪之交中国主流社会思想。回族呈现出了改良宗教，发展教育，振兴民族的思想，改革传统

经堂教育,积极兴办新式学校,启迪民智,凝聚人心,唤醒民族自信,振兴日益衰微的回族穆斯林社会。19世纪末20世纪早期回族教育得到了巨大的发展,并出现繁荣的局面。这些学校的建立与发展,使回族新式教育从无到有,并且建立了一个较为完备的回族教育体系,形成了一个以普及小学教育为主、兼及中等教育、推行社会教育、旁及高等教育与留学教育、并注意到女子教育的回族教育格局,这一切都是回族教育在质和量上的飞跃。教育的发展,促进了回族的觉醒,加快了回族近现代化转型的步伐。

三、回族社会界进步人士开展的社团组织运动

回族社团是中国近代社团中的一个重要组成部分,其兴起和发展是近代"回族新文化运动"的主要内容之一。在近代社会中,回族社会界进步人士把爱教与爱国相结合,追求回族的进步与中华民族的进步相一致,举办社团,创新社会组织。回族社团着力于振兴民族、弘扬伊斯兰文化、发展民族教育、沟通回汉感情、改革回族与社会发展不适宜的陈规陋习等多个方面,形成了不同类型的回族社团,在推动近现代回族新文化运动的发展方面发挥了重要作用。回族社团与中国近代社会发展高度统一,体现了回族社会近代化发展的方向,也体现了回族社会近代化的一个方面。

"大分散小聚居"的回族,大多散处内地各省及大中城市,与汉族杂处。近代回族在民主革命影响下,抛弃清朝以来由于民族压迫而在回族内部形成的狭隘、保守、故步自封、排外思想,面对内忧外患及矛盾转化,把爱国、保国放在首位,将自身命运与国家命运紧紧结合在一起,力图消除回汉隔阂,创建回族社团,动员本民族人民投入社会运动当中,回族社团也应运而生。近代回族社团发端于清末,发展于民国初年,成熟于抗战。按照回族社团活动内容大致可以分为以下几个类型:第一,教育团体;第二,学术文化团体;第三,

爱国爱教团体；第四，回族青年社团；第五，回族文化社团；第六，地方性回族社团。

除了上述团体，回族社会也产生了经济团体、社会公益团体等组织。此外，抗战初期，出现了一些日伪团体。最后："需要说明的是，组成各类社团本身的内容并不是单一的，在时空的横向结构上也是互不平行的。其实，许多社团的活动内容是丰富多样的。既提倡教育，又研究学术，关键时刻，转重救亡，即综合活动内容构成一个完整的团体，而同一时期则又表现出各类并进的局面。"

近代回族社会团体的涌现是近代中国的社会关系重新分化、组合，它反映了回族群众内部社会分工细化，民族国家意识普遍增强，不同的群体希望按照国家利益的需要，组织不同社会团体投入到回族社会的转型当中，发挥了重要的组织领导作用。近代回族社会团体是回族历史上的一支重要组织化的力量，它的伞状结构将回族社会大分散小聚居的历史格局，在特殊的历史境遇下跨地域、跨教派统一地凝聚在一起，强化了回族的认同和整合，构建了民族与国家的内在历史联系，建构了新的民族国家身份认同。

四、回族社会界进步人士开展的创办回族报纸杂志活动

近代回族知识分子积极地组织社会团体，广设学校的同时，回族报刊作为回族社会舆论、信息传播和学术研究的一种载体，是近代回族社会新文化运动的发展产物。以阐发伊斯兰教义，提倡新式教育，沟通文化，传达各地回族消息为主要内容的刊物，如雨后春笋一般相继出现。近代回族报刊被当代回族学者称为中国近现代回族历史文化发展的长卷和回族百科全书。自1906年诞生至1949年前的半个世纪，留下了丰富的文本资料[1]

---

①根据马博忠先生的统计，回族报刊已达300余种。

方兴未艾的回族新文化运动与回族报刊的初露端倪是回族报刊发展的历史遗产,传统与现代的社会转型与现代报刊传播媒介的兴起是回族报刊发展的契机,回族本身生存发展的困境是回族报刊发展的内在动力,回族报刊的发展是应运而生的产物。回族报刊其时达到300多种,数量大,种类多、涉及面广,是回族文化史上一种特殊现象。回族报刊的发展得到历史环境的契机,在回族新文化运动的推动下、回族本身生存发展的压力、近代中国报刊业兴起的催生中,与时俱进发展了起来。

从回族报刊发展的历程来看,是随着中国近代新型报刊的产生而后继产生,在传统与现代的社会中经过一个艰难的发端时期,不断地发展起来的。五四运动爆发,新文化运动兴起,全国的报刊事业进入了一个极盛的时期,回族报刊在这个时期也进入了一个繁荣的时期。七七事变之后,日本帝国主义全面侵华,回族报刊在抗日这个特殊的历史时期,表现出了极高的抗日热情,报刊数量上又有所增加,积极宣传抗日救国。抗战胜利后,回族报刊逐渐回迁,随着新中国的成立,回族报刊走向了终结。其中回族报刊发展的波动性是回族报刊发展史上一个很明显的特征。

从回族报刊的内容分析,回族报刊数量多,内容丰富,涉及回族社会的诸多方面,从回族报刊办刊宗旨主题、回族报刊宗教事务主题和社会事务主题三个方面来对回族报刊的内容进行分析,不同性质的回族报刊其办刊宗旨也不同。通过分类分析,回族报刊的主题可以分为以下类型:学术性刊物、知识性刊物、宗教性、教育文化性、时事性刊物。回族报刊内容中的宗教事务,主要包括伊斯兰教史、回族文化教育、伊斯兰教宗教事务等方面。回族报刊内容中的社会事务主要包括回族穆斯林社会事务、回族兴业扶贫事务、回族与国际伊斯兰教国家交流等方面。

从回族报刊与回族人的关系来看,回族报刊产生于回族社会,是回族社会的口舌,与回族社会有着千丝万缕的关系。近代回族知识分子是回族报刊的主导角色,他们创办刊物,发表演说,资助刊物出版、发行,是近代回族刊物的生存与发展的关键性因素。同样,回族大众是近代回族刊物的受众和读者,在近代回族知识分子的引导下,回族报刊主宰了回族社会的思潮动态及其发展,是近代社会中的传媒主体。就是通过回族报刊这样的一种传播方式,回族大众在思想意识中与中国近代社会保持着相对的一致性,沟通了与中国社会、伊斯兰世界的信息的一致性。

回族报刊在民国时期是主要的新闻传播媒体,对回族社会有着很大的影响。回族报刊是回族社会报道社会事务消息的通道、思想文化的传播媒介,是传播知识的平台、是改造民族精神的途径之一。回族报刊有益于回族社会,有益于国家,是开启民智,传播知识的有力杠杆,对回族社会和国家都具有重要的作用。特别是对于传承回族伊斯兰文化,增强民族意识;促进民族团结,增强回族爱国主义思想;推动回族伊斯兰文化学术研究和发展;加强海外伊斯兰国家的交流等方面效用显现。总之,回族报刊对推动回族伊斯兰文化学术研究和发展、培养和造就回族人才、增强回族爱国主义思想、促进民族团结进步、构建回族社会的和谐发展等方面有着深远的影响。

五、回族社会界进步人士开展的对阿人文交流活动

回族与阿拉伯世界有着无可分割的天然的历史文化、血缘关系,近代回族社会内部新的社会精英崛起,以新的历史姿态继续承担起中阿人文交流的历史使命,引领了近代回族在中阿人文交流中的新局面,开拓了中阿人文交流的新天地,在中阿人文交流的历史中做出了积极的努力,使得中阿相互之间有了新的认识和理解。在中阿人文交流的历史框架中,近代中国和回族社会变革的历史潮流中,以早期宗教界的朝觐游学活动、中国留埃回族学生,以及福德图书馆的建设为辐射点,勾勒出近代回族在中阿人文交流中的贡献。

近现代回族对阿人文交流的兴起有着深刻的历史背景,既有中国近代社会的巨大变革,又有回族传统社会向近现代社会转型,以及回族自身独特的社会处境和文化自觉的微观环境。

从国内环境来看,自鸦片战争以来,西方的新式传媒、学校、学会等在中国大量出现,维新变法与革命图强成为此时中国知识分子话语的关键词,也成为这一时代的主题。中国知识分子开始觉醒、反思,并探索救国图强的道路,中国社会的变革改变了人们的观念,维新自强、救亡图存成为世纪主题。"大分散,小聚居"的回族作为中华民族的一部分,同样置身于国家落后,民族衰落的境地,承载着这一历史的主题。

从阿拉伯世界来看,阿拉伯世界的社会境遇和现代伊斯兰思想,给予回族社会一些启示与借鉴。现代伊斯兰革新思想,提倡宗教革新,推崇理性,高扬人的主体价值,发展现代教育,调适宗教与科学的关系,反对因循守旧,反对殖民统治是这一思想的主脉与核心内容。这些伊斯兰改革思想就是通过回族穆斯林与这些地区的交往从而传播到中国,极大地启发和鼓舞了回族社会前往阿拉伯世界,汲取伊斯兰维新思想的"原料"。无疑是近代回族走向阿拉伯世界,学习阿拉伯世界先进的伊斯兰思想,进而成为国内回族社会进行宗教维新、教育改革、学术交流,寻找强国强族"良药"的重要外部力量。

近代回族对阿人文交流发展的主体主要是个体行为和团体行为两种模式,在此分别就个体行为和团体组织活动为个案典型,进行初步的探讨。例如,有近代回族个体的早期朝觐游学活动对阿人文交流——以马德新为例。马德新在《朝觐途记》最后留下一条弥足珍贵的史料,记载百余年前中国至阿拉伯海上交通途程,正常或非正常情况下所需时日、船资,当时缅甸银币(卢比)和阿拉伯银币(第亚勒)的重量,既反映当时物价情况,也填补了清代对外交通的一项空白。[①] 根据笔者统计,自马德新开启了近代回族对阿人文交流的窗口,先后有马果园、王浩然、刘遇真、哈德成、买俊三、穆华亭、祁明德、王家鹏、达浦生、虎嵩山等回族精英人士走向阿拉伯伊斯兰世界,成为近代中阿人文交流的开拓者和中流砥柱,他们在中东、南亚地区的经历与回国后的社会实践思想,充分反映了近现代中国回族伊斯兰维新思潮及新文化运动深受中东、印度现代伊斯兰思想的激励和影响。

近代回族社会团体留学活动对阿人文交流——以中国留埃回族学生团体为例。中国回族青年学生赴埃及爱资哈尔大学的留学活动,肇始于云南,终止于北平成达师范学校,共派出留学生 6 届 33 人,这批学子学成归国后,大多为沟通中阿文化交流做出了卓越贡献,在现代中阿文化交流史上,谱写了辉煌的历史篇章。中国留埃回族学生群体在埃及留学期间,自觉地展开不同形式的中阿文化交流的实践活动,广泛地推动中阿文化的沟通与交流,为世界伊斯兰文化的发展作出了贡献,为国内穆斯林的思想意识及回族社会在文化教育等领域的发展产生了积极影响。1933 年埃及爱资哈尔大学正式批准成立中国留埃学生部,留学生们凭借良好的个人素质和文化素养,借助于爱资哈尔大学深厚的伊斯兰文化底蕴和开阔的学术视野,以中阿文化交流使者的姿态,开展多种形式的中阿文化交流活动。留埃学生还注重结合中国的实际,向国外穆斯林宣传和介绍中国伊斯兰教的现状及其发展,并站在客观的角度上,积极审视和

---

① 摘自《伊斯兰文化研究》1999 年、第五期。

探讨中国与其他伊斯兰国家的关系,形成了《历史见证》、《中国概观》、《回教文化在中国》(定中明撰);《中阿关系》、《中国回教过去与现在》、《中国与伊朗关系》、《中国回教少数民族问题》(海维谅撰)以及《中国与回教》(庞士谦撰)等许多专著。而且,在撰述过程中,他们发挥懂多种语言文字的优势,注意采用中文、阿拉伯文、波斯文和英文等不同语种,以便于这些著作在整个伊斯兰世界范围内得到广泛传播。

近代回族对阿人文交流活动,凭着回族特有的激情与活力,杰出的学识和能力,以及对民族和宗教的强烈责任感,促进了中阿文化交流,对当时,乃至当今的回族社会,都产生着重要的影响。这些回族留学生沟通了回族乃至中国同西亚、北非伊斯兰国家之间的友谊,加强了双方文化的交流,推动了回族文化运动的发展。

参考文献

史料类：

[1]陈国庆、何宏注.中庸·论语.合肥:安徽人民出版社,2002

[2]任大援等注.孟子.合肥:安徽人民出版社,2002

[3](唐)王冰,2003

[4]蔡沈注.书经.上海:上海古籍出版社,1987

[5]杨洪注.中庸.合肥:安徽人民出版社,2002

[6]杨洪注.大学.合肥:安徽人民出版社,2002

[7]王世舜.尚书.成都:四川人民出版社,1982

[8]清末民初报刊图画集成续编(十九).北京:全国图书馆文献复制中心,2003

[9]明世宗实录(196).台北:"中央研究院"历史语言所校印,1962

[10]回耶辩真卫道理论.上海:上海回教堂教务会,1950

[11]林则徐集(奏稿).北京:中华书局,1965

[12]鸦片战争档案史料(第一册).上海:上海人民出版社,1987

[13]上海宗教史.上海:上海人民出版社,1992

[14]孙中山全集(第二卷).北京:中华书局,1982

[15]王希隆点.醒回篇.兰州:兰州大学出版社,1988

[16](清)金天柱.清真释疑补辑(卷首5).香港:蓝月出版社,2006

[17](明)王岱舆.余振贵点校.希真正答.银川:宁夏人民出版社,1987

中文专著类:

[1]邱树森主编.中国回族史(上下).银川:宁夏人民出版社,1996

[2]白寿彝主编.回族人物志(近代).银川:宁夏人民出版社,1997

[3]杨念群.再造病人——中西医冲突下的空间政治.北京:中国人民大学出版社,2006

[4]赵洪钧.近代中西医论争史.合肥:安徽科学技术出版社,1989

[5]苏智良.全球禁毒的开端——上海万国禁烟会.上海:上海三联书店,2009

[6]中国回族典藏全书·竹园丛话.兰州:甘肃文化出版社、银川:宁夏人民出版社,2008

[7]京城国医谱.北京:中国医药科技出版社,2000

[8]马启成.与时俱进的回族历史与文化暨民族学研究.北京:中央民族大学出版社,2006

[9]金炳镐.民族理论与民族政策概论.北京:中央民族大学出版社,2006

[10]喇敏智主编.回族对伟大祖国的贡献.兰州:甘肃民族出版社,2006

[11]海正忠.古今回族名人.银川:宁夏人民出版社,2008

[12]朱昌平、吴建伟主编.中国回族文学史.银川:宁夏人民出版社,2007

[13]刘易斯·A·科瑟.社会学思想名家.北京:中国社会科学出版社,1990

[14]马克思恩格斯全集(第一卷、第三卷),北京:人民出版社,1985

[15]苏国勋.理性化及其限制——韦伯思想引论.上海:上海人民出版社,1988

[16]王海光.旋转的历史:社会运动论.上海:上海人民出版社,1995

[17]王康久.北京卫生志.北京:北京科学技术出版社,2001

[18]葛兆光.七世纪至十九世纪中国的知识、思想与信仰(二).上海:复旦大学出版社,2000

[19]张钦士.国内近十年来之宗教思潮·序.北京:京华印书局,1927

[20]张巨龄.绿苑钩沉:张巨龄回族史论选.北京:民族出版社,2001

[21]王永亮.西北回族社会发展机制.银川:宁夏人民出版社,1999

[22]李兴华.中国伊斯兰教史.北京:中国社会科学出版社,1998

[23]罗荣渠.现代化新论——世界与中国的现代化进程.北京:北京大学出版社,1993

[24]王洪钧.大众传媒与现代社会.正中书局,1987

[25]韦尔伯·施拉姆.大众传播媒介与社会发展.北京:华夏出版社,1990

[26]戈公振.中国报学史.北京:中国新闻出版社,1985

[27]马通主编.回族近现代史研究.兰州:甘肃民族出版社,1992

[28]秦和平.鸦片问题与当前的运动.成都:四川民族出版社,1998

[29]李兴华、冯今源编.中国伊斯兰教史参考资料选编.银川:宁夏人民出版社,1985

[30]马坚译.古兰经.北京:中国社会科学出版社,1981

[31]中国社科院民族研究所、中央民院民族所研究史组编.回族史论集.银川:宁夏人民出版社,1984

报刊类:

[1](天津)《社会教育星期报》

[2](北京)《散帛千金》

[3](北京)《禹贡》

[4](天津)《大公报》

[5](天津)《天津白话报》

［6］（天津）《时报》

［7］（北京）《正宗爱国报》

［8］（天津）《醒报》

［9］（上海）《申报》

［10］（北京）《北京醒世画报》

［11］（天津）《中外实报》

［12］（北京）《中国报》

［13］（北京）《醒俗画报》

［14］（北京）《京津时报》

［15］（北京）《京报》

［16］（北京）《顺天时报》

［17］（天津）《天津商报》

［18］（北京）《京华新报》

［19］（天津）《时报》

［20］（北京）《月华》

［21］（天津）《竹园白话报》

外文类：

［1］W. M. Watt, Muslim Intellectual：A Study of Al-Ghazali, Edinburgh：Edinburgh University Press, 1963, p.1

［2］W. M. Watt, Muslim Intellectual：A Study of Al-Ghazali, p.3.

网络：

一位比中国人更爱中国的外国传教士：http://blog.sina.com.cn/s/blog_59ae10d001009xxx.html

论文类：

［1］马寿千.辛亥革命时期回族人民的革命斗争.民族研究,1981,(5)

［2］李松茂.回回一词和伊斯兰教.新疆社会科学,1987,(1)

[3]罗万寿.回族近代文化运动的回顾与思考.回族研究,1991,(4)

[4]李少兵.民国宗教"入世达变"问题研究.史学月刊,2002,(11)

[5]唐文权.杨文会与清末佛教革新运动.中国文化,2002,(11)

[6]张巨龄.20世纪初中国回族伊斯兰研究述补及评.回族研究,2000,(2)

[7]费孝通.反思对话文化自觉.北京大学学报,1997,(3)

[8]胡辉华.论知识社会学的困境.哲学研究,2005,(4)

[9]张斌、张大庆.浅析民国时期的医事纠纷.中国医学伦理学,2003,(6)

[10]许宪隆.丁国瑞爱国民主思想初探.中南民族学院学报,1993,(3)

[11]张巨龄.清末民初的回族报刊和丁宝臣等五大报人.云梦学刊,2006,(5)

[12]张巨龄.清末民初回族兴业扶贫概述.宁夏大学学报,2000,(1)

[13]张巨龄.中国回教俱进会初创记评.回族研究,2000,(1)

后 记

搁笔之际,感叹良多。十七年前,我步入宁夏大学,"逝者如斯夫",一晃就是十六七年,不知不觉已过而立之年,回头来看看自己走过的路,内心充满了感激。在宁夏大学的十六年中,先后完成了学业,结婚生子,留校工作。在宁夏大学的这些年,自己是一个很幸运的人,生命中的成长中凝聚了太多人的关爱和帮助。其中,有无私的亲情,难忘的师生情,挚爱的同窗情,互助的同事情,正是在大家无怨无悔的奉献中,度过了人生历程中这弥足珍贵的青春年华。如今,博士论文即将出版,虽然比较晚,但是博士学习生活岁月,历历在目,犹如昨日往事,特别是在论文写作过程中得到了多方的热情支持和大力帮助,在此特致谢如下:

没齿难忘的是我的恩师孙振玉教授,是他带我走上了人生中的一个新的方向。在学习生活中,他不仅指导我如何做学问,而且教导我如何做人。与师接触,如沐春风,获益良多,令学生终生难忘。一日为师,终身为父,何况十多年来一直在恩师的教导下成长。在此,我要衷心地感谢我的导师孙振玉教授。

孙振玉教授学问深广,德高望重,思想实践深刻,思维敏捷,同学敬仰,有口皆碑。他在学术上对我的引导和启迪令我受益匪浅,本论文的选题和写作,都蕴含着老师的智慧和指点。老师在工作繁忙之时,仍时时督促,勤加指导。但限于天资和知识的不足,论文水平远未达到恩师期许,文中不足和错误之处,概由我负责。对恩师的感激之情,不胜言表,借此略表谢意。

其次,还要感谢陈育宁教授、霍维洮教授、杜建录教授、王银春教授、彭向前教授、刘志虎教授对我的帮助和指导。他们的身传言教,让我不仅学到了知识,更重要的是感受到了他们的严谨的治学态度,他们的品行和学问都是我学习的榜样,春雨润物,令我铭记在心,是我终身受用不尽的宝贵精神财富。

再次,还有我的各位同窗好友,潘洁、王正儒、兰天祥,他(她)们为本文的写作提供了许多无私的帮助。正是在彼此的鼓励和帮助下,让我们有信心完成论文的撰写工作。三年时间,一晃而过,令人留恋不及。虽已毕业,大家忙于自己的工作事业,但是仍然要感谢他(她)们给我的关心和情谊,每当忆及,令人倍感亲切温馨。

还有,我还要感谢我的家人,是他们无私的支持和关爱一直陪伴我,鼓励我,让我得以安心而快乐的求学。尤其让我开心的是,儿子和女儿的先后到来,给我的生活又添加了新的喜悦,让我对未来充满了更多的责任和信心,为美好的明天更加努力。

还有,让我深受感动的是我国著名回族研究专家张巨龄教授(系近代回族知识分子张子文幼子,2016 年归真)无私提供了论文的大部头资料,使论文的撰写有了丰富的历史资料。虽是萍水相逢,但是老先生能够如此待人接物,厚待晚生,令我不得不感激不尽。另外,马博忠先生(马金鹏之子)也为本论文的提供了不少的资料,并且为论文的撰写提出了宝贵的意见。二老能够如此对待晚生,是我学术之旅的莫大幸福,甚为庆幸!

本书的出版得到了黄河出版传媒集团和阳光出版社的大力支持,特别是王燕编辑、何志明等专家为本书提出了宝贵的意见和指导,正是得益于他们热情的帮助和辛勤劳动,以及莫大的关怀,使得本书能够得以面世。

　　需要说明的是，与本文最初的期待相比，由于笔者的理论素养、认识水平和驾驭材料的能力均有不足，因而，在有些理论和方法的运用上尚未达到预期的目的。同时，丁国瑞的社会活动和思想实践研究是一个庞杂的跨学科、涉及面广的研究课题，因此，虽然自己尽了最大的努力，但是不少问题依然是浅尝辄止，未能深入。同时，论文的写作参考了许多学者、专家的相关研究成果和资料，在参考文献中作了列示，以表达谢意。真诚希望各位同仁批评、斧正。

　　"路漫漫其修远兮，吾将上下而求索"。未来的路还很长，充满了挑战和机遇，我将谨慎自律，勤奋刻苦，以报答师恩、亲人和朋友。

张　琴

2017 年 4 月 12 日